宛名のない手紙

チェルヌイシェフスキー哲学的論戦珠玉

ニコライ・チェルヌイシェフスキー

多和田栄治 編訳

白水社

宛名のない手紙

チェルヌイシェフスキー哲学的論戦珠玉

目次

チェルヌイシェフスキーの略伝と著作　5
ロシア文学のゴーゴリ時代概観
第六論文　13
第七論文（抄）　58
第八論文（抄）　78
スラヴ派と共同体の問題　95
ランデヴーにおけるロシア人　131
共同体的所有に反対する哲学的偏見の批判　161
ローマ滅亡の原因について　213

地主領農民へ、同情者からの挨拶　251
宛名のない手紙
第一信　267
第二信　275
第三信　282
第四信　289
第五信　306
検閲官と迷路　多和田葉子　313
訳者あとがき　323

Письма без адреса
Николай Чернышевский

チェルヌイシェフスキーの略伝と著作

（§本書に訳出掲載）

ニコライ・ガヴリロヴィチ・チェルヌイシェフスキー（一八二八―一八八九年）は、ロシアの革命的民主主義者、唯物論者、啓蒙主義者、作家にして文芸批評家である。

ロシアにおける解放運動の歴史を、レーニンは一九一四年に、三つの主要な段階に分けた。「第一は、およそ一八二五年から六一年にいたる貴族的時期、第二は、およそ一八六一年から九五年にいたる雑階級的あるいはブルジョワ的民主主義の時期、第三は、一八九五年から現代にいたるプロレタリア的時期である」（「ロシアの労働者出版の過去から」全集第二十巻）。かれは、貴族的時期のもっとも傑出した活動家としてデカブリストとゲルツェンの名をあげ、農奴制の没落が雑階級人の出現をうながしたとし、ベリンスキーをその先駆、チェルヌイシェフスキーを十九世紀六〇―七〇年代の解放運動の指導者として位置づけ、「マルクス以前のロシアにおける偉大な社会主義者」と評した。

チェルヌイシェフスキーは、サラトフの司祭の家に生まれ、当地の神学校に学ぶ。十四、五歳のころから古典語をはじめとする語学、外国文学に熱中、やがてゲルツェンやベリンスキーも読みはじめるかたわら、サラトフの農民の窮状や地主の横暴を話に聞き、観察もした。

一八四六―五〇年にはペテルブルグ大学歴史＝文献学部に在籍。ロシアに農民紛争が起こり、ヨーロッパでは一八四八年を頂点に革命の嵐が席巻していた時代にあたる。かれは大学で、ヘーゲルやフォイエルバッハのほか、フランスの社会主義者、イギリスの経済学者の著作を知り、ペトラシェフスキー・サークルに近づく。卒業して一八五一年にサラトフ・ギムナジウムの国語教師となる。

一八五三年にはペテルブルグに戻り、『祖国雑記』誌で文筆活動を始める。二十五歳、この年に学位論文「現実にたいする芸術の美学的関係」（のちに「自著自評」、「第三版への序文」を発表）を提出する。ネクラーソフと知りあい、彼が編集を務めていた『同時代人』誌に書評を寄稿しはじめる。一八五四年は「崇高なものと喜劇的なもの」、「詩について。アリストテレースの著作」などの美学論文にとりくみ、一八五五―五六年に「ロシア文学のゴーゴリ時代概観§」のほかプーシキン論、レッシング論の執筆、トルストイ作品の書評をつうじて、ニコライ一世の反動によって断ち切られたベリンスキーの路線をよみがえらせようとした。チェルヌイシェフスキーが二十一歳のドブロリューボフに出会い、ネクラーソフから『同時代人』の編集を任されたのもこのころである。

一八五五年にニコライ一世が急死し、五六年クリミア戦争に敗北すると、各地で農民と地主のあいだに紛争が頻発し、危機を回避するにはツァーリは「上からの」農奴制改革に踏みきるほかなく、ロシアで革命的気運が急速に高まる。そうした状況のもとでチェルヌイシェフスキーは、『同時代人』の文芸批評欄を若いドブロリューボフにゆだね、哲学と歴史、当面する政治・経済課題の解明、とくに農奴解放にかんする問題の検討に移っていく。著作の革命的＝啓蒙的性格を強めるとともに、農奴解放をめざす組織活動にも直接参加した。

農奴制改革の論議が進み、革命的気運が高まるなかで、チェルヌイシェフスキーにとっての焦眉の論点は、台頭してきた自由主義的改革派と「改革」の欺瞞性への批判、農村共同体を基礎とする社会主義への直接移行論だったといえよう。一八五八年から逮捕される六二年までのかれの論文、短信は、この視点からの、まずは一八四八年革命を中心とするヨーロッパの歴史的経験をロシアの読者に知らせることにあった。五八年には論文「カヴェニャック」、「ルイ十八世とシャルル十世治下のフランスにおける党派の闘争」「テュルゴー」をつぎつぎ発表している。

あわせて同年、トゥルゲーネフの中編『アーシャ（片恋）』の批評をつうじて自由主義者たちの「決定的瞬間」での不決断と裏切りを浮きぼりにした「ランデヴーにおけるロシア人§」と、共同体の役割とその発展、「移行」の論理を究明した「共同体的所有に反対する哲学的偏見の批判§」を書いた意味は大きく、チェルヌイシェフスキーの思想上のいっそうの発展を印した。回りくどい比喩や難解な表現がふえ、そうしたいわゆる「イソップの言葉」は、検閲のきびしさと、それをすり抜けての公刊の熱意と苦難をうかがわせる。

共同体論としては、すでに一八五七年に雑誌短評のかたちで「スラヴ派と共同体の問題§」を発表しているが、「哲学的偏見の批判」のあと、五九年には「経済活動と立法」、「迷信と論理の法則」を発表する。この年、共同体と「改革」への対応をめぐってゲルツェンとの亀裂が広がるのを案じ、ロンドンをおとずれ意見を交わした。

資本主義の発展が遅れ、ヨーロッパにおけるその惨禍もすでに見たロシアにたいしては、農村共同体を基礎に、資本主義の段階を回避して社会主義に移行する「独自の」道を探ったゲルツェンとチェルヌイシェフスキーではあるが、チェルヌイシェフスキーはその後の展望を切りひらくためにも、労働を価値の唯一の源泉とみるイギリスの古典派経済学を高く評価して、その翻訳と批判にとりくむ。一八六〇年の『同時代人』に「J・S・ミル『経済学原理』第一編の全訳と評解」を分載しはじめたが、翌年に掲載された第二編から第五編までについては抜粋の翻訳と評解にとどめた。同時期にマルクスは『経済学批判』を著わし、その後『資本論』第二版あとがきではチェルヌイシェフスキーを「ロシアの偉大な学者で批評家」と称し、この著作を「ブルジョワ経済学の破産宣告」と評価した。

一八六〇年には「七月王政」につづいて、哲学上かれのもっとも重要な著作である「哲学における人間学的原理」を『同時代人』に発表する。検閲は通過したものの、中央検閲局はペテルブルグ検閲委員会あてに、『同時代人』は「君主制権力の基本原理、絶対的法律の意義、家庭における女性の地位、人間の精神面をゆるがし、階級間の憎悪をかきたてる」論文を多数掲載していると伝え、そのなかの、とくにチェルヌイシェフスキーの「唯物論の際立つ」この論文をあげ、国家の根本原理に反する一連の論文を掲載した雑誌に許可を与えた検閲官に譴責処分を命じた。

「人間学的原理」が発表されると、ただちにツァーリ官僚と地主たちの反動陣営は自由主義派と一体になってこれに論難をあびせた。即座にチェルヌイシェフスキーはドブロリューボフやピーサレフなど戦友とともに反撃を加え、「論争珠玉」にまとめた。

アレクサンドル二世が農奴解放令を出した一八六一年には、「ローマ滅亡の原因について§」を『同時代人』に掲載したほか、檄文「地主領農民へ、同情者からの挨拶§」を地下出版する。チェルヌイシェフスキー逮捕の噂が広まるなか、かれは秘密結社「土地と自由」の結成に参加した。この年、学生運動の高まりに対処してペテルブルグ大学は閉鎖され、デモを主導した学生たちは多数逮捕される。釈放された学生たちはチェルヌイシェフスキーを講師に市民大学講座を企画したが、六二年になって市のホールでの公開講座が不許可となる。大学閉鎖とこの経緯を論じた「学びえたか？」は『同時代人』に掲載され、逮捕前に世に出た最後の雑誌論文となった。

その一か月後、アレクサンドル二世と目される「貴殿」あての手紙を装って一八六一年「改革」の農奴制的本質をあばいた「宛名のない手紙§」は、検閲により禁止され、のち七四年にチューリッヒで雑誌掲載された。

この時期、注目したいのは、チェルヌイシェフスキーの民族問題への関心と関与である。六〇年代になって同じロシア・ツァーリズムのくびきの下にあったポーランド、ウクライナ、白ロシア、リトアニアでも農民紛争が広がり、かれはロシアの農民解放もそれらとの連帯は不可欠であることを深く認識し、諸国の活動家との交流を進めていた。かれはウクライナの詩人シェフチェンコとも親交をもつ。一八六一年に発表した論文「民族的不手際」では、ガリツィア地方の実情を中心に据えて、民族自決と国際連帯にかんして先進的な見解を示した。

一八六二年、政府が検閲委員会をつうじて、チェルヌイシェフスキーとドブロリューボフがかかわる『同時代人』と『ロシアの言葉』両誌に八か月停刊を六月通告すると、七月にはかれを逮捕し、ペトロパヴロフスク要塞監獄に拘禁する。監獄のなかでも、検閲通過を図って小説のかたちで有名な『何をなすべきか?』を書きつづけ、革命家世代の教科書となった。チェルヌイシェフスキー、三十四歳のときである。

政府は証人や罪証をでっちあげて有罪、公民権剝奪、十四年間の鉱山徒刑とシベリアへの終身流刑の判決をくだし、ツァーリはネルチンスクでの懲役(一八六四—七二年)とヴィリュイスクへの流刑(一八七二—八三年)に減刑する茶番のすえこれを裁可した。刑期を終えてアストラハンに移されても警察の監視下で暮らし、死のわずか数か月前にサラトフ移住が許される。一八八九年十月十七日、六十一歳で亡くなる。

獄中、徒刑労働、流刑の長いあいだも、チェルヌイシェフスキーは、盟友たちによる救出の企てをはじめ、大量の書物の差し入れ、出版の協力などさまざまな支援を得て、ヨーロッパの文献の、かなり自由な翻訳と評解をおこなって刊行し、論文を数多く執筆し、発表もした。また、この期間だけでも、細字の全集で千三百ページにおよぶ膨大な、妻や息子たちへの手紙が残っている。

きびしい検閲下とはいえ、かれが合法的な枠内での活動ができたのは一八五三年から六二年、三十四歳までのわずか十年にすぎず、囚われの身としての活躍は、一八八九年の死までの、じつに二十七年の長きにわたった。死の直前までゲオルグ・ヴェーバー『世界史』の翻訳をしていたといわれ、「ドブロリューボフ伝の資料」や『現実にたいする芸術の美学的関係』第三版への序文（刊行が禁じられ一九〇六年まで公刊されず）等を執筆する。

最期の瞬間まで、チェルヌイシェフスキーは不屈の革命家、唯物論者であることをつらぬいた。

前述のほか、逮捕後から亡くなる前年までとりくんだ主な著作、翻訳の題名だけをあげておく。

シベリア流刑時代に草した自伝的長編小説『プロローグ』（未完）の第一部「プロローグのプロローグ」など数多くの創作、「ネクラーソフの思い出」、「カーペンター『自然におけるエネルギー』翻訳への序論と評解」、「人間の知識の特徴」、ヴェーバー『世界史』翻訳第七巻以下への補論「世界史の若干の問題にかんする学術的概念の概観」など。

マコーリー『イギリス史』、ルソー『告白』、ネイマン『アメリカ合衆国史』、サン＝シモン『回想録』、スペンサー『第一原理』、ヴェーバー『教養人のための世界史』、シュラーデル『比較言語学と原始社会』などの翻訳。

凡例

一、本書訳出の底本には、『哲学三巻選集』（*Чернышевский Н. Г.* Избранные философские сочинения. TT. I-III. M., 1950–1951）を使用した。ただし、「地主領農民へ、同情者からの挨拶」は、『全集』第七巻（*Чернышевский Н. Г.* Полное собрание сочинений в 15 томах. Т. 7. М., 1950）を底本とした。

二、「ロシア文学のゴーゴリ時代概観」第七、第八論文内の省略箇所は、それぞれ以下に従った：

N. G. Chernyshevsky, *Selected Philosophical Essays*. Moscow : Foreign Language Publishing House, 1953.（第七論文）

Чернышевский Н. Г. Избранные литературно-критические статьи. Вступ. ст. В. Щербины. Сост. и примеч. Н. Богословского. М.-Л., 1953.（第八論文）

三、底本のイタリック体は、訳文ではゴシック体で表記した。

四、本文中に註番号（1）、（2）……が振られ、各論考末にまとめられている註は、基本的に『哲学三巻選集』と『全集』に収録された註から訳者が取捨して訳出した。

五、本文中に＊で挿入される段落末の註は原著者の手になるもの、〔　〕は訳者による註である。また、［　］の補足は底本の編者による。

六、訳文の日付の表記はすべて、ロシア帝国が用いていたユリウス暦に従う。

第六論文

ロシア文学のゴーゴリ時代概観[1]

『モスクワ観察者』[2]は、出版をつづける資金がすっかり底をついて、スタンケーヴィチの仲間にゆだねられた。前任の編集部によって破たんにまで追いこまれた雑誌をもう一年続刊できたのは、ひとえに新しい協力者たちの無私の尽力によるものであった。しかし、この最後の、あまりに短い『モスクワ観察者』の存続期間は、おそらく『テレスコープ』[3]の終期だけは別として、ロシアのジャーナリズム界に類をみなかった。最盛期の『テレグラフ』[4]さえも、こんなに熱烈な思想の一致に徹してはいなかったし、こんなに真理と芸術に仕えようとの意気に燃えてもいなかった。わが国にはこれまでも、大勢の協力者がいて、すでにたいへん名声を博していたアルマナックや雑誌、たとえば一八三四年に『読書文庫』[5]、一八三六年にはプーシキンの『同時代人』があったが、第二期編集の『モスクワ観察者』(旧第十六―十八号、新第一―二号)のように、これほど真にすぐれた天分、これほど本物の知識と心からの詩情が一つにまとまったロシアの雑誌はかつてなかった。一八三八―一八三九年の『観察者』の新たな協力者たちは若く、ほとんど無名であったが、かれらのほとんどは意気高く才能に恵まれており、ほとんどそれぞれがわが文学界において、確固たる、みごとな、非の打ちどころのない名声を博するはずの人たちであり、何人かは輝かしい名誉を得るはずであった。未来はかれらのものであったのだ、いま、現在が、かれらと、後で加わった人たちのものであるように。

『モスクワ観察者』は、『テレグラフ』や『テレスコープ』ほど有名ではなく、だから、その学問上＝批評上の見地について詳しく語る前に、いまわれわれがその活動に注目している若い世代の人たちが刊行した雑誌の最近の号に共通する特徴を二、三述べることは余計なことではあるまい。

ゴーゴリが若い才能に決定的な影響をおよぼし、天分ある作家たちの大半が散文的な物語形式を選ぶようになったそれ以前は、詩がわが純文学〔belles lettres〕の華々しい側面であった。『モスクワ観察者』の寄稿者のなかには、一八二三―一八三三年のアルマナックや、初期の『文庫』、（プーシキンの）『同時代人』のように、プーシキンがいたわけではない。しかし、『観察者』の詩の欄を全体としてとりあげ、詩であれほど名高かった、かつてのアルマナックや、まさにプーシキンの『同時代人』（この点では『同時代人』『北方の花』[6]その他に遠く及ばない『文庫』は言うまでもなく）に発表されている詩にくらべると、詩の欄にかんして『モスクワ観察者』は、これまでのわが国の雑誌やアルマナックが、プーシキンの作品やジュコフスキーの翻訳詩を除いて、生彩がなく、空疎で、月並みなレベルを上回る詩はほんのわずかであったのにたいし、はるかにすぐれていることを認めざるをえない。『モスクワ観察者』には、いまも読んで満足できないような詩はほとんど見あたらず、それどころかコリツォフのみごとな作品のほかにも、現在までも注目すべき、すばらしい小品が数多くある（＊）。

（＊）　コリツォフの詩のほかに、『モスクワ観察者』には、以下の詩が掲載された。

K・S・アクサーコフ氏によるゲーテとシラーからの訳詩。氏はわが国最良の詩人＝訳詩家の一人と称されるべきである。これらの訳詩は重苦しいと、現在ときおり言われる意見は、まったく筋違いである。むしろ逆で、たとえばゲーテのつぎの詩（『モスクワ観察者』第十六号、九二ページ）のように、じつに美しく、詩情ゆたかな訳詩は少ないと思う。

湖上にて

なんと心すがすがしく
すみやかに流れる血汐！
おお、自然はなんと美しい！
わたしはその胸にいだかれる！

波はわれらの小舟を揺すり、
櫂はそれと拍子をあわせる。
苔めいたヴェールに覆われる山々は
行く手にあってわれらを迎える。

わがまなざしよ、なぜそう俯いてしまうのか？
金色の夢よ、またおまえたちか？
おお、夢よ去れ、どんなにそれが甘くとも！
ここではすべてがかくも愛と生命に満ちている！

明るい群れをなして
星は波間に映るわが身を眺め、
霧はたなびく
遠い峯の上に。

朝風は揺する
水の鏡の上の樹々を。

湖は静かに映す
熟れゆく果実を。

この詩を引用したのは、『モスクワ観察者』にのったK・アクサーコフ氏の訳詩をわれわれが、理由もなく積極的な価値をもつ作品に数えあげたわけではないないことを証明するためだけではない。われわれにとって「湖上にて」は、『モスクワ観察者』を占めている世界観のもっとも特徴的な性格を詩的に表現しているからである。

カトコフ氏のハイネからの訳詩と、かれのすばらしいシェイクスピア『ロミオとジュリエット』の翻訳の断抄。

クリュチニコフ（—Θ—）〔記号は実際はクリュシ、ニコフと発音するという意味と思われる〕とそのほか多少なりともすぐれた才人たちの詩作。

コリツォフやレールモントフが活躍していた時代のわが国の二流詩人のなかでは、おそらく最良のクラーソフの詩作。かれの詩はもっと前に蒐集され、出版されるべきであった。かれの詩は十分それに値するし、このすぐれた詩人を忘れていたのはまずかった[7]。

第二期編集の『モスクワ観察者』に掲載された数多くの詩のうち駄作といえるのはおそらくほんのわずかであり、のみならず、それ以前のわが国のどの雑誌も誇りえなかった価値がここにはある。——これら一群の詩作品には、当時としてはこれまでになく新しい、別の特質がある。そこには一つとして間が抜けた詩はなく、現に抒情詩はそれぞれ情感と思想に満ちあふれている。それゆえに『モスクワ観察者』の詩の欄は、当時その他の雑誌に見かけるものとはくらべようもない。

小説では当時誇れる雑誌はなかった。すぐれた中編小説はほんの少ししか書かれず、なぜなら、たった三、四人の作家しか、いま微笑まずに読めるような散文を書くことができなかったから。しかし、『モスクワ観察者』の小説欄は、ネストロエフ（クドリャフツェフ氏）の中編小説を掲載して、おそらくほかのどの雑誌よりも抜きんでていた。かれは、わが国の芸術的散文発生史において第一人者に位置づけられねばならない。この論文はネストロエフの才能を評価する場ではない。それはのちにしたいと思う。とにかく、かれの小説は、その芸術的価値からいってロシア散文史上、名誉ある地位を占めるはずであることは疑いない。ネストロエフは独創的で力強い天分に恵まれた作家であり、プーシキン、ゴーゴリ、レールモントフのような巨大な逸材は別として、当時ひじょうに数少ない、もっといえば、ほかにはいない作家である(8)。

このように、『モスクワ観察者』に発表された純文学は、芸術的価値に大いに特徴がある。しかし、それが、なおはるかに興味深い点は、スタンケーヴィチのまわりに集まってきた若い人たちのグループを奮い立たせた原理を、総じて忠実に、かつ完璧に反映させていることにある。それまでは、わが国の詩人や小説家のなかのごく少数の者だけが自作品の意味を、かれらが正しいと思う理念と調和させることができた。何らかの「世界観」を作者がもっていたとしても、通常、小説とか詩は、いわゆる作者の「世界観」とはごくわずかな関係しかなかった。例にマルリンスキーの小説をあげよう。どんなに注意深くさがしても、一人の人間としてのその作者にとって疑いもなく貴重であった原理のどんな小さな形跡さえそのなかに見いだすことはできないだろう(9)。通常、生活とそれによって呼びおこされる信念はそれ自体として別個に存在し、詩もそれ自体として存在し、作者と人間との結びつきはひじょうに弱く、生身の人間が、文筆家としてペンをとるとき、しばしば気にかけたのは、優美な文体の理論のことばかりで、その作品の意味や、芸術創造において（ゴーゴリ時代の批評が好んで表現したように）「生きた理念を提起する」ことではまったくなかった。この欠陥——作者の切実な信念とかれの作品との結びつきの不在——にわが国の文学全体は、ゴーゴリとベリンスキーの影響がわが文学を改革するにいたるまで悩んできた。『モスクワ観察者』の文学欄は、人間の信念とその芸術作品の意味との不断の調和——いまやわが文学を支配し、文学に活力と生命を与えている調和の、ほとんど最初の萌芽である。この雑誌に参加している若い詩人や小説家たちが書いたのは、まさに自分たちの心を占めていたことについてであって、ほかの詩人に示唆された何らかの主題についてではない。これらの主題の意味を、外国作品の表面をひじょうに熱心に複製する模倣者たちは往々にしてまったく理解していなかった。若いかれらは自分が何を書いたかを理解していた。――これは、以前のわが文学者たちにはめったに見られない特質である。生きた意味のない作品、あるいは作者自身にもその意味が不可解な謎のままの作品を書く、この一般的な通例からの例外はひじょうに少なかったが、『モスクワ観察者』は、思想と詩情がたがいに調和をみせている最初の雑誌であり、その文学欄には、つねに自覚的な志向が反映している。これは、現在われわれがもつ一連の雑誌のなかで、詩と小説、批評がまとまり、たがいに支えあい、同じ目標に向かって進んでいる最初のものである。一方では真と善への深い希求、他方では、現実の生がもたらすすべての喜びを愛する清新にして壮健な覚悟、――一方では、抽象的な空想よりも現実生活の重視、他方では、空想の志向のうちに、現実生活をまるごと享受したいという真の希求が健全に反映されている、そうしたものへの強い共感――これら基本的な、『モスクワ観察者』の批判的思想の特徴が、この雑誌の文学欄の本質的性格をもなしている。その詩や小説を活気づけている志向が、すべてを支配する哲学的思想に貫かれていることは明白である。

実際に、哲学的世界観が、『モスクワ観察者』の最近の号をその機関誌としていた交友サークルの知性を一体的に支配していた。これらの人たちは、ひたすら哲学のみに生き、集まれば日中も夜も哲学を論じ、哲学の視点からすべてを観察し、すべてを決した。それは、われわれがヘーゲルを知った初めのころであった。このときの熱狂は、われわれにとって新しい、この思想家の体系において弁証法のすばらしい力により展開された深遠な真理から生まれたものであり、しばらくのあいだ、当然ながら若い世代の人たちの他のすべての志向を制するに違いなかった。かれらは、最初の熱中の真っただ中にあってそう思えたように、すべてを照らしだし、すべてを和解させ、人間に冷静な内的平和をも、外的活動のための強大な力をも与える、われわれには未知の真理の使者たることを自らの義務とさとっていた。

『モスクワ観察者』のもっとも重要な意義は、ヘーゲル哲学の機関誌になったことである。

哲学的志向はいまでは、わが国の文学者と批評家にほとんど忘れられている。われわれは、文学と批評がこの忘却からどれほど得をしたか断じようとは思わない、——得は何もなかったし、失ったものはひじょうに多かったようだ。しかし、現代にとっての哲学的世界観の意味にかんする問題をだれがどのように解決したにせよ、だれもが同意するのは、現代のわが国の文学の初期にわれわれの知的活動すべてを哲学が支配していたことは、十分に研究するに価する注目すべき歴史的事実である、という点である。『モスクワ観察者』は哲学支配の第一期を代表している。その時期、哲学の無謬の解釈者はヘーゲルであり、ヘーゲルの一言一言が疑いのない真理であり、偉大な教師の明言一つひとつが、文字どおりかれの新たな信奉者たちに受けいれられていた。これらの真理の検証を思いついたり、ヘーゲルは一貫性に欠け、いたるところでたがいに矛盾している、かれの原理を受けいれ首尾一貫して考えていくと、かれが出した結論とはまったく異なる結論になるはずだと予感したりすることもまだなかった。あとになって、このことが明らかになったとき、誤った結論は、わが国最良のかつてのヘーゲル信奉者によって退けられ、ドイツ哲学はまったく違った姿で現われた。すでに違った時代にはいった。『祖国雑記』の時代である。それについては、つぎの論文で述べる。ここでは、『モスクワ観察者』が熱烈に唱道したヘーゲル体系がどのようなものであったかを見ておこう。

この雑誌の綱領となったのは、その第一論文——「ヘーゲルのギムナジウム講義」の翻訳への序言である（『モスクワ観察者』第十六号、五—二〇ページ）[10]。この序言の主要部分にヘーゲルの専門用語の説明を加えて〔段落末の〕註に引用しておく。ヘーゲルの言葉は慣れない読者には難しいかもしれない。しかし、いたって簡単で分かりやすいはずであり、ヘーゲル哲学は不可解といった噂はたんなる思いこみにすぎないことが分かる。いくつかの専門用語を知る必要があるだけで、先験的哲学は現代の人びとにとって明快であり、平易である（＊）。

（＊）　知性は人間の能力の一つにすぎず、知識は人間の志向の一つにすぎない。したがって、抽象的な問題についての考察だけでは人間を満足させない。人間は愛しもし、生活もしたい、知るだけではなく、楽しみもしたい、考えるだけではなく、行動もしたい。いまでは、だれもがこのこと——時代の精神とはそのようなもの、万物を解明するときの力とはそのようなもの——を理解している。しかし、十七世紀には学問は、書物だけを知り、生活とは無縁に、現世のことは理解せず、学問上の問題についてだけ考える書斎人の仕事であった。十八世紀になって生活が、ドイツの学者たちさえ目ざめさせたような力をもって前面に出てくると、かれらは、すべて推論にもとづき、抽象的概念をすべての尺度とするこれまでの哲学的方法の欠陥に気づいた。しかし、かれらは、埃だらけの書斎から生活の広場へ一歩踏み出すことはできなかった。かれらは、人間のすべての本然的な能力と志向が機能すべきで、学問と生活の問題解決にはたがいに協力すべきとの思想からはまだあまりにも遠く隔たっていた。かれらは、人間の心も身体もいままでどおり無視して、推論の方法を変えれば十分と思っていた。知性が生きた真理を全体として包括しなかったのは、頭だけで、胸も手もなく、心臓も触覚もなくては、人間として不十分だからではない、とかれらは考えていた。もし頭が心臓や胃、手の代わりをしさえすれば、頭は生きた身体のほかの器官の助けなしで済ませるのではないか試そうと思いたった。そして、実際に頭は「思弁的思考」を考えだした。この試みの本質は、知性が抽象的概念を排して、いわゆる「具象的」概念によって思考しようとつとめたことにあった。——たとえば、人間について考えるさい、その結論の基礎を、従来のフレーズ「人間は理性をさずけられた存在である」にではなく、現実の、手足や心臓も胃もある人間についての概念に求めようとした。これは大きな前進であった。ヘーゲルは、真っ先に書斎学者から生きた人間への転身の先頭に立つ、最新の、もっとも重要な思想家である。もちろん、かつての抽象的概念をより生きいきとした考え方に代えるこの方法にもとづく体系は、かつての、まったく抽象的な体系よりもはるかに新鮮で、充実していた。かつての体系が扱っていたのは、現実のままにある人びとではなく、人間から知性以外のすべての能力と志向を排し、人間存在のあらゆる器官のなかで注目に値するのは脳だけであるという、かつての思考方法によってつくられた幻影であった。したがって、「先験的」あるいは「思弁的」思考（その推論を実在的対象にかんする概念に基礎づけようとする）は、かつてのスコラ的方法よりもはるかに現実的であることを誇っており、それは正しかった。すべてを抽象的概念に基礎づける古い方法は、「抽象的知性、あるいは判断力」(Verstand)に属する「幻影的思考」の烙印を押された。この「抽象的、幻影的な思考」をもとにした概念と結論すべてが、「幻影的概念」、「幻影的結論」の名で辱められ、ヘーゲル学徒たちは、「思弁的思考」にもとづかずに自らの体系を組み立てた哲学者すべてを軽蔑していた。これらの人たちは、ヘーゲルとその信奉者たちの意見では、哲学者の名にもふさわしくなく、かれらの体系は、──「幻影の構造物」であり、そこにあるのは生きた真理ではなく、「抽象的幻影」でしかない。とくに憤激をかったのはフランス哲学であった。それは、自分の仕事を済ますと、強力な知性を使うのを止め、空想家やおしゃべり屋の仕事になり下がり、実際に、ナポレオン治下や復古王政の時代には哀れに縮こまり、俗物化していった。当時フランスでは実際に、頭に浮かんだものなら、どんなつまらないものでも、だれもが哲学とみなし、このつまらないものと急いでかき集めた他人の思想とを勝手に混ぜ合わせて、自分を天才にして新しい哲学体系の創始者と宣言した。学問的価値とは無縁なこれらの空想とは反対に、『モスクワ観察者』の綱領の役割を果たしたヘーゲル講義への序言は本源的であり、確固とした方向を示している。この綱領の肝心の箇所はつぎのとおり。

「こんにち、自分を哲学者だと考えない人がいようか？　真理とは何か、何に真理があるかについて、いま自信をもって述べない人がいようか？　人はだれでも、自分独自の体系をもとうと欲している。自己流に、自分の思いどおりに考えない人は、自立した精神をもたない人、つまらない人である。自分なりのちっぽけな考えを思いつかなかった人に天賦の才はなく、そこには深い洞察力はない。いまは、どこを向いても天才に出会うだろう。これら自称天才は何を考えだしたか、かれらの意味ありげな、ちっぽけな考えや見解がどのような成果をもたらしたか、かれらは何を前へ進めたのか、かれらは現実的な何をなしたのか？」

「空騒ぎだよ、兄弟、空騒ぎだよ」──グリボエードフの喜劇のなかのレペチロフはかれらにたいしこう答えている。そうだ、空騒ぎ、無意味なおしゃべりは、──恐るべき、ばかげた知のアナーキーの唯一の結果であり、このアナーキーこそ、現実とはいっさい無縁の、抽象的、幻影的なわが新世代の主要な病弊である。この空騒ぎ、おしゃべりはすべて、哲学の名において起きている。賢明で現実的なロシア国民が、内容のない言葉の、意味のない思想の花火に目がくらむのを許さないのは意外なことだろうか？　この国民が、役にも立たない、幻影的な側面を見せている哲学を信用しないのは意外なことだろうか？　これまで、哲学と抽象性、幻影性といっさいの現実性の欠如は、同義であった。哲学にかかわる者は、必然的に現実から離れ、そして、あらゆる自然的および精神的現実からの病的疎外のなかを、なんだか幻想的な、気まぐれな、ありもしない世界をさまよい歩く。あるいは、現実世界にたいして武器をとり、自らの幻影の力でその強大な存在を打ち壊すことができると思い、かれの有限な（不十分な、一面的な、抽象的な）理性の有限な（不十分な、一面的な）命題（判断）とかれの有限な恣意の有限な目的を実現することに、人類のすべての幸福がある、と思っている。ところが、哀れにも、現実世界は、かれのみじめで無力な個別性（個性）よりも高きにあることを知らない……。かれの生活は、絶えない苦悩、絶えない幻滅の連続、出口も終わりもない戦いである。この内部崩壊、内部分裂は、有限な判断力の抽象性と幻影性の必然的な帰結であり、その判断力にとって具体的なものは何もなく、その判断力は、すべての生命を死にいたらしめるものである。もういちどくりかえそう。哲学にたいする一般的な懐疑は、きわめてもっともである。いままで哲学といわれてきたものが、人間を生きいきとさせるどころか、人間を社会の有益で活発な一員に育てるどころか、破滅させているからである。

この悪の始まりは宗教改革にある。パピスム〔papism ローマ・カトリック教皇制の蔑称〕の使命――内的中心の不在を外的中心におきかえること――が終わったとき……、宗教改革はその権威を揺るがした……。めざめた知性は、権威のおむつから解放され、現実の世界から離れ、自己のなかに沈潜して、すべてを自己自身から引きだし、自己自身のなかに知識の端緒と基礎を見いだそうとした……。しかし、長い眠りから覚めたばかりの人間の知性は、真理をすぐには認識できなかった。真理の現実世界は知性の手にあまり、知性はそこまでまだ成長しておらず、成人になるまでには、経験、戦い、苦悩の長い道のりを必然的に経なければならなかった。真理はただでは得られない。否！　それは耐えがたい苦難、長く苦しい努力の果実である……。理性の哲学が生みだしたのは（ドイツではフィヒテにおいて）、すべての客観性、すべての現実性の破壊と、抽象的で空虚な自我の自己愛的、エゴイズム的内省への沈潜であり、すべての愛、したがって、すべての生活とすべての至福の可能性の破壊であった……。しかし、ドイツ国民は、幻影の犠牲になるにはあまりにも強く、あまりにも現実的である……。ヘーゲルの体系が、長きにわたる知性の現実への志向の有終の美を飾った。

現実的なものが理性的であり、そして
理性的なものが現実的である。

ここに、ヘーゲル哲学の基本がある。

こんどはフランスをふりかえり、ここでは自我と現実とのこの分裂がどのように現われたか、見てみよう……。生命の奥深く、かつ神聖な秘密を洞察できない人間の理性は、それに近づきがたいもののすべてを否定した。それに近づきがたいものとは、真なるものすべて、現実的なものすべてである。フランスの生活すべてが、自らの空しさの意識と、それを何ものかによって満たそうとする苦しい志向にほかならない。自らを満たすためにその生活によって用いられる手段はすべて、幻影であり、不毛である……。フランス人は（哲学しはじめるとき）、ありとあらゆる真理を空しい無意味なフレーズに、気紛れやアナーキーな思考に、くだらない新思想のでっち上げにかえてしまう。

この病弊は、不幸にしてわが国にも広がった……。わが教育の空しさが、わが新しい世代の幻影性の主要な原因である。若い人のなかに神の火花を燃えたたせるのではなく……、人間を生活のあらゆる不潔な側面から救いだす深遠な美的感情をかれらのなかに育むのではなく、――それをいっさいしないで、若い世代をフランスの空しい、無意味な言辞で満たしている……。若い知性に現実の労働をしつけるかわりに、知識への愛をそのなかに燃えたたせるかわりに……、労働への軽蔑を教えている……。ここに、わが国全体の病弊、わが国の幻影性の根源がある！　あなたの好きなロシアの詩集を開いてごらん。そして、わが自称詩人たちの日々の霊感の糧が何でできているか見るがよい……。

ある者は、自分は生活を信じない、幻滅していると打ち明ける。ほかの者は、自分は友情を信じない、第三の者は、自分は愛を信じない、……と。

幸福は、幻影のなか、抽象的な夢のなかにはない。あるのは生きた現実のなかにである。現実に反対することと、生命の全根源を自分のなかで滅ぼすことは、同じことである。生命のあらゆる関係、あらゆる領域において現実と調和することは、現代の主要な課題であり、ヘーゲルもゲーテも、――この調和、この死から生への回帰の先導者である。わが新しい世代には期待しよう。やはり幻影性から抜けだすこと、空しく無意味な駄弁を止めること、真の知識、知のアナーキー、判断の気紛れは、まったく逆のもの、つまり、知識にはきびしい規律が支配しており、この規律なしに知識はないことを認識してほしい。新しい世代が、ついにはわがロシアのすばらしい現実になじむこと、いっさいの空しい天才気どりを捨て、本物のロシア人になるという当然な要求を、ついには自分のなかに感じとることを期待しよう。

ヘーゲル哲学の内容、ヘーゲル自身が詳述したものを、一八三八―一八三九年にスタンケーヴィチの仲間が細部にいたるまで明白な真理として受けいれたその内容は、のちにゴーゴリ時代の批評家が『祖国雑記』(一八四〇―一八四六年)とわれわれの雑誌(一八四七―一八四八年)に熱意をこめて上首尾に書きつらねた思考様式とはまったく対照的であるように思える。そのために、ほかならないヘーゲルの著作の影響をうけての信念をもとにベリンスキーとその同僚が書いた『モスクワ観察者』の論文は、一見して、その同じベリンスキーが数年後に書いた論文とは完全に矛盾しているようにみえる。この不一致は、前に述べたように、ヘーゲル体系自体の矛盾、その原理とその帰結、精神と内容のあいだの不一致からきている。ヘーゲルの原理はきわめて強固かつ広範におよび、結論は――狭く、つまらない。この偉大な思想家は、巨大な天才にもかかわらず、一般的理念を述べるだけなら力量は十分だが、これらの基本を確固としてふまえ、それらからあらゆる必然的な帰結を論理的に展開する力は、まだ十分ではなかった。かれは真理を、ごく一般的、抽象的な、まったく不確定な形相のままに予見したのであって、正面から真理に向き合うことができたのは、ようやくつぎの世代になってからである。かれにできなかったのは、自らの一般原理から結論を引きだすことだけではない。――原理そのものが、かれにはまだ概して明確とはいえず、霧につつまれていた。つぎにつづく世代の思想家たちは、さらに一歩前進した。ヘーゲルが不確定、一面的、抽象的に述べた原理は、きわめて完全、明確なものとなった。そのころには、迷いの余地はなく、矛盾は解消し、基本的命題の発展のなかでヘーゲルの一貫性の欠如によって学問にもたらされた誤った結論は退けられ、内容は基本的真理と調和するようになった。ドイツにおける事態の進展はこのようなものであり、わが国でも同じであった。ヘーゲルのあいまいな、まったく活かしようのない示唆からの一貫した見解の発展は、わが国では一部はヘーゲル後にあらわれたドイツの思想家たちの影響によって、一部は――われわれは誇りをもって言うことができる――独自の力によって成しとげられた。ここではじめて、ロシアの知性が、人間共通の学問発展の参加者たりうる能力を示したのである[11]。

そこで、ヘーゲル哲学の原理を検証しよう。その権威と正しさに『モスクワ観察者』の人たちは惹きつけられ、これらの気高い志向から生じた熱中のあまり、しばし理性と生命の、その他すべての要求をしばし忘れてしまうほどであったし、それがこれら深遠な真理にもとづくものであることを誇る体系の内容すべてを受けいれていた。

　われわれは、デカルトあるいはアリストテレスもそうであるが、ヘーゲルの数少ない信奉者である。ヘーゲルはいまでは歴史に属する。現代は別の哲学をもち、ヘーゲル体系の欠陥をよく見抜いている。しかし、ヘーゲルが提起した原理が、現に真理にきわめて近く、真理のいくつかの側面がこの思想家によって、真に驚くべき力をもって提示されている、という点では一致するはずである。これらの真理のうち、いくつかの発見は、ヘーゲルの個人的な功績であり、ほかは、かれの体系だけによるものではなく、カントとフィヒテの時代からの全ドイツ哲学の功績である。とはいえ、ヘーゲル以前にはだれも、かれの体系におけるように、明晰に体系化し、力強く表現することはなかった。

　なによりもまず、あらゆる進歩のもっとも有効な原理を指摘しておこう。その原理によってドイツ哲学一般、とくにヘーゲル体系は、当時（十九世紀はじめ）フランス人とイギリス人を支配していたような偽善的で臆病な見解をかくも鋭く、あざやかに際立たせている。「真理は思考の最高の目標である。真理を探究せよ、真理には善があるから。真理がどのようなものであれ、真理ではないすべてのものよりもよい。思想家の第一の義務は、どのような帰結を前にしても後退しないことである。思想家は自分のもっとも気に入る見解を、いつでも真理の犠牲にする覚悟が必要である。誤謬はあらゆる破滅の根源であり、真理は最高の善、ほかのあらゆる善の根源である」。カント以降の全ドイツ哲学に共通の、とくにヘーゲルが精力的に唱えたこの要求の極度の重要性を評価するためには、当時の他の学派の思想家たちが、どんなに奇妙な、かつ偏狭な条件をもちだして真理に制限を加えたかを思い出す必要がある。

かれらが哲学しはじめたのは、もっぱら「かれらに大切な信念の正当性を証明する」ためにほかならなかった。すなわち、かれらが探求したのは真理ではなく、自分たちの偏見の支えであった。人はだれでも真理のなかから、自分に気に入るものだけをとりだし、自分に不快な真理はすべて拒み、そして平然と、快い誤謬のほうが偏見のない真実よりも自分にははるかによい、という。真理ではなく、快い偏見の支えを探そうとするこの手法を、ドイツの哲学者たち（とくにヘーゲル）は「主観的思考」と名づけた。それは個人的満足のための哲学ぶりであって、生きた真理探究のためのそれではない。ヘーゲルは、この空しい、有害な遊びをきびしく非難した。個人的な欲求と偏見に惹かれて真理の道から外れようとする底意を未然に防ぐに必要な方法としてヘーゲルの提起したのが、有名な「弁証法的思考方法」である。その本質はつぎの点にある。思想家は、いかなる肯定的な帰結にも安んじてはならない。考察する対象に、一見したところその対象に現われているものとは矛盾する質と力がないかどうか探さなければならない。こうして思想家は、対象のあらゆる面からの考察をよぎなくされるのであり、真理はかれにとって、ありとあらゆる対立する見解の闘争の結果にほかならなかった。この方法によって、対象にかんする以前の一面的な概念のかわりに、完璧かつ全面的な探究が少しずつ現われ、対象のもつ現実的なすべての性質にかんする生きた概念が形成された。現実を説明することが、哲学的思考の本質的な責務となった。ここから、現実への極度の注目がはじまった。かつては現実について、自分自身の一面的な偏見に合わせて、それを何はばかることなく歪曲するばかりで、考えてもみなかった。このようにして、誠実にして弛まぬ真理探究が、かつての気まぐれな解釈にとって代わった。しかし、現実には、すべては状況に、場所と時間の条件にかかっている。――だから、ヘーゲルも、所与の現象が起こった原因と状況をよく見ないで善悪を判断したかつての一般原則、これら一般的、抽象的な言辞は満足すべきものではないことを認めた。どの対象、どの現象もそれぞれ固有の意味をもっており、それが存在する状況を考えて、それについて判断しなければならない。このことを定式化して、「抽象的真理はない。真理は具体的である」と言い表わされる。すなわち、規定の判断は、一定の事実についてのみ、それが依拠する状況のすべてを十分に観察したうえで、発言できる（＊）。

（＊）　たとえば、「雨は善か悪か？」——これは抽象的な質問である。これにははっきり答えられない。雨はときには益を、ときには、より稀とはいえ害をもたらす。きちんと質問する必要がある。「種まきが終わったあと五時間ぶっ通しに大雨が降った。雨は穀物にとって有益だったか？」——そこではじめて答えははっきりし、意味をもつ。「この雨はひじょうに有益であった」——「しかし、収穫期がやってきた、ちょうどその夏に、まる一週間どしゃぶりの雨が降りつづいた。これは穀物にとってよいか？」答えは、同じくはっきりして、同じく正しい。「いえ、この雨は有害であった」と。ヘーゲル哲学においてもあらゆる問題が、まったく同じように決せられている。「戦争は破滅か有益か？」一般的には、これにきっぱりとは答えられない。問題はどのような戦争かを知らなければならない。すべては状況、時期、場所にかかっている。未開の人びとは、戦争の害にはあまり感じず、益には敏感である。文明人にとって戦争はふつう、益は少なく、害が多い。しかし、たとえば一八一二年戦争は、ロシア国民には救いであった。マラトンの戦いは、人類史上もっとも有益な出来事であった。自明の理の意味とはこうである。「抽象的な真理はない、真理は具体的である」——対象についての概念が具体的であるのは、対象がすべての性質と特性をそなえ、存在しているその状況にあるときであって、この状況と実際のそれ自身の特性からの抽象においてではない。（抽象的思考が表象するものも同様、それゆえ、その判断も現実生活にとって意味をもたない。）

もちろん、ヘーゲル哲学のいくつかの原理をざっと数えあげるだけで、当時もっとも懐疑的だった学徒たちを思想のただならぬ力強さと高潔さによって魅了した偉大な哲学者の著作が生みだす驚くべき感銘を、理解させることはできない。その思想は、存在のあらゆる領域を支配し、生活のそれぞれの分野において自然および歴史の法則と固有の弁証法的発展の法則との一致を見いだし、宗教、芸術、精密科学、公法と私法、歴史学、心理学のあらゆる事実を、一つの体系的な統一の網で包括しており、そのなかのどれもが解明され、調和している。ヘーゲルが最後で最大の代表者であった哲学の時代は、ドイツにとっては過ぎさった。この哲学がつくりあげた結果によって学問は、先に述べたように、一歩前進した。しかし、この新しい学問は、抽象の学問から生活の学問への橋渡しとしての歴史的意味を永久にたもつヘーゲル体系のさらなる発展にすぎない。

わが国におけるヘーゲル哲学の意味はこのようなものであった。それは、虚脱〔および無知〕と隣り合わせの不毛のスコラ的思考から、文学と生活にたいする率直で透徹したものの見方への移行に役立った。なぜなら、その原理には、われわれが説明しようとしたように、このものの見方の胚芽が含まれていたからである。ベリンスキーとその他いく人かのように、熱烈で決然たる知性は、ヘーゲル自身の体系のなかのこれらの原理の適用を束縛している偏狭な結論に、長いあいだ満足できなかった。まもなくかれらは、この思想家の原理自体の欠陥をも指摘した。そのときかれらは、ヘーゲル体系へのこれまでの無条件の信念を捨てて前へ進み、ヘーゲルが立ち止まったようには、途中で立ち止まらなかった。しかし、かれらは、実際に負うところのひじょうに多かったかれの哲学への尊敬はいつまでも抱きつづけた。

しかし、すでに述べたように、ヘーゲル体系の内容は、それによって唱えられ、かつ、われわれが指摘した原理とはまったく合致しない。はじめに熱中したときにはベリンスキーとその仲間たちは、その内部矛盾に気づかなかった。最初からかれらにそれが分かっていたとしたら、不自然であろう。この矛盾は、ヘーゲル弁証法のただならぬ力によってひじょうにうまく隠されており、それゆえ、当のドイツにおいて、もっとも練達の強力な知性だけが、長い研究の末にはじめて、ヘーゲルの基本理念とその帰結とのその内部不一致を見いだした。ヘーゲルの天才にも劣らない現代ドイツのもっとも偉大な思想家たちは、ヘーゲルの見解すべてを長いあいだ無条件に信じていた。かれらが独自性の回復に成功し、ヘーゲルの誤りを明らかにして学問に新たな方向を基礎づけるまでには多大な時間を要した。このようなことはよくある。ヘーゲル自身は長いあいだシェリングの絶対の崇拝者であった。シェリングはフィヒテを、フィヒテはカントを崇拝していた。デカルトの天才にはるかにまさるスピノザは、ひじょうに長いあいだ自分をもっとも忠実なかれの信奉者と思っていた。

われわれがこのようなことを言っているのはすべて、ベリンスキーとその仲間たちをある時期、支配していたヘーゲルへの絶対的な信奉が自然で不可避的であったことを示すためである。かれらはこの場合、現代のもっとも偉大な思想家たちの共通の運命を共にした。もし後でベリンスキーが、かつてヘーゲルにすっかり熱中した自分に憤慨したとすれば、この場合も、かれには、かれにもヘーゲルにも知力の劣らない同僚がいることになる(13)（＊）。

（＊）現代のある思想家は、ヘーゲルの精神で書いた以前の自著についてこう語っている。「この混乱をいまわたしはどうしても解きほぐすことができない。完全にそれを抹消するか、元のままにしておくか、どちらかである。——わたしは後者を選ぶ。これらの著作を書いていたときに、わたしにも賢明と思えたものを、多くの人はいまも賢明とみなしている。著作を読みかえして、わたしが現在の自らの信念にいたった道筋をみてもらおう。わたしの跡をたどれば、これらの人びとは容易に真理にたどりつけよう(14)」。ベリンスキーが一八三八—一八三九年に書いた論文について、われわれもまさに同じことを考えるに違いない。ベリンスキーが晩年著わしたような、成熟し自立した信念を共有できない人には、ベリンスキー自身あとで不満とした論文から始めて、かれの論文を年代順に読めばためになるだろう。程度のあまりにも低い人がその時代のレベルにまで登るには、はしごが必要である。

ついでに言うと、この論文では、ベリンスキーのもっとも親しい友人の一人のA氏が残してくれた回想記を利用した。だから、ここに記した事実は完全に正確であることを保証する。A氏の興味深い回想記がやがてわが読書界に広く知られていくことを期待するとともに、急いで読者には、このさい、われわれが言うのは、かれの考えの延長以上のものではないことを断っておこう。この論文を書くにあたってかれの回想記がわれわれにもたらした助力にたいして、われわれはここで、尊敬すべきA氏に心から感謝しなければならない(15)。

カントからヘーゲルまで、ドイツのすべての哲学者たちは、われわれがヘーゲル体系において指摘したのと同じ欠陥をかかえている。かれらが提起した原理からかれらが導きだした結論が、原理とはまったく一致していない、という欠陥である。かれらがもつ一般理念は深遠、有益、壮大であるが、結論はつまらぬ、部分的には卑俗でさえある。かれらのうちだれの場合も、この対立は、ヘーゲルのような途方もない矛盾にはいたっていない。しかし、かれらは、原理の高遠さにおいては先行するだれよりも勝っているが、結論においては、ほとんどだれよりも薄弱であった。ドイツでもわが国でも、考えの狭い、感覚の鈍い人たちは、原理を忘れて結論に安住している。しかし、わが国でもドイツと同様、これらの信奉者たちは文字にあまりにも忠実で、それゆえ精神には不実であり、歴史的活動への力量に欠け、影響力をなんらもちえない二流の人たちにすぎなかった。反対に、わが国でもドイツと同様、真に才能に恵まれ、すぐれた人たちはだれもが、最初の熱中が過ぎると、先達の誤りを喜んで学問の要求の犠牲にし、間違った結論を捨て去り、大胆に前へ進んだ。したがって、ヘーゲルの誤りは、カントの誤りと同じく、重大な結果をおよぼすことなく、かれの学説の健全な部分がひじょうに有益な成果をもたらした。

われわれがもし、ヘーゲルの誤りはこんなふうだと、歴史的に重要ではないテーマについて、知的発展の進行に強力な影響を与えたかれの理念についてと同様に、細大もらさず語るとすれば、歴史的展望の法則に反することになるだろう。しかし、たいして重要ではないとはいえ、なんといってもこれらの誤りはやはり歴史的事実だから、われわれはそれらについてまったく黙っているわけにはいかない。あとで読者は、われわれが引用した抜粋の一つにおいて、これらの誤りの本質が何にあったかを見いだすだろう。ここではただ、スタンケーヴィチの仲間たちが、かれらと同世代のきわめてすぐれたドイツの思想家すべてとともに誤解を共有していたことをくりかえしておかねばならない。しばらくのあいだは、ヘーゲルの天才的な弁証法はみなの目をくらませ、それゆえ、原理に矛盾する帰結が、これらの原理ゆえに、その必然的結果であるかのように、すべての人びとに受けいれられていたのである。

ドイツでもわが国でも、ヘーゲル体系の全内容をまぎれもない真理と受けとめた人たちが、この権威ゆえに数多くの、ひじょうに重大な誤解に導かれたことは、認めないわけにはいかない。これらの誤りのなかに実際に悪いものがあったことは少しも弁護しないが、いまでは許しがたい迷妄が二十年前にはかならずしもすべて実際に有害な誤解ではなかったことは言っておかねばならない。いまでは決定的に誤った偏見である多くの意見には、当時はまだそれなりの根拠があった。——それらは、おそらく一面的で、おそらくいくぶん古くさいが、それでも多くの正当なものを内包していた。一例をあげよう。カント時代以降のドイツ哲学の厳格な信奉者たち、とくに厳格なヘーゲル学派は、フランスのものはなんでも軽蔑し、いくらか憎みさえしていた。スタンケーヴィチの仲間は、この嫌悪感を共有していたし、『モスクワ観察者』にも、ドイツ人のいう「フランス嫌い（Franzosenfresserei）」がしみ込んでいた。すでに見たように、雑誌の綱領の役割をなすヘーゲル講義への序言には多くのページがフランス嫌いに費やされている。〔段落末尾の〕註にそうしたページの一つを引用しておく（＊）。『モスクワ観察者』はその綱領のほかのすべての点を熱心にとりあげながら、それに劣らず熱心にこの点についてもとりあげたことは言っておかねばならない。この雑誌は、機会あるごとに、どんな口実ものがさず、フランス人にたいし痛烈な弾劾演説をおこない、あるいは軽蔑的な行動をしかけた。たとえば、『同時代人』掲載のプーシキンの論文「ミルトン」[16]について論評したときには、プーシキンがそのなかでフランス人をからかった箇所を大きくとりあげた。そしてすぐさま、アルフレッド・ド・ヴィニーとヴィクトル・ユーゴーへの嘲笑、モリエール喜劇の欠点についての指摘、等々を引用し、まさにそのために『モスクワ観察者』は、プーシキンには「確かな芸術観と無限の美的感性があった」と付け加えた。「パリのロシア人年代記」[17]の抜粋がのった別の号の『同時代人』の書評欄は、ほとんどが「年代記」のなかのフランス人にとってとくに好ましくないページの引用からなっている。ヴェリトマン氏の小説『ヴァージニア〔あるいはロシアへの旅〕』については、「フランス人の浅薄さの数多い特徴がそこにみごとに表現されている」そのことだけでこの小説は称讃できる、との評である。「一八三八年文集」については――この文集には、ひじょうに数多くの詩と、なかにはすぐれた詩もあるが、もっとも興味深いのは、フランス人を野蛮人と呼んだシラーの警句の翻訳である。批評家はこの詩を抜粋し、作者のシラーをたたえ、読者に向かって大声をあげ、おごそかにこう叫んだ。

フランス人は野蛮人だ!!!――聞こえるか?

（＊）「フランス人はけっして、気まぐれな思考の域を出なかった。人生において神聖な、偉大な、高遠なものすべてが、無分別で、生気のない常識に打ち負かされていた。フランスのえせ哲学の結果は唯物論であり、無感動な肉体の勝利であった。フランス国民から啓示の最後のきらめきは消えた。キリスト教、この創造主の被造物にたいする愛の悠久不滅の証しは、共通の嘲り、共通の蔑みの対象となった。人生の深遠かつ神聖な秘密を極めることのできない人間のあわれな理性は、それに及び難いものすべてを拒否した。理性に及び難かったのは、真なるものすべてであり、現実的なものすべてである。この理性は明晰さを求めた。――しかし、どのような明晰さ！――対象の深奥にひそむそれではなく、否、――その表面にある明晰さである。それは宗教を説明しようと思いたった。宗教は、有限な努力によっては及び難いものであり、自ら消滅し、フランスの幸福と平和を奪いさった。この理性は、学問の殿堂を国民共有の知識にかえようと思いたった。――真の知識の神秘的な意味は隠され、残っていたのは、ただ俗悪で無益、幻想的な考察でしかない。――そしてジャン・ジャック・ルソーは、開明的な人間は堕落した動物であり、革命は、この精神的堕落の必然的な結果であったと言明した。宗教のないところに国家はありえないし、革命は、すべての国家、すべての合法的秩序の否定であった。ギロチンは血しぶきを上げ、たとえわずかでも愚劣な群衆の上に立つものすべてを死刑に処した」。

レールモントフは「最後の新居」で、これらの言葉を文字どおりに詩におきかえた。

憤怒と感情を解き放ち、

……………………………
わたしは偉大な国民に語りたい。
「おまえは、哀れでつまらぬ国民！
おまえが哀れなのは、信仰、栄誉、天才、
すべてを、地上の偉大なもの、神聖なものすべてを、
子どもじみた疑惑の愚かな嘲弄とともに
おまえが塵芥《ほこり》まみれに踏みつぶしてしまったから。
栄誉をおまえは偽善の玩具にし、
自由を――刑吏の道具にした、
そして父祖伝来の信仰をことごとく
おまえはそれで一刀のもとに斬り伏せていった……」

この叫びは、いっそう印象づけるために、独立した一行として記されており、われわれもそのようにした。わが国の若い教授たちの外国からの帰国について語るとすれば、『モスクワ観察者』にとってなによりも喜ばしいのは、かれらがパリではなく、ベルリンでの受講者だったことである。『モスクワ観察者』が、ミシュレの『フランス史』の翻訳が出たとき、フランス人的大言壮語癖や浮薄さをたたく機会に利用したことは、言うまでもない。ここでの弾劾文は、すさまじく仮借のないものである。何人かの専門家たちは、専門的な著作ゆえに、フランス人でもかろうじて見逃されたが、――フランス人の文学者、詩人、思想家たちはすべて、容赦なくやっつけられる。スキュデリ嬢からミシュレまで、ロンサールからレルミニエまで。共通の断罪を免れたのは、「怠惰な放蕩者」ベランジェ、ただ一人であった。怠惰な放蕩はフランス国民の特性とされ、かれらはそれについて陽気な小唄まで作っており、かれらのなかにそれ以上のものは探すまでもない。つまり、『モスクワ観察者』は、話題はなんであれ、フラン

ス人を突いたり皮肉ったりする口実を見つけ、果てしなくどんな議論をしても、そこから出てくるのは、「われわれに与えるドイツ人の影響は、学術の面でも、芸術の面でも、精神道徳の面でも、多くの点で有益であるが、フランス人とは逆の関係にある。われわれは、わが国民精神の本質からかれらとは敵対関係にある」（『モスクワ観察者』第十八号、二〇〇ページ）という共通の結論である。

いまや、フランス人のなかの最良の人びとが尊大な野心、他国民への蔑視を捨て、国全体が過去の軽薄さや、長いあいだの慣わしであった大言壮語癖を放棄し、国民生活が真に深刻な問題の解決に立ち向かっているとき、フランス人にたいするこのような敵意に、まったく根拠はなかろう。しかし、当時フランスの知性の風潮はこのようなものではまったくなかった。いまフランスがまじめな人びとの共感を集めている思想の傾向は、ようやく明らかになりはじめたばかりである。そのうえ、奇妙な、まだ定まらない「幻想的な」形にとどまって、国民生活にまだなんら影響をおよぼしておらず、それどころか、文学から嘲笑され、国家生活からは無視されていた。第一帝政と復古王政時代のフランスが何によって輝いていたかといえば、それはすべて偽物であり、皮相なものであり、あるいは、精神的および社会的生活の真の要求に矛盾するものであった。すべてが、一方では誤解にもとづき、他方では欺瞞か暴圧にもとづいていた。たとえば、文学を支配していたのは二つの流派であったが、ともに偽物であった。一つは、シャトーブリアンとラマルティーヌ流で、理解もしていなかったか、実際にほとんど気にもしなかった教義にたいする見せかけの感動の仮面を自らつけ、もう一つは、洗練された堕落といやしいサタニズム（école satanique）の仮面をつけていた。観念論かシニズムかの偽善者ではない連中は、くだらないことをしゃべっていた。ベランジェだけが例外であったが、理解はされず、はすっぱ女の歌い手並みに見られていた。学問において考え方は、おそろしく狭小なものとなり、――当時の著名学者たちは、美辞麗句を並べるだけの空論家、ペテン師であり、一致しないものを一致させ、偏見を学問によって正当化し、学問上の真理と勝手な幻想とを結びつけようと奔走していた。[18] いまでは、クザン、ギゾー、ティエールがどんな人物か、かれらは何をしようとしていたのか、明らかになった。かれらはまだ、当時の著名人のなかの最良の学者であった。

ついでに、これらの著名人がそれを唱えてとくに名をあげた、当時有名な「自由主義」とはどういうものだったかを思いおこしてみよう。実際に事あるごとに、抽象的な権利を云々するばかりで、そうした概念そのものがそれには無縁であった国民の幸福など眼中にない、この自由主義の空しさとまったくの無益さが明らかになった。その最良の唱道者たちには、国民の真の要求にかんする軽はずみな誤解があり、ほかの人びとは、国民を罠にかけるための好餌として、このいわゆる自由主義を利用した。——何のために国民をそれで引きよせる必要があったかは、あとになり、かれらが権力をにぎることに成功して分かった。かれらはポケットをいっぱいにする、そのために権力を求めたのである。

復古王政とオルレアン王政初期のフランスの情勢もそうであった。いたるところで無意味なフレーズが声高に唱えられ、あらゆるものに軽薄と欺瞞が支配していた。しかし、当時のフランスの著名人たちには、ものの考え方にしっかりした原理もきびしい首尾一貫性もなかったことにたいし、だれよりも憤慨したに違いないのは、熱烈な確信と高邁な原理をもった人たちであった。かれらは、信じたものはなんでも、ただ臆病に、これ見よがしに、半分しか信じず、否定したものはなんでも、これまた半分しか否定しなかった。これはすべて、わが国ではプーシキンがその主人公のなかに描いた人物のようであり、レールモントフがこう語らせている人たちに似ている。

われらは揺りかごを出たばかりから
父祖の過ちやかれらの後知恵に富む……

正邪には恥ずかしながら無関心、

人生のはじめでわれらは闘わずに無気力……
愚弄された情熱を信じぬことで
よりよい希望や気高い声を
近しい人や友だちに嫉ましげに韜《かく》しながら。

われらは愉楽の觴《さかずき》に幽かにふれただけなのに、
若い力をわれらは守れず、
飽くことを惧れて、どの喜びからも、
われらは極上の果汁を永遠《とこしなえ》に抽《ぬ》き出した……

憎しみのためにも愛のためにも何も犠牲にせず、
われらは思いがけなく憎みもすれば愛しもする、
なにか秘められた冷たさが心のなかを占めている……(19)

これら狭量で倦みあきたエゴイズムに陥って無力な人びとに、もちろん、何もよいことは期待できなかった。フランス国民のきわめて気高いすべての力を吸いつくした大国内闘争(20)のあとに残ったこれらので き損ないたちに、新しい生命を自国民に注ぎ込むことを期待するなど、もちろんできなかった。かれらは、新鮮な、まだ純粋な、あり余る力を自分のなかに感じているわれわれにとっての理想になるはずもなかった。行動と幸福を熱望し、身を粉にして愛し、命がけで憎む覚悟の炎のような青年の心が、もちろん、このような人びとに通じるわけがない。幻滅し、享楽に倦み、エゴイズムに蝕まれたこれらの人びとが、わが国では神の告げ人とされていただけに、敵意はとくに強められた。わが国では、だれもがフランス人のことを騒ぎ立て、だれもがフランス人に魅了されていた。しかし、わたしにとっても、いわんやわれわれにとっても、こうした類いのフランス人は、まったくなんの役にも立たなかった。われわれに必要だったのは熱中であり、われわれの前には広大な活動の舞台があった。われわれに無力、幻滅、そして無為しか授けることのできなかったこれらの人びとを、どうして憎まずにいられようか？

第一帝政と復古王政の時代のフランス人に向けられた嫌悪は、不当にもかれらの祖先にまでさかのぼり、不当にも若い世代の思想家たちにあらわれた新しい思想の方向にまで共通の非難をおよぼした。かれらは、過去の著名人たちとはなんの共通点もなく、確固たる崇高な信念と新鮮な力をもった人たちである。この誤りの原因は、一部は、フランス文学に現われつつあった新しい志向への認識不足にあったし、また一部は、フランス人全体にたいし抱いていた偏見にあったし、最たるものがヘーゲル体系への絶対的信奉にあった。ヘーゲル体系が最高唯一の真理であり、それ以外はなんら注目に値しないとする信奉であった。

スタンケーヴィチのサークルにおけるヘーゲル信奉は、すでに述べたように、極端にまで達し、才能に恵まれ、独自の知性を授けられ、前進をめざした人たちは、このサークルに長く留まっていることはできなかった。夢中になってきた体系に無意識に不満をおぼえはじめた兆候は、このサークルのなかのもっとも天分のすぐれたメンバーたちのあいだで、かれらがヘーゲル的な意味において、ヘーゲル自身よりもより決然と、かつより仮借なく語り、ヘーゲル自身よりも、いわばもっと熱心なヘーゲル主義者となったことに現われた。この点でとくに際立っていたのはベリンスキーであった。かれは、どんな権威者であれその言葉どおりから外れるのを恐れて論理的帰結を拒むようなことはけっしてなかった。かれを個人的に知っている人たちのこの証言は、かれが、まったくヘーゲルの精神をもとにしながらも、しかしヘーゲル自身は認めなかったに違いないような決然たる態度で書いた数多くのページから確認される。[21] そう、ヘーゲルは概して、白髪の賢者の公正さをもってすべてを語り、もっぱら波立つ世俗とは無縁な書斎学者の目ですべてを観察してきたが、ベリンスキーのように、生気あふれる志向に満ちた、炎のような二十五歳の人間を、長いあいだ絶対的に帰服させておくことはできなかった。教師と生徒の本性、かれらが活動した二つの異なる社会の要求は、あまりにも一致しなかった。ベリンスキーはまもなく、ヘーゲル学説のなかの、かれの思想を束縛しかねないすべてを捨て、ペテルブルグに移住するとすぐ、完全に自主的な活動家となった。

この変化は、ベリンスキー自身の本性からして必然的であるが、二つの事情が、これらがなければ考えられないほど急速にその変化を促した。スタンケーヴィチの仲間[22]とオガリョフ氏およびその仲間との接近と、ベリンスキーのモスクワからペテルブルグへの移住である。

オガリョフ氏とその仲間の成長に与えた最初の影響は、スタンケーヴィチ・サークルが受けた影響とはまったく異なっていた。ドイツ哲学はかれらにとってあまりにも抽象的な内容であり、さして興味をひかなかった。かれらの関心は、国民生活に直接関係のある学問に向けられていた。当時フランスには、経済学者たちの生気のない干からびた学説に対抗して国民福祉の新しい理論が生まれていた。[23] 新しい学問を鼓吹する理念は、まだ空想的な形をとっており、偏見まみれの、あるいは利己的動機に左右された論敵たちにとって、憎むべき体系をあざ笑うのは容易であった。かれらは、新しい理論家たちの健全で高邁な基本理念を無視して、新しい学問がどれも初期には避けられない空想的な抱負を大げさに言いふらした。しかし、外見上は奇妙[24]でも、空想的な抱負とはいえ、これらの体系には、深遠でもあり、有益でもある真理が隠されていた。圧倒的多数の学者もヨーロッパの公衆も、経済学者たちの偏った皮相な見解を信じて、新しい学問の意味を理解しようとせず、すべての人たちは実現不能なユートピアと嘲笑し、ほとんどだれも、それらを根源[25]から、かつ公正に研究することを必要だとは考えなかった。オガリョフ氏とその仲間は、これらの問題がもつ生活にとっての特別な重要性を理解し、それらに取り組んだ。

同時に、オガリョフ氏とその仲間の関心は、歴史に、とくに現代史に、すなわち生活にとってまさにもっとも重要な歴史の部面に向けられた。最近では歴史的発展の主な舞台となったのはフランスであったから、かれらは主としてその歴史に興味をもった。文学においてもかれらは、当時まだ文学において優勢ではなかったが、優勢となることの証をすでに示したフランスの新しい作家たちを知り、これを評価して、ドイツ人を絶対的な特別扱いにしなかった。これらのとりくみの影響のもとでわが国に確固とした、一貫性のある学問上・文学上の信念が形成された。

こうして、モスクワの若い世代の活動家たちは、方向の異なる二つのサークルに分かれた。一つはヘーゲル哲学が支配し、もう一つは歴史生活の現代的問題へのとりくみが支配した。これら二つの方向には敵対しかねない点が多々あった。しかし、外見上の対立の下には、たがいに相異なる志向の本質的な同一性がひそんでいた。それらの志向は、それぞれに一面性、欠陥があったというだけで、いずれも目的は同じように、ロシア社会の発展のために有益な活動をすることであり、この目的をやりとげる唯一の方法は同じように、わが国の文学をよみがえらせ、わが国の思想活動をふるい立たせることとみなし、おのおの理想は同じように、過去にではなく未来に据え、たがいを相互に補完しあうべき理論と実践のように捉えていた。重要なのは、本質的一致の意識か、それとも二次的ながら、ひじょうに重要な問題における対立か、そのどちらが勝つかであるが、いずれにせよ、これら異なった傾向を代表する人たちが、実際にロシア社会発展の歴史におけるすぐれた活動家になるにふさわしかったか、かれらを鼓吹した原理が実際に有効であったかをみて、問題は解決されなければならなかった。歴史が語るところによれば、通例、原理が崩壊するさいには、二次的な問題からその信奉者間に和解しがたい敵対が生まれ、原理が発展するさいには、かれらを分裂させている二次的問題がどんなに重要であろうと、主要な点では一致する人たちの友好的な行動が生まれる。狭い自尊心を捨て、以前は気づかなかった真理を認め、他者に教えられたその真理を自分の心をこめた仕事とする覚悟——これこそ、真にすばらしい歴史的活動家の本質的な資質である。

われわれが語った人たちは、わが社会の発展において実際に重要な役割を果たすべき使命にあった。かれらを鼓吹した原理は、実際に生気にあふれ、有益なものであった。——それゆえ、これらの原理は、必然的に一つになり、これらの人たちはまとまっていくに違いなかった。そして実際に、かれらは気高い誠実さと一面性の自己放棄をもって合同し、さまざまな原理は、完全な調和をもって一つの共通の方向に合流していった。この事実は、個別の誤解にたいする共通の真実の完全な勝利と、個人的な衝突にたいし真理に仕えようとする共通の志向を示す、きわめて稀な、胸をときめかせる実例に数えられる。(26)

最初の感情は、もちろん友好的ではなかった。意見を排除しあい、相互の反目が起こった。どちらもたがいに相手に不満であり、長いあいだ交流を避けていた。スタンケーヴィチの仲間はオガリョフ氏とその仲間を、かれらがドイツ哲学の研究に熱心ではなく、すべての真理がヘーゲル体系に含まれていることを認めないからといって非難した。オガリョフ氏の仲間はスタンケーヴィチ・サークルを、すべて思考があまりにも抽象的な問題ばかりに集中し、生活の問題には見向きもしないか、ヘーゲルが命じたような、しらけた意味での解決しかしていないといって非難した。一方が他方に「かれらは真の原理を無視している」と言えば、他方は相手について「かれらは生活への無関心を説いてまわり、かれらの体系は地上のすべてを正当化している(27)と有頂天になって、現実のすべての欠陥に妥協している」と言った。さまざまな外的事情があって、傾向の異なる人びとのあいだに個人的な交際——両サークルともはじめは望まなかった——は、ひじょうに長いあいだ存在しなかった。

スタンケーヴィチは、かつてかれが中心であったサークルにオガリョフ氏が加わって自分の仲間を誘ったときは、もはやモスクワにはいなかった。(28)温良で情愛ゆたかなスタンケーヴィチがまだ仲間のなかにいたとすれば、おそらくそのとき親交は生じたであろう。いまでは仲介者となり調停者となったのはオガリョフ氏だけであった。かれ一人では、だれも助っ人はなく、会えばそのつど激しい論争になる論敵を打ち負かすことはできなかった。ベリンスキーに、理性によって正当化されうるのは現実にあるすべてではないことを何としても認めさせようと質したある論争の結果、かれはすべての問いにたいし、いつもの断固たる一貫性をもって、指摘されたすべての現象を理性的とみなすと答えた。かれの確信の揺るがしえないことを証明した、この論争の結果、仲直りの試みは終わった——一時的に、われわれが見るように、ひじょうに短い期間。(29)

ところが、これらの試みは完全に失敗したかにみえたが、不毛だったわけではない。ベリンスキーとその仲間を相手に論争した人たちは、ヘーゲル信奉者たちが、ヘーゲル体系にたいする一見反論の余地のない異議と相まみえるその不屈さ、——ヘーゲル信奉者たちが、一見かれらを動揺させ困惑させるに違いないすべてについて、自分にすっかり満足のいく答えを見いだすその軽快さに驚かされた。ヘーゲル哲学が到達した結果の論敵たちは、ヘーゲルにはかれ固有の武器をもってこそ打ち勝てると考え、この思想家の掘りさげた研究にとりかかった。かれらは、完全に成熟した知力をもって、自立した思考習慣と、ありとあらゆる抗争をへた豊富な生活体験によって研ぎすまされた洞察力をもって、——実生活と厳密な学問から得た確固たる信念の蓄積をもって、それにとりかかった。ドイツ哲学の巨人の弁証法——一見うち破れそうもない統一体の鎧兜で全体系を被っているこの驚くべき強力な弁証法——に反対することが、どんなに困難であろうとも、この人たちは、ヘーゲル体系の欠陥と首尾一貫性の欠如を明るみにだし、その帰結における誤り、原理と結果、基本理念と適用の不一致を見いだし、原理の一面性をも把握し、——そして最後に「いまわれわれは、ヘーゲルが把握したすべてを把握し、しかも、かれ以上に、より鮮明に、かつより完全に把握している」と言うことができた。こうしてヘーゲル哲学は、その固有の基本的原理の意味での一面性が、ドイツ哲学の表現によれば、克服され（überwunden）、浄化され、批判に付されて、ヘーゲル体系がそれまでその間の壁になっていた、二つの方向の一方の最強の信奉者たちによって、最高の真理にまで高められた。(30) しかし、ドイツ哲学体系の深さと調和は、体系への共鳴からではなく、その弱い側面を解明する必要から哲学研究にとりかかった人たちの知性に強力な感銘を与えた。オガリョフ氏の仲間のなかのもっとも才能のある人たちは自ら哲学の流派をなした。かつての自分の志向を捨てることなく、逆にいっそうそれに確信を深めて、かれらは自分の信念を哲学の一般原理にまで高めた。それゆえかれらの理念が堅固であり、理路整然としており、いかに多く好評を得ているかをみて、ドイツ哲学の――もちろん、もはやかれらが留まっていることのできなかったヘーゲル体系ではなく、ヘーゲル体系がそれへの最後の架橋となった新しい哲学の――熱心な信奉者となった。(31)

他方では、これに似た知的地平の広がりが、ほぼ同時期にスタンケーヴィチの仲間のもっとも才能ある人たちのなかでも見られた。これまでかれらは、すでに述べたように、考え方、志向とも完全に同じくしてたがいに結ばれていた。それゆえ個々人の独自性は、共通の気風のなかに埋没していた。ベリンスキーがもっとも活動的に参加し主宰していた(32)『モスクワ観察者』を特徴づけるにあたり、われわれは、ベリンスキーではなく、当時のかれの友人の一人が書いたヘーゲル講義への序文から大部分を抜粋した。というのは、当時これらの人たちはみな、まったく同じ精神で書いていたからである。違いはただ、どちらが巧く書けるかどうかにしかなかった。しかし、ベリンスキーが述べたことのすべてを、スタンケーヴィチの仲間のだれもが述べたし、逆に、ベリンスキーは、だれもが等しく確信していることだけを語った。これがつづいたのは、ベリンスキーがペテルブルグに到着するまでであった。ここでかれはすぐに、まったく独自の存在となり、いまではわれわれは、かれがたんに代表者であったかつてのグループの共同活動についてではなく、わが文学運動の先頭に立ち、新しい盟友と手を組んでこれらの運動を導いたベリンスキーの個人的な活動について語らなければならない。新しい盟友がかれに合流してきたのは、なんらかのサークル気分からではなく、盟友一人ひとりの本性の特質を守りながらも、同じ目的をめざそうとする独自の志向によるものであった。

モスクワでのベリンスキーは、かれの仲間たちと同じように、理論的思索に没頭し、現実の生活で何が起きているかなどにはあまり関心をよせなかった。かれは、現実はどんな夢想よりも重要であるとくりかえしはしたが、かれの仲間たちと同じように、現実を観念論者の目で眺め、それを研究するというより、むしろそのなかに自分の理想をもちこみ、そして、この理想には、わが現実においてそれに照応する何かがあるとか、少なくとも現実のもっとも重要な要素は、ヘーゲル体系のなかにかれらのために見いだされた理想に相似していると信じていた。観念論的な思索の時期をへた者ならだれもが知っているように、ペテルブルグは、こうした夢想を抱きつづけるには、まったく適さない。ペテルブルグでの現実の生活は、騒々しく、不穏で、煩わしくて、その本質について見誤りようがなく、それはけっしてヘーゲル体系の観念的な設計どおりには動いていないことを信じないわけにはいかず、観念論者にとどまっているのは困難である。ペテルブルグは、通常いつでも新住民をことごとく幻滅させるようにできていて、すぐさまベリンスキーに、ヘーゲル体系の現実向きの帰結を検証するための材料をふんだんに提供し、俗物的なドイツの理想はロシアの生活とはまったくなんらの類似点がないことをかれに吹きこんだ。[33] ヘーゲル学説は現実生活の忠実な表現である、という信念を捨てざるをえなくなった。現実もヘーゲル体系も、批判的に観察せざるをえなくなった（＊）。この検証の結果、理論的信念に求められたのは、——ヘーゲルの原理がもつ一面性を浄化すること、それらに固着している偽りの内容を排除すること、厳密な現代的学問の精神で新しい結論を引きだすことであった。また、生活上の志向にとっては——現実によって打破された旧来の静寂主義を否定すること、理性と真理が生活を支配すべきであり、われわれはその時代からまだ遠く隔たっているとはいえ、将来そうなるであろうとの崇高な信念を堅持することであった。ベリンスキーは、現実はそのなかにひじょうに多くの虚偽や有害な要素を内包していることを確信し、生活に知性と真実の支配を確立することに活動のすべてを捧げ、この目的達成の妨げになるすべてにたいし弛まぬ、仮借なき戦いを挑んだ。ベリンスキーのような活動的な気質にとって、静寂主義と無感動にいたる抽象的な観念性から、現実にかんする生きいきとした考え方への移行は、自然であり、容易であった。ヘーゲルの体系は、しばらくはその偉大さゆえにかれを魅了してきたし、それへの熱中が、体系の基本理念に含まれる真理の新しさと奥深さに裏づけられていることを、われわれはつとめて立証してきた。しかし、この体系は、その肯定的な内容でもかれをけっして満足させなかった。かれはヘーゲルの自制的な冷静さに憤慨して、つねに前に進もうとし、つねにこの冷静な観照のなかに、生きいきした自分の本性の感動的な情熱を吹きこんだ。スタンケーヴィチの仲間のほかの有力な人たちも、ヘーゲルにたいする態度はこのようなものであった。ヘーゲルの体系においてとくに何にかれらは魅かれたか、なぜそれをとくに高く評価したのかは、われわれが引用した抜粋から知ることができる。理論的学説にはそれぞれ二つの側面、すなわち抽象的な真理の概念と、生きた現実にたいすることの知識の関係が合わさっている。ヘーゲルは知識を、自分の体系の第一の、ほぼ唯一の目的としている。生活にとってのこの知識の帰結は、かれにあっては二次的な位置づけである。この順序は、当初からスタンケーヴィチのもっとも有力な仲間によって変えられた。かれらは当初からこう語った。「ヘーゲルの哲学は、生活にとって有益である。だから、生活によって発見される真理を研究しなければならない」――現実の生活が、かれらにとって第一義的な位置にあり、抽象的知識はやっと二義的な重要性しかもたないことは明白である。(34)こうした本性の人たちは、長いあいだヘーゲル体系に満足していることはできなかった。あれこれの道をへてかれらは、それへの依存から脱却せねばならなかった。――実際に、それぞれの道をへて出ていった。ここでわれわれに関心があるのはベリンスキーであり、われわれが見てきたように、かれを絶対的ヘーゲル信奉から連れだしたのは、現実への接近であり、かれはつねにその原動力になろうとつとめ、そうなる定めであった。

（＊）「モスクワ人はペテルブルグに移り住むと、すぐにそこに慣れる。仰々しい夢、理想、理論、空想はどうなってしまうのか！　ペテルブルグは、この点で人間の試金石である。そこに暮らしていて幻想的な生活の渦に心を奪われない人はだれでも、常識を犠牲にしないで魂も心も保ち、ドン・キホーテ的にならず自分の人間の尊厳を守ることができた。――こういう人間には、難なく手をさし伸べることができよう。ペテルブルグは、ある性質の人たちには迷いを覚まさせる特性をもっている。諸君にははじめ、街の雰囲気からは、まるで木から葉っぱが落ちるように、自分からきわめてだいじな信念が落ちるように思えるが、それは信念ではなく、怠惰な生活と現実にたいする決定的な無知が生みだした夢であることにすぐに気づく。――そして諸君は、おそらく沈痛な悲しみに陥るだろうが、しかし、この悲しみには、じつに多くの神聖なもの、人間的なものがある。……夢とは何なのか？　どんなに誘惑的な夢といえども、実際的な（この言葉の理性的な意味において）人間の目から見れば、苦々しいかぎりの真理にも値しない。なぜならば、愚者の幸福は欺瞞であり、実際的な人間の苦しみは真理であるばかりか、さらに、将来に実り多い真理だからである……」（ベリンスキーの論文「モスクワとペテルブルグ」『ペテルブルグの生理学』所収）

モスクワでのオガリョフ氏の仲間とのかつての論争もまた、ベリンスキーの見解を広げるのに役立った。たしかに、論争の最中には、いかなる反論も、ヘーゲル体系が提示する帰結の絶対的正当性へのかれの確信を少しでも揺るがすことはできなかった。逆に、一貫して臆せず、かつ強力な人たちにいつも見られるように、論争は、従来の考え方をかれに確信させるばかりで、それをいっそう徹底的に、厳密なものにさせ、自分の概念を主張して譲らず、かれが真理とするものへの懐疑はすべて根拠のないものであることを立証しようとする欲求をさらに強くするだけであった。ペテルブルグに移住してすぐにベリンスキーが発表したいくつかの論文は、この論争的な熱意に影響されて書かれたものであり、『祖国雑記』に掲載されたこれらの論文にあっては、『モスクワ観察者』の寄稿者すべてが共有していた見解が、驚きを呼びおこしもっぱらそれらの論争的な起因によってのみ説明されるほど極端なものにまでなった。[35] しかし、重要なのは、ベリンスキーがモスクワの論敵たちからうけた反論が強くかれの関心をひき、かれがそれらを忘れなかったことである。論争の第一弾がすぎたとき、実生活との接近が以前の抽象的観念論の一面性を晒しはじめたとき、ベリンスキーは、つい先ごろまで観念論的見地の高みから論難していた自分のかつての論敵の意見により公正に注目せねばならなかった。かれは、ヘーゲル体系の絶対的信奉者に狭隘で皮相的と思われていたこれらの概念が、ヘーゲル哲学が提示した帰結よりもはるかによく事実によって検証されていること、思想家はこれらの概念以外には何も生活から導きだせないことを認めた。知的世界の活動家は、二つの種類に分かれる。一方は、真理が、自分たちより以前に、だれかほかの人たちによって述べられると、気に入らない。──かれらは自分の思想を特権にしようとしている。おそらく、この点での自分たちの生産能力が弱いことを自覚しているのだろう。他方は、真理のことだけを気にしていて、特権について気にすることを必要とは思っていない。──おそらく、知力がおとろえ、思考が貧しくなる危惧とは無縁だからであろう。一方は、自分たちの誤りを捨てるのを嫌う──おそらく、自分たちの主張はすべて自己満足の誤りであることを自覚しているのだろう。他方は、つねに自分たちの志向の根底にあるのは真理なのだから、そんな自尊心のこだわりとは無縁である。ベリンスキーは第二の部類に属していた。かれは機会があり次第、ペテルブルグが、以前は知りたくもなかった現実を見ることの大切さを教えてくれたこと、かつて論争した問題にかんしては、実生活の事実と矛盾しているとヘーゲル体系の帰結を否定した人たちの側に真実があったことを、いつもの率直さで認めた。

このようにして、つい直前まで、若い世代の最良の人たちの友情ある活動を妨げていた分裂の原因は解消された。一方では、ドイツ哲学に以前は見向きもしなかった人たちが、いまではその熱心な信奉者となり、その原理のなかに、新しい歴史と現代の生活の研究によって得た確信の確固たる基礎づけを発見することとなった。文学運動における他方の流派の代表、ベリンスキーは、現実を観察することによって、ヘーゲル哲学の正しい原理とその一面的な帰結とを判別するにいたり、スタンケーヴィチの仲間のあいだではあまりにも関心を向けられてこなかった問題のきわめて大きな重要性を見いだし、現実の生きた現象による検証に耐えた確信だけを、ヘーゲル体系から堅持した。かつてのスタンケーヴィチの仲間のなかのもっとも才能に恵まれた人たちはみな、独自にその道を歩まなかったとすれば、ベリンスキーにつづいた（＊）。両流派とも一面性は完全に消えた。

（＊）読者は、われわれがここで、もっぱら文学運動についてしか語っていないのだから、文学にかかわりのない別の人のことを語る資格がないと思うだろう。[36] 疑いもなく、当時のロシア社会にはさまざまな活動分野に、ベリンスキーに劣らぬほど著名な人が数多くいた。スタンケーヴィチの仲間にも、こうした人たちがいたはずである。だが、この仲間の代表者としてベリンスキーの名だけしかあげられないことを、読者は合点されよう。[37] われわれは、だれよりもベリンスキーを持ちあげようなどというつもりはまったくないし、その必要もない。われわれはただ、かれの文学活動を述べるだけである。

概念と志向のこのような統一にともなって、人びともたがいに密接になるに違いなかった。そのころグラノフスキーが外国から帰ってきた。かれは、スタンケーヴィチがそのサークルにとってそうであったと同じような、スタンケーヴィチとオガリョフ氏の仲間たちにとっての存在となった。高潔な人はだれもがグラノフスキーを心から愛さざるをえなかった。モスクワの若い世代のなかで、もっとも高潔な人たちはみな、かれのまわりに集まってきた。グラノフスキーのいたところには、ただ一つの感情――友愛の感情のみがありえた。この場でのかれの協力者はオガリョフ氏であった。かれらの影響はまもなく、ペテルブルグや地方にいた人たちにも広がっていった。

グラノフスキー、ベリンスキー、その他の人たちの影響によって、すでに文学活動をしていたか、この道に進出してきた若い世代の才能ゆたかな人たちのほとんどすべてが、かれらの文学サークルに結集した。

こうして、かつてのスタンケーヴィチとオガリョフ氏それぞれの仲間のサークルから、新しい活動家たちの合流をともない、単一の大きな文学界が形成され、文学におけるその主要な機関誌は、われわれの雑誌がはじまるまでは、『祖国雑記』(一八四〇年、とくに一八四一年から一八四六年まで)であり、その主要な編集者は当時ベリンスキーであった。その初期の段階から、ロシア読書界への清新で健康な思想の普及者としてふさわしい名誉をかれとしかるべく共有しあったのは、その他の人たちであった。その一部はすでに述べたし、一部はあとで述べたいと思う。——すなわち、グラノフスキーのほかに、ガラーホフ氏、カトコフ氏、ケトチェル氏、コルシ氏、クドリャフツェフ氏、オガリョフ氏、その他である。スタンケーヴィチは、この合流がはじまる前にすでに亡くなっていた。クリュチニコフとコリツォフは、スタンケーヴィチより数年だけ長く生きながらえた。[38] 独自の共感をもって新しい流派に属していたレールモントフ[39]は、晩年をコーカサスですごしていて、そのためベリンスキーやかれの仲間たちの親しい会談に加わることができなかった。そのことによる損失は、ベリンスキー、グラノフスキー、オガリョフ氏に接した、あるいはその感化をうけて成長した若い人たちの参加によっておぎなわれた。ちなみに、なかでも名をあげておかねばならないのは、アーンネンコフ氏、グリゴローヴィチ氏、カヴェーリン氏、いまは亡きクロネベルグとV・ミリューチン、ネクラーソフ氏、パナーエフ氏、トゥルゲーネフ氏である。新しい世代の才能ゆたかな人たちのほとんどすべては例外なく、多かれ少なかれその同じサークルに参加していたか、ベリンスキーまたはグラノフスキーの感化をうけて育った。クラエフスキー氏は、ベリンスキー、グラノフスキー、オガリョフ氏とその仲間たちの活動の機関誌となった雑誌の編集者として、ロシア文学においてひじょうに名誉ある地位を占めた。われわれは喜んで、当時のロシア文学は、かれに負うところが多かったと言うことができる。というのは、かれは自分の雑誌においてベリンスキーに、文学の面で雑誌にとってのこの人物の圧倒的な重要性にふさわしい場を与えたからである。

わが国で、一面的ないくつかの傾向が共通する一つの総括的な見解の体系に統合したのとほぼ同じころに、ヨーロッパでもこれに似た現象が起こった。ドイツの学者たちは、生活が活動だけでなく学問をも支配していることを認識しはじめ、フランスの学者や文学者たちは、これまであまり気にかけてこなかった一般概念を深く究明することの必要性を理解するようになった。これら両方の国で以前の一面的な学説は、新しい理念にとって代わられつつあった。それらはもはや、とくにどちらかの国民のものではなく、どこの国に生まれようと、何語で書かれていようと、真に現代的な人間すべてに等しく、それぞれの財産となった。本質的なあらゆる問題にたいする同一の見地をめざす文明世界のすべての国でのこうした知の方向は、それぞれの国の真に現代的な人びとすべてがいだく志向一体化の力強い支えとなった。こうしてわが国においても、西欧の主な国民の知的生活において生まれ、その発生や形はそれぞれ異なっても通底する精神はまったく同じ新しい現象の研究によって、考え方の統一は強められ、それらの考え方によって、現代的な思考様式をもつ人たちが連係しあっていった。

しかしながら、考え方と人びとの統一は、わが国にあっては外部からの影響によって、たんに強められたのであって、生まれたのではない。当時わが国の知的運動の先頭に立った活動家たちは、もちろん、かれらとヨーロッパのあらゆる同時代の思想家との一致がかれらの考え方の正しさを確証するものとして勇気づけられた。その考え方はもはや、なんらの外的権威にも寄りかかってはいなかった。すでに述べたように、かつての分裂状況をなくした考え方の進歩は、わが国においては独自のかたちをとってなしとげられた。ここにはじめて、わが祖国の知的生活は、かつてのように腰巾着の弟子としてではなく、ヨーロッパの思想家たちとならんで歩く人たちを生みだした。かつてはわが国の人たちはそれぞれ、ヨーロッパの著述家たちのなかに、一人または何人かの神の告げ人をいただいていた。ある人はフランスの、またある人はドイツの文献のなかにそれらを見いだした。わが知的運動の代表者たちが独自にヘーゲル体系を批判したときから、この運動はもはや外部のいかなる権威にも従わなかった。

ベリンスキーとかれの主要な盟友たちは、知的領域では完全に自立的な存在となった。

この事実——ベリンスキーとかれの主要な盟友たちにおいてロシア思想がかちえた自立性が興味深いのは、わが国民の誇りにとって喜ばしいためというだけではない。この事実は、ベリンスキーとかれの盟友たちの作品のいくつかの際立った特質——わが文芸批評にこれまでなかった特質を説明しているがゆえに、わが文学思想の歴史において重要なのである。ベリンスキーの文学思想がわが読書界に急速に広まったわけも、この事実によって一部説明がつく。

自立的な思想をもつ人間は、その考え方の明確さと適用の的確さゆえに、他人の考え方に従い、その支えをなす原理を批判できない人たちよりも、つねにすぐれている。ベリンスキー以前、わが国の批評は、フランスかドイツの理論の再現であって、自らの基本的見地に明晰さも明確さもまったくなかった。文学作品の本質的意味と価値を評価するさい、正しいことを多く述べたとしても、ほとんどつねに、多くのことが言い残されているか、正しい指摘のなかに奇妙な誤解が混入するかしていた。概して、ベリンスキーに先だつ最良の批評家たちの意見は、すぐに、五、六年もたつと、古くさく、根も葉もない、あるいは一面的なものとなった。たとえば、『テレグラフ』は一八二五年に創刊されたが、一八二九年に『ヨーロッパ報知』(40)のナデージディンの論文を読んだ人間はもう、ポレヴォーイの「高邁な見解」について微笑まずには考えられなかったし、ポレヴォーイが、かれと同時代のロシア文学に起きている「高邁な見解」にしても重要な現象の意味をあまりにも不十分にしか理解していなかったことを確信せざるをえなかった。当のナデージディンの意見は、奇妙な混沌、きわめて正しく賢明な評言と弁護のしようのない意見との恐るべき混合を見せており、だから、論文の一半がほかの一半によってしばしば台無しになっている。これとは逆に、ベリンスキーの意見は、現在までその価値をそっくり保っており、それらの正しさは概して、かれに反対した人たちが正しかったのはほぼいつも、かれらがベリンスキー本人から借用している部分だけであったほどである。近年わが国では、ベリンスキーの考え方は不十分であるとよく語られてきた。自分はベリンスキーを追いこしたと思っているこれらのエピゴーネンのなかには、賢明で才能のある人たちもいたが、かれらの論文をベリンスキーの論文に照らし合わせてみるだけでよい。これらの人たちはみな、ベリンスキーから聞いたことだけで生きていることを、だれもが確信するだろう。かれらは、ベリンスキーが語ったと同じことだけをいつまでも論じているのであり、もし別様に論じているとすれば、それはただ、あるいは一面性に、あるいは明らかな偏見にこだわっているからであろう。[41] ベリンスキー時代以降の文学史の資料はさかんに精査されているが、概していえば、どの新しい研究も、かれが述べた意見をあらためて確認することだけに終わっている。

かれの思想の自立性はこれまた、かれの意見が受けいれられた共感の主な原因の一つであった。他人の思想をくりかえす人たちの弱い面は、かれらの大部分が民衆の関心を呼ばないテーマを論じていることにある。真実はつねに真実であるが、すべての真実が、いつでもどこでも、等しく重要であり、等しく関心を呼べるわけではない。いつの時代、どこの国民にもそれぞれの要求がある。ドイツ人に関心があるものが、フランス人あるいはロシア人には、その生活の要求に直接関係がないために、まったく関心のないことがしばしばある。語るべきは、現代のわが国の民衆は何を必要としているかである。かつてわが文学は、あまりにもしばしば、われわれにあまりにも関心の少ないテーマについて語り、われわれに無縁な事柄にかんする無縁な見解を伝えてきたのであって、われわれ自身の思想の表現者の役も、われわれ自身の困惑の解決者の役も果たしてこなかった。ベリンスキーはつねに、かれが語りかけたまさにその民衆自身にとって聞くことが必要であり興味深いことについて語っていた。

つぎの論文では、円熟期のかれの活動を述べることにする。ベリンスキーの文学観を特徴づけるにあたっては、われわれは、主にかれの晩年の論文に注目することになろう。というのは、この人間は死ぬまで、進めばすすむほど、ますますより完璧に、より正確に、自分の思想を表現したからである。もちろん、われわれはこれらの思想のもっとも円熟した表現をもとにして、自分たちの見解を述べなければなるまい。しかしその前に、かれの論文が『祖国雑記』にのりはじめてから、その頂点にいたって死去するまでの期間の、かれの見地が発展してきた道を跡づける課題が残されている。一八四〇年からのベリンスキーの評論発展のもっとも本質的な特徴を数語で規定することができるとすれば、つぎのようになる。(42)

ベリンスキーの評論は、ますますわれわれの生活の生きた関心に徹し、ますますよりみごとにこの生活の現象をとらえ、公衆には生活にとっての文学の意味を、文学には生活の発展を方向づける主要な原動力の一つとして、生活の側に立たねばならないことを説明するために、ますますより決然と突き進んだ。

年をおってベリンスキーの論文から、抽象的な論題、ないしは実際的とはいえ抽象的な観点からの論題にかんする考察はしだいに減っていき、生活がもたらす要素が、ますますより決定的に幅を利かせていくことが、われわれには分かる。

註

(1) この論集の第一論文は、『同時代人』誌一八五五年第十二号に、ほかは同誌一八五六年の第一―二、四、七、九―十二号に掲載された。

これらの論文は、チェルヌイシェフスキーのもっとも重要な著作であり、その意義は、文芸批評の域をこえて広がっている。そのなかでかれは、十九世紀三〇―四〇年代ロシアの社会思想史を簡潔に描いている。この時代の中心人物はベリンスキーであった。検閲のきびしい障壁を避けつつ、チェルヌイシェフスキーは、「ゴーゴリ時代（つまりベリンスキー時代）の文学評論」の革命的伝統を、反動的な自由主義的＝貴族的「純粋芸術」派と対比しながら、守り発展させる。この一派は当時、プーシキンの名をかたって「プーシキン原理」の旗をかかげて現われた。ここでゴーゴリとプーシキンの名は、二つの対立する階級を代表する二つのイデオロギー流派の、たんなるシンボルでしかなかった。これらの論文は、ベリンスキー路線の直接の継承者としてのチェルヌイシェフスキーの立場を明確にし、かれの哲学観を特徴づけるうえできわめて重要である。〔ここでは、ベリンスキーの哲学観と文学観の分析と、チェルヌイシェフスキーのヘーゲル哲学にたいするすぐれた評価を内容とする第六論文の全文と第七および第八論文の一部を訳出した。〕

（2）『モスクワ観察者』――V・P・アンドロソフとS・P・シェヴィリョーフ主宰の雑誌（一八三五―三七年）。一八三八年にベリンスキーの手にわたった。

（3）『テレスコープ』――N・I・ナデージディンが一八三一―三六年に刊行した「現代教育のジャーナル」。一八三六年チャアダーエフの「哲学書簡」を掲載したため発売禁止になった。ベリンスキーが文芸評論家としてデヴューしたのはこの雑誌からである。

（4）『テレグラフ』または『モスコーフスキー・テレグラフ』――N・ポレヴォーイが一八二五―三四年に刊行した「文学、評論、学術、芸術」の雑誌。ポレヴォーイはのちに文学の反動陣営にくわわった。

（5）『読書文庫』――A・F・スミルディンとO・I・センコフスキーが一八三四年に始めた雑誌。『祖国雑記』と『同時代人』からその反動的傾向が批判された。

（6）『北方の花』――A・A・デリヴィグとO・M・ソモフが一八二五―三一年に刊行した文学アルマナック。プーシキンは寄稿者の一人。

（7）V・クラーソフの詩は、後から蒐集され、一八五九年にモスクワで出版された。

（8）ネストロエフ＝クドリャフツェフの作品にかんする論文をチェルヌイシェフスキーは書かなかったが、一八五六年に『同時代人』にかれの著書『ローマの女性たち――タキトゥスをめぐる史話』の短評をのせた。

（9）チェルヌイシェフスキーはここで、デカブリストのA・ベストゥージェフ（＝マルリンスキー）の社会的理想がかれの作品に反映されていなかったことをさしている。

（10）チェルヌイシェフスキーは、できればここで、一八三八年に「ヘーゲルのギムナジウム講義」を翻訳し、序言を書いて『モスクワ観察者』に発表したM・A・バクーニンのことも述べたかった。「概観」執筆時にシュリッセリブルグ監獄にとらわれていたかれの名をあげることはできなかった。

（11）ゲルツェンの「自然研究書簡」（一八四五―一八四六年『祖国雑記』に掲載）をさす。これに関連してレーニンはこう書いている。「一八四四年に書かれた第一書簡の「経験論と観念論」は、数知れない近代の経験論者＝自然科学者たち、現代の観念論ないし半観念論哲学者たちの群れのなかでも、いまもなお一頭地を抜きんでた思想家であることを、まさにわれわれの前に明かしている。ゲルツェンは、弁証法的唯物論の入口に立っており、史的唯物論の前で立ち止まっていた」。

(12) チェルヌイシェフスキーは、一八一二年戦争をロシア人にとって救いと規定した点にかんして、「スヴォロフはもちろん、クトゥーゾフやバルクライ・ド・トーリよりも天才的であったが、バルクライやクトゥーゾフが成しとげた戦闘は、スヴォロフのみごとな全勲功の歴史的意義を限りなく越えている」とも指摘している（「レッシング」序言、『同時代人』一八五六年九号）。

(13) ここと前のパラグラフでフォイエルバッハを示唆する。

(14) ここでは、おそらくフォイエルバッハの発言を示唆する。

(15) A氏とはパーヴェル・ヴァシーリエヴィチ・アーンネンコフをさす。

(16) ベリンスキーの「文学年代記」（『モスクワ観察者』一八三八年に掲載）参照。ここで、プーシキンの論文「ミルトンとシャトーブリアンによる『失楽園』の翻訳について」（一八三六―一八三七年）を批評している。

(17) 『モスクワ観察者』一八三八年第十六―十七号。ベリンスキーの評論（『同時代人』一八三八年第一―二号）を念頭においている。「パリのロシア人年代記」の著者は、アレクサンドル・イヴァノヴィチ・トゥルゲーネフ。

(18) ここで、学問と宗教との「和解」の試みについて述べる。

(19) レールモントフの詩「思い」（一八三八年）から。

(20) 「大国内闘争」は十八世紀末フランスのブルジョワ革命をさす。

(21) 一面的に理解されたヘーゲルに極端に傾倒したとみられるベリンスキーの論文とは、「ゲーテ批評家、メンツェル」、「ボロジノー記念日」、「ボロジノー会戦概説」。

(22) 一八四〇年のことである。ここと以降でチェルヌイシェフスキーは、「オガリョフとかれの仲間」について述べながら、だれよりもあげたかったのはゲルツェンであったが、検閲のためにできなかった。オガリョフは、一八五六年に外国に逃れたが、まだ亡命者の状態ではなかった。公式に国外追放になったのは一八六一年十二月になってからである。

(23) 「国民福祉の新しい理論」とチェルヌイシェフスキーがいうのは、フランスの空想的社会主義者たちの理論を示唆する。ブルジョワ文献においてだれよりも嘲笑を浴びたのは、フーリエの理論であった。

(24) 空想的社会主義者フーリエの学説を示唆する。

(25) 手稿では、「問題」につづく「一面的な経済学の擁護者たちも、いわゆるリベラル派も当時知ろうとしなかったことについて」が削除されている。

(26) ゲルツェン『過去と思索』第四部を参照。

(27) 「外的事情」という言い方で、チェルヌイシェフスキーは、ゲルツェンとオガリョフの一八三四年の逮捕、流刑を示唆する。ゲルツェンはペルミ、のちヴャトカ、オガリョフはペンザへ流刑された。

(28) ゲルツェンが流刑から戻ったとき、病気のスタンケーヴィチはイタリアで暮らし、一八四〇年六月二十四―二十五日の夜に死去した。

(29) 『過去と思索』には、「断固たる一貫性」を発揮したベリンスキーとゲルツェンとの有名なこの論争が語られている。「あなたの視点からすると、――わたしはかれに、革命的な最後通牒をわたすつもりで言った。――われわれがその下で暮らしている恐るべき専制政治が理性的で、かつ存在すべきものとあなたが立証しうることになるが、ご存知か。

――まったくそのとおり、――と、ベリンスキーは答えた。――そしてわたしに、プーシキンの「ボロジノー記念日」を読んできかせた。

これにはわたしは我慢できず、どうしようもない闘いがわれわれのあいだに始まった。われわれのいさかいがほかの者たちにも影響して、仲間が二派に分裂した。バクーニンが仲直りさせ、説明し、言い包《くる》めようとしたが、真の和睦はなかった。ベリンスキーは腹を立て、不満のままペテルブルグへ去った。そこからわれわれに加えたのは、「ボロジノー記念日」と題する論文のなかでの最後の、憤怒の一斉射撃であった。

そのときわたしは、かれとの関係をいっさい断った」（ゲルツェン『過去と思索』第四部第二十五章）。

(30) ゲルツェンがどのようにヘーゲル哲学を受けいれたかは、『過去と思索』に語られている。

(31) 「新しい哲学」とは、フォイエルバッハの哲学である。ゲルツェンは『過去と思索』のなかで、この思想家をはじめて知ったときに受けたきわめて強烈な印象について語っている。

(32) M・A・バクーニンをさす（註（10）参照）。

(33) 一八四〇年六月にベリンスキーはボートキンにつぎのように書き送った。「わたしは無人島［ベリンスキーは当時、モスクワのスタンケーヴィチ・サークルをそう呼んでいた］を出て、首都ペテルブルグにいた。雑誌［『祖国雑記』をさす］がわたしを社会と面と向かわせた。わたしがどれほど多くのことを体験したことか分からない！　社会のこの光景がわたしを落胆させた。そこでは、ろくでなしと月並みな平凡さが動き、役を演じ、気高くかつ才能に恵まれたものすべては、無人島で恥ずべき無為に伏せている」。

(34) 手稿では「二義的な重要性」につづく、つぎの言葉が削除されている。「『ヘーゲル講義への序文』の言葉を思いおこすと」。

「幸福は抽象的な夢のなかではなく、生きた現実のなかにある。生活のあらゆる分野における現実との和解(すなわち、夢から現実への回帰)は、現代の重大な課題である。ヘーゲルもゲーテも——死から生へのこの回帰の頭目である。新しい世代が、現実的なロシア人になるという法にかなった要求を終には自らのなかに感じとることをわれわれは期待しよう」。

われわれが引用した詩のなかでゲーテも、抽象的な生活から自然と現実への回帰を、幸福すべての最高の源泉として述べている。

おお、夢よ去れ、どんなにそれが甘くとも!
ここではすべてがかくも愛と生命に満ちている!
(ゲーテの詩「湖上にて」——K・アクサーコフのロシア語訳から)

(35) 前記の註(29)の『過去と思索』からの引用を参照。ここで論文「ボロジノー記念日」は、ゲルツェンにたいする最後の、憤怒の一斉射撃であったことが語られている。

(36) 手稿では、つづく一文が削除されている。「したがって、これらの論文の内容によって与えられた見地からすれば、人間は、わが国の文学への精力的な参加がなければ、ただちにわれわれから姿を消す」。

(37) ゲルツェンとバクーニンについては、検閲上の理由で語れなかったことを示唆する。

(38) クリュシニコフ〔チェルヌイシェフスキーの表記ではクリュチニコフ〕についてはチェルヌイシェフスキーの誤りである。かれが亡くなったのは一八九五年二月十六日であった。誤るのも無理はない。四〇年代のはじめにクリュシニコフはモスクワを見捨てて、ハリコフ県の自分の屋敷に移住して、発表するのを止め、それまでの友人すべてとの交際を絶った。

(39) 手稿では、「レールモントフ」につづく一文が削除されている。「しかし、ほんの少しだけベリンスキーとグラノフスキーのサークルに加入していた」。

(40)『ヨーロッパ報知』は、ロシア最初の文学と政治の雑誌であり、モスクワで一八〇二—三〇年に刊行された。初期はN・M・カラムジンの編集、二〇年代はM・T・カチェノフスキーの編集になり、極反動の立場をとった。

（41）　A・V・ドゥルジーニンとかれの同志をさす。
（42）　手稿では、つづく一文が削除されている。「独自の思想家としてのベリンスキーの発展は、かれがますますロシアの現実の生きいきした［要求］関心に徹していき、ますます強力に文学と人間精神のその他の志向とのいっそう緊密な関係に確信をもったという点にあった」。

第七論文（抄）

ベリンスキーの批評が『祖国雑記』と『同時代人』の両誌上でたどったその発展の道すじは、批評がますますわが国の現実の生きた利害関心に徹し、結果としてますます実証的になっているという本質的な特徴によって規定される。〔段落末の〕註にベリンスキーの最後の論文から何箇所かを抜粋しておく。そこには、知的および精神的生活において現実がいかに圧倒的な重要性をもたねばならないかについての、かれのもっとも熟達した、正確な考え方が表現されている。その生活の主要な手段が、わが国では最近まで文学であった（いまもそうである）。ここで、「現実」と「実証性」は、知的にも精神的にもその活動のあらゆる部門において、現代的概念によれば、重要な意味をもたざるをえず、それをいかに理解すべきかを若干述べることにする（＊）。

（＊）「もし人がわれわれに向かって現代のロシア文学の特質は何にあるかと問うならば、われわれはこう答えるであろう。——実生活との、現実とのますます緊密な関係に、成熟と成年へのますます大きな接近にある、と」（「一八四六年のロシア文学概観」『同時代人』一八四七年第一号、批評欄一ページ）。——したがって、成熟は、現実への接近の度合いによって測られる。

「ロシア文学の全運動（プーシキンにいたるまで）は、実生活に、現実に接近しようとする志向にあった」（同四ページ）。——したがって、文学運動の目標は現実である。

「芸術、詩、創作にかんしては、われわれがこの論文の冒頭で述べた成熟、成年にもっとも近い。修辞法という言葉を現実の意識的もしくは無意識的歪曲、理想化という意味で用いているとすれば、それをもっていわゆる自然派を非難することはできない……。われわれは才能に、その数に、そもそも文学の進歩を見るのではなく、かれらの方向に、かれらの書く態度にそれを見るのである。才能のある者はつねにいたが、以前かれらは自然を装飾し、現実を理想化していた、すなわち存在しないものを描きだし、ありもしなかったことについて物語っていた。ところがいまでは、かれらは実生活と現実をそれらの真実において再現する。このことからして文学は、社会から見て重要な意義を得たのである」(同一〇ページ)。——したがって、実証性に反するのが虚妄的理想化である。芸術は、実生活と現実をそれらの真実において再現する、そのときに成熟を得る。

「ありえないことについて考えるかわりに、存在するものの争いがたく、不変の(すなわち、ファンタジーに左右されるのではない)現実を承認して、マニーロフ的[1]なファンタジーによってではなく、理性と常識を指針として、存在するものを基礎にして行動する方がはるかによい」(同一四ページ)。

「理論的問題の重要性は、それらの現実にたいする関係にかかっている……。自分のところで、自分のうちに、自分の周囲にこそわれわれは問題も、またその解決も求めなければならない。この方向は有益であろう」(同二八ページ)。

「ただこの才能(一八四六年に詩集を出した詩人の一人)の霊感の源泉が実生活でなく、空想であること、そしてそれゆえに、かれは実生活になんら関係をもたず、詩情に乏しいことが残念である……。かれがそんなにも行きたいと願うところのこの高みは、空虚で、寒冷、呼吸するための空気もない。地上のほうがずっとよい! 地上はわれわれにとって明るく、暖かく、そこではすべてがわれわれのものであり、すべてがわれわれに理解できる。そこにわれわれの生活があり、われわれの詩がある。そのかわり、地上を理解できなくて、地上から顔をそむける人は、詩人たることはできず、冷たい虚空で冷たく空虚なフレーズしかとらえることができない」(同三一ページ)。

「われわれの文学は、……つねに修辞法的なものから自然な、ありのままのものとなるよう志向した。抜群の、かつ不断の成功によって際立ったこの志向が、われわれの文学の歴史の意義と魂をなしている。そしてわれわれは、ためらうことなく、ロシアの作家のだれ一人としてこの志向がゴーゴリほどには成功をみなかったと言おう。このことは芸術が、あらゆる理想を別にして、もっぱら現実に向かうことによってのみ実現しえた。これはゴーゴリによる偉大な功績であり、このことによってかれは芸術そのものにたいする見解をまったく変えた。(これまでの)ロシア詩人たちのそれぞれの作品にたいしては、こじつけではあっても、「装飾された自然」という、古い、使いふるした詩の定義をあてはめることができる。しかしゴーゴリ作品にたいしてはもはやこれをなすことが不可能である。それらにたいしては、その全真実における現実の再現としての、芸術の別な定義がふさわしい」(『一八四七年のロシア文学概観』『同時代人』一八四八年第一号、批評欄一七ページ)。

「現実にかんする概念は完全に新しい」と、ベリンスキーは言う(『同時代人』一八四七年第一号、批評欄一八ページ)。——実際にこの概念は、真理を具体的な実現にのみ認めた先験的哲学の難解な示唆が、われわれと同時代の思想家たちによって解明された、まさにそのときから定義づけられ、ごく最近に学問となった。現代の学問の至高の真理がすべてそうであるように、現実にたいするこの見解も、ひじょうに簡明、しかしきわめて有益である。

空想の夢が、生活が表象するものよりもはるかに高いものとされた時代、空想の力は無限だとされた時代が、かつてあった。しかし、現代の思想家たちはいっそう注意深くこの問題を考察し、まったく批評に耐えぬものであることが分かった過去の見解とは正反対の結果を得た。われわれの空想の力はごく限られており、その創造物は、現実が表象するものにくらべ、ひじょうに生気のない弱々しいものである。どんなに燃えさかる想像力も、地球と太陽を隔てる何百万マイルについてや、光と電流のものすごい速さについての観念には圧倒される。ラファエロの描くどんなに理想的な人物像とはいえ、生きた人物の肖像であった。神話や民間迷信のどんなに醜悪なお化けとはいえ、自然科学者たちが発見した怪物ほどには、われわれのまわりの生き物に似ていないわけではなかった。歴史に照らし、現代生活を注意深く観察すれば明らかなように、生きた人間なら、名うての悪党とか有徳の偉人の部類にはまったくはいらなくても、詩人たちが考えだしたどんなものよりも、はるかに恐るべき罪を犯し、はるかにすぐれた勲功をたてている。想像力は現実の前に屈服せねばならなかった。それどころか、想像上の創造物は、現実の現象となってあらわれるもののコピーにすぎないことを認めざるをえなかった。

しかし、現実の現象は、きわめて多種多様である。現実は、人間の希望や要求に適う多くのものと、それらにまったく反する多くのものから成っている。かつて、現実を軽んじていたときには、空想的な豊かさにあまりにも思いあがって、空想的な夢で現実を変えるのはごくたやすいことと考えていた。しかし、空想的な思いあがりがおさまると、学者や詩人たちは、実生活において常識の持ち主にはつねに明白であったことを認めざるをえなかった。人間はそれ自身としてはひじょうに弱いものであり、人間は自分のすべての力を、もっぱら実生活の知識からと、非理性的な自然の力や、人間から独立した生来の特質を利用する能力から借りているだけである。自然と精神の法則に従い、それらの助けを借りて人間は、自分の志向に合わない現実の現象をしだいに変化させることができ、そうしてたえず、自分の生活を改良し、自分の願望を果たす仕事において、ひじょうに目ざましい成果をおさめることができる。

しかし、すべての願望が現実のなかにこれを満たす手だてを見いだすわけではない。多くは自然の法則や人間の本性に反している。どんな鉱物をも黄金に変える賢者の石も、永久に若さを保たせる不老不死の霊薬も、自然からは採取できない。われわれがどんなに、人はエゴイズムを捨てよ、激情を捨てよと要求しても無駄である。人間の本性は、このような、きっと最上に違いない要求には従わないものである。

われわれの願望のうちには、このように明白な違いがあるのだから、なかには自然や常識人なら、その達成をあきらめる願望もあり、これらをもっとよく見きわめる必要がある。――人間にこれらの願望の達成がほんとうに不可欠なのか？　いや、明らかにそうではない。われわれが見るところ、それでも人は生きているし、好ましい環境のもとでは、賢者の石や不老不死の霊薬がなくても、雲のかなたをさまよう空想の魔法が誘う魅力的な恵みや美質がなくても、往々にしてひじょうに幸せである。もし人間が、実生活が示しているように、人間に不可欠なものであるかのように空想が見せるこれらの恵みなしにやっていけるならば、――もし、空想がそれらを不可欠なものと人間をだましたのだと分かれば、空想を疑わざるをえまい。他面からいえば、外的自然の法則やそれ自体の本性の法則に矛盾する夢想を実現することが、人間にとってほんとうに好ましいことなのか？　さらによく注意して観察すると、こうした願望の実現は、幻滅あるいは苦痛以外のなにものでもないことがはっきりした。不自然なものはすべて人間にとって有害、重苦であること、そして、精神的に健全な人間は、このことを本能的に感じとり、けっして、むなしい空想がもてあそぶ夢の成就を現実にたいし望んではいないことが分かった。

空想の夢が生活にとって価値のないことが明らかになると、同様に、空想に吹きこまれた数々の希望も生活にとって意味のないことが明らかになった。

確かな喜びは、現実によってのみ人間に与えられる。重大な意味をもつのは、現実に根ざす願望だけである。その達成は、現実がひき起こす希望にだけ、現実がもたらす力と状況の助けをえてなしとげられる事業にだけ期待できる。

こうした確信にいたり、それに従って行動することが、実証的な人間になることを意味する。

しかし、自分を実証的な人間と思っている本人は往々にして、自分についてのこの高邁な見解において、もっとも無残な、かつ恥ずべき思い違いをしている。現実についての自分の考え方の、まさにその狭さからくる独特の空想癖に陥っているからである。

たとえば、冷たいエゴイストを実証的な人間とみなすことは正しくない。愛と善意（周りの人びとの幸福を喜び、かれらの苦悩を悲しむ能力）は、エゴイズムもそうであるが、人間に生得のものである。もっぱらエゴイズムの打算から行動する人は、人間の本性に逆らって行動し、もって生まれた根絶しがたい欲求を自分のなかで抑えつける。かれはある種の、雲のかなたの没我を夢みるような空想家である。違いはただ、一方は質の悪い空想家、他方は見せかけの空想家であるが、両者とも、かれらに幸福は得られないこと、かれらは自分にも他人にも有害であることは似ている。餓えた人間は、もちろん自分をよいと感ずることはできないが、満腹の人間も、自分のまわりに餓えた者たちの、人間の心に耐えがたい呻きが聞こえるとき、自分をよいとは感じられない。エゴイズムのなかに幸福をさがすのは、自然に反するし、エゴイストの運命は少しもうらやましくない。かれはただのできそこないであり、できそこないでは具合が悪いし、嫌なことである。

それと同様に、こんな人間もけっして実証的と称することはできない。力は現実によってのみ人間に与えられ、つきない喜びは現実によってのみ得られることを知っていながら、人間にとって変える必要のある、変えることのできる現象は現実にはないとか、現実にあるすべてが人間にとって快く、良いものだとか、そして、人間はどんな事実の前にもまったく無力であるとでも言いだしかねない人間である。これまた、空中の楼閣を夢みるように、あまりにもばかげたある種の空想癖である。普通の健康食をアンブロシア〔神食〕やネクタル〔神酒〕に代えようと騒いでいる人も、どんな食べ物もすべて人間には美味しく、健康によいとか、自然には有毒植物はないとか、アカザ菜だけのシチューは栄養があるとか、小麦の種をまくために畑の小石や雑草をなくすことはできないとか、小麦から毒麦を取り除くべきではないし、それはできないとか言いはる人も、どちらも同じく間違っている。

これらの人たちはみな、同じく空想家である。なぜなら、同じく一面的な極端に心酔し、同じく明白な事実を拒否し、同じく自然と人間生活の法則を侵そうとしているからである。ネロ、カリギュラ、ティベリウスは、騎士トッゲンブルク[2]やインドの奇術師ウィッテリウスのように、狂気の沙汰に近かった。後者は食べ過ぎで、毎日吐剤の助けを求めなければならないほどで、食事にこと欠く人以上に胃の痛みに耐えていた。色情狂は、去勢された者とまったく同じに人生最良の快楽を奪われている。これらすべての人びとの生活には実証的なものがひじょうに少ない。完全に人間であろうとするものだけが実証的である。すなわち、自分自身の幸福を気づかいつつ、他人をも愛する（一人だけの幸福はないから）。自然の法則に合わない夢は捨て、有益な活動は拒まない。現実のなかに美しいものをたくさん見いだすが、たくさんの醜いものも否定せず、人間に好適な力と状況の助けを借りて、人間の幸福の妨げになるものと戦おうとする。愛に満ちた、気高い心の人間こそが、真の意味における実証的な人間である。自然から愛と気高さを授からなかったものは、人間の名に値しない、あわれな怪物、シェイクスピアのキャリバンである。(3) しかし、こうした人はひじょうに少ない、皆無かもしれない。状況によって愛と気高さを失う人間は、あわれで不幸、精神的に病んでいる。これらの感情を故意に自分のなかに押しつぶしているのは、現実的であることとは無縁な、実生活の法則に逆行する空想家である。

空想癖を捨てると、人間の要求や期待はひじょうに控えめになる。人は寛大となり、寛容さが優ってくる。なぜなら、あまりの厳格さと狂信は、病的な空想の産物であるから。しかし、だからといって、実証的であることが感情の力や要求のエネルギーを弱めることにはならない。——それどころか逆に、現実によって呼びおこされ支えられた感情と要求は、空想的などんな志向や期待よりもはるかに強力である。空中の楼閣を夢みている人間は、ささやかな（ただ快適でありさえすればよい）自宅を建てようとしている人がこの家について思案している百分の一も力を入れないで、あまりにも虹のようなおのれの夢にふけっている。言うまでもなく、夢想家はふだん長椅子に横たわって時をすごしており、分別にかなった願望にふるいたつ人間は、その実現のために休むことなく努力している。人間の志向が実際的であればあるほど、実証的であればあるほど、その実現を妨げる状況とより精力的に戦うことになる。愛も憎しみも、実生活のなかにある事物によって生みだされ、頂点にまで高まる。空想のヘレネは、絶世の美女ではあるが、健康な人間には、はなやかな美女の類いとはいえなくても現実の女性が呼びおこす感情のかすかな影さえも呼びおこしはしない。他方、食人種の残虐さは、幸い伝え聞いて知っているだけだが、われわれを動揺させる点では、それにくらべ大した害のない、われわれの目前に見るスクヴォズニク＝ドムハノフスキーやチチコフ(4)のような人物たちの行為には、はるかに及ばない。

ベリンスキーは強靱で果敢な人であった。かれはきわめて精力的に、ひじょうな熱意をこめて語った。

しかし、一部でかれのことを、要求に、あるいは願望に節度のない人間と言ったが、ばかげた誤りである。かれの場合、そのどちらも、われわれの行動の要求と状況がその基礎にあった。だから、強靱ではあったが、ひじょうに控えめであった。ここで、われわれに関心があるのはロシア文学だから、それについて述べよう。ベリンスキーは『査察官』と『死せる魂』に感服した。よく考えてみると、自分の願望に節度のない人間が、これらの作品に感服するだろうか？　ゴーゴリの諷刺は限度を知らないというのは、ほんとうにそうだろうか？　それとは逆で、前世紀のフランスの作家たちは言うにおよばず、ディケンズを思いおこすだけでよい。そうすれば、われわれは、ゴーゴリの諷刺はひじょうに控えめで、抑えがきいていることを認めざるをえまい。ベリンスキーはわが文学に発展を期待した。――だが、かれの要求と期待は、なんらかの枠をはめるものだったであろうか？　かれはわが文学が、われわれが見ても、たとえば現代のフランスまたはイギリスの文学のように（どちらも完成にはほど遠いとはいえ）、奥深く、豊かなものになることを求めただろうか？　まったく、ない。かれは率直に、現在ではこのことについて考えることは何もない、ありえないものについてと同様に、と語った。かれの意見では、わが文学が実際にいくらか文学らしくなったそのことは、ひじょうによいことであった。文学によって成しとげられる成果は、かれの意見では、ひじょうに速く、称讃すべきものであった。かれはわが発展のこの速さをたえず喜んでいたが、実をいうと、この速度というのはむしろかなり遅かった。一八四六年と一八五六年においても、われわれは、めざすこの「成熟」にはまだほど遠い。そう、ベリンスキーはひじょうに忍耐強く、穏やかな人間だった。その例証は数多く、かれの論文のどのページにも見られる。かれをきびしすぎる批評家と思うのも、見当違いであった。逆にかれは、ひじょうに寛大であった。たしかに、かれは生来、きわめて誠実でデリケートな感覚の持ち主であり、欠陥を指摘せずにはおれず、それらについて自分の意見をありのままに述べた。しかし、論評している作品のなかに、なんらかの肯定的な価値がもしあれば、この価値のためには、容赦できる欠陥ならすべて容赦する用意があった。ロシアの批評家のなかで、かれほど余人の意見に寛大だったものはあるまい。ただその信念がまったくばかげた［かつ有害な］ものでさえなければ、どんなに自分自身の信念と異なっても、かれはそれについてつねに敬意をもって語った。その例も数多い。述べなければならない一例をあげよう。――かれのスラヴ派との論争である。この論争では、ベリンスキーの側は、つねに論敵たちの側よりもはるかに好意的だった。かれは、この論陣の支持者の数が増えていくのを、喜ばしい現象と見てさえいた。（しかしこの点はベリンスキーの誤りで、いまでは明らかに、スラヴ主義が同調者を惹きつける力を失っていた。）まさにかれは、わが文学の要求に合致するとかれが思うようには書かれていなくても、肯定的な価値がありさえすれば、これらの文学作品のあらゆる価値を心底からすっかり認める構えであった。その例として、ゴンチャロフ氏の長編小説『平凡物語』にたいするかれの批評をあげる。この論文の付録に、われわれはベリンスキーが書いた最新のロシア文学概観からの抜粋を掲載した〔本訳書には含まない〕。これを読んで、ベリンスキーは「純粋芸術」なるものを認めず、生活利益への寄与を芸術の義務とみなしていたことを読者は思いおこすだろう。ところが、かれは同じ批評のなかで、いわゆる純粋芸術への異常な志向をみせるゴンチャロフ氏の小説と、もっともベリンスキー好みの流儀で書かれ、そのころ出版されたほかの小説[5]とを、同じ好意をもって論じ、『平凡物語』にたいし、かれはより寛大でさえある。同様に、ベリンスキーがプーシキンを、かれの考え方とはまったく異なるのに、たいへん共感をもってつねに語っていたことを思いおこすこともできる。しかし、ベリンスキーの論文についてのはっきりした思い出をもつ人ならだれにでも数多く思い当たる実例を増やすのは無駄である。

　ベリンスキーは考え方がたいして寛大ではないとか、自分のそれとは合わない思想傾向をすべてこっぴどくやっつけたといった意見は、絶対に正しくない。このことは、かれの論文のいくつかに目を通せば、だれにでも容易に納得がいく。わが国の文学界には熱狂家がかなり多かったが、ベリンスキーはかれらとはなんら類似点がないばかりか、逆に、かれらの熱狂が何色をしていようが、かれらが何派に属していようが、かれらにはねばり強い戦いを挑んだ。——いわゆる「偏向」の熱狂家にたいしてさえ、その反対派の熱狂家にたいしてと同様、きびしく論難した。［一例として、当時の若い二人の詩人が、どのように「人類は血の涙を流してめざめるか」とか、また「虚偽の祭司を罰する」必要についてうたった詩集に、ベリンスキーが積極的に反対を述べたのを思いおこせば十分である（＊）。］

（＊） われわれがベリンスキーの節度について述べるのは、かれを褒めたり貶したりたりするためではなく、この節度がひじょうに重要、かつ争う余地のない事実でありながら、ベリンスキーを判断するさいに、あまりにもしばしば見逃されるからである。

ベリンスキーが、わが文学とそれに関連する問題についてきわめて節度のある思想の持ち主ではなかったかのような意見が起こりうるとすれば、なぜだろうか？　かれの論文を読めば、こんにち常識ある人ならほとんどだれもが概して理解するのとまったく同じように、かれがものごとを理解していたことは反論の余地なくだれにも納得がいくのに。ここに多くを書き加えなければならないのは、かれの批評で自尊心を傷つけられた個人的な論敵たちがかれにあびせた根拠のない非難である。かれらは、かれがわが国の古い作家たちの名声を回復しようとしたと同時に、それとは反対にかれらを攻撃したとくりかえされるのとまったく同じ根拠、まったく同じ動機で、かれを節度のない人間と称した。しかし、われわれには不当としか認められない意見が出てきた原因を、これら個人的な、ささいな動機に限定するわけにはいかない。

ベリンスキーの要求はひじょうに節度のある、しかし確固とした、首尾一貫したものであり、熱心に、精力的に表明された。言うまでもないことだが、きわめて辛辣な意見が美辞麗句に覆われていることがある。ベリンスキーは率直で毅然とした性格の人間であり、このような手の込んだ策を軽蔑していた。

かれは、真実だけを心がけ、まさに自分の思想をより的確に表現する言葉をつかって、考えたとおりに書いた。悪いものは悪いと、かれは率直に述べ、自分の意見を駆け引きの条件やどっちつかずの暗示で覆ったりしなかった。だから、あらゆる正しい言葉が、たとえ正しくとも辛辣に思える人たちにベリンスキーの意見は、辛辣に思えた。多くの人が率直さをいつも辛辣とみなすのは、どうしようもない。しかし、読んだことの意味を理解する人たちはつねに、ベリンスキーの願望と期待がひじょうに控えめであったことをたいへんよく理解していた。概してかれは、知能の発達した人間ならだれにもまったく必要だと思えないことは、何ひとつ要求しなかった。まさにこのことによっても、概して願望のひじょうに慎ましいわが国の公衆のあいだで、かれに力強い共感がよせられるのか、説明がつく。

論争においてベリンスキーは論敵と妥協することはなかったし、かれがおこなった論戦で、あらゆる点で相手の完全敗北に終わらなかったケースはいちどもなかった。ベリンスキーの論敵が公衆の最良の部分から得ていた尊敬を完全に失わずに終わった文学論争も一つもなかった。しかし、なによりも想起すべきは、かれが戦ったのがいかなる意見であったのかであり、論争の別の終わり方はありえなかったことを認める必要もあろう。ベリンスキーが論争したのは、まさしく有害で、決定的に誤った意見にたいしてだけであり、無害または無意味な信念に反論する必要があるとみなしたケースはいちどだって指摘できない。したがって、論戦(通常はじめるのはベリンスキーではない)が相手の完全敗北に終わったとしても、その罪はかれにはなく、論敵たちにあった。なぜかれらは、擁護できない、かつ擁護すべきではない意見を擁護したのか? なぜかれらは、明白な真理に反駁したのか? なぜかれらは、文学上の問題を、そんなにしばしば法律上の告訴の領域にまでもちこもうとしたのか? ベリンスキーが不屈に論戦したいつの場合も、一つの定式をもとにしている。ベリンスキーいわく、2×2＝4。かれはそのことで、無知、悪趣味、不逞と訴えられる。かれが唱えた逆説——2×2＝4という逆説——たとえば、プーシキンの作品は芸術的価値ではデルジャーヴィンの作品よりも高く、『現代の英雄』は『ブルイニの森』とか『シメオン・キルヂャーパ[6]』よりもすぐれている――この恐るべき逆説から、ロシア語にとって、祖国の文学にとってもっとも破滅的な結末が生じかねないこと、そして――悪くすると――根拠のない、敵意をひめたそのような捏造による致命的な危険が全世界を脅かすといったことを仄めかされて。こうした攻撃から身を護るさいには、もちろん、攻撃する側には一片たりとも正論があると認めることはできない。もし何か疑わしい点があって、かれらが憤慨するのであれば、もしベリンスキーに一面的なところや見落としが指摘されれば、ことは違ったふうに運んだのであろう。ベリンスキーは、論敵の指摘に同意する、しないはさておき、かれらの言説はまったく常識を欠いているわけではなく、かれらの意見は尊重に値することを進んで認めていた。かれが自分の誤りに気づいたときは、ためらわずそれを真っ先に白状した。しかし、こんなとき、かれに何ができようか。たとえば、かれの論敵の一人が、ベリンスキーの論文には信念のかけらもないといきり立ったとき、同じ論敵が、ベリンスキーは自分の言葉の意味も知らないで書いていると断言し、その後で、ベリンスキーはかれからその考えを借用していると何度もくりかえしたとき（古い『モスクヴィチャーニン（モスクワ人）』と『祖国雑記』を照合すれば、ことがまったく逆であったことはだれの目にも明らかである）、――別の論敵が、ベリンスキーはデルジャーヴィンやカラムジン（最初に評価したのはベリンスキーであった）に無礼だとして抗議したとき、等々――そのさい、いつでも譲歩するつもりがあるとはいえ、論敵の意見に一片の真理も認められなかったし、かれらは完全に誤っていると言わざるをえなかった。ベリンスキーのほうで論戦を始めたときは、事態は往々にしてそうであった。かれは、つぎのような類いの意見がだされたとき、かれが反対するそれらの意見にはまったく何の根拠もないと言わずにいられただろうか。「ゴーゴリはなんの才能もない作家である。『死せる魂』で最良の人物は、チチコフの馭者のセリファンである。――ヘーゲル哲学はヴラジーミル・モノマフの『遺訓』からの借り物である。――トゥルゲーネフ氏やグリゴローヴィチ氏のような作家たちは、自分の作品の内容をロシアの生活から取材していないので、憐れむべきである。――レールモントフはベネジクトフ氏の模倣者であり、詩作では劣っていた。――ディケンズの長編小説は醜い無能者の作品である。――プーシキンは劣悪な作家であった。――今世紀の最大の詩人はヴィクトル・ユーゴーとホミャコーフ氏である。――ソロヴィヨフ氏にはロシア史の理解がない。――ドイツ人は根絶されるべきである。――『エヴゲニー・オネーギン』の第七章は、『イヴァン・ヴイジギン』[7]のある章の卑屈な模倣である。――ゴーゴリの最良の作品は『ディカーニカ近郷夜話』（ある人の意見では）か、または『友人との往復書簡』（別の人の意見では）であり、その他の作品ははるかに出来が悪い。――イギリスはおよそ一八二七年に滅びた。それゆえ、プラトンのアトランティスが跡を遺さなかったように、その存在の跡も遺らなかった。――イギリスは西欧で唯一活気のある国家である（西欧が滅亡したことを発見した、その著述家の意見）。――狡猾なヨーロッパは腐敗しつつあり、われわれはスコヴォロダ〔ウクライナの哲学者〕の英知をもって極力早く修復しなければならない。――ビザンチンはわれわれの理想であらねばならない。――啓蒙は害毒をもたらす」等々。[8]こうした意見のなかに一片たりとも真実を見いだすことができようか？ それらに妥協できようか？ それらに反対することが、非寛容の精神を意味するだろうか？ 自分を学者と思いこみ、ベリンスキーと『祖国雑記』への攻撃を専門にしている雑誌に強力な影響力をもつある人物が、ガリレイとニュートンが天文学を誤った道に陥れたと、ふと主張する気になったとき、[9]はたしてかれとこんなふうに議論できるだろうか――「あなたの言うことは、大方はもっともだ。天文学上の法則にかんするわれわれの従来の考えは間違っていたと認めざるをえない。しかし、主要な点であなたに同意しても、あなたが指摘したいくつかの細かい点は、われわれにはあまり明確ではないと思われる」。このように言うことは、明白な真理を裏切り、自分をみなの笑いものにすることを意味したであろう。われわれが実例として先にあげた意見や、ニュートン理論の反論よりも、ある意味ではけっして悪くはない意見についても、こうした調子で語ることができただろうか？ いや、ここで否定と妥協をいっしょにすることはできない。なぜなら、論敵たちの言葉には、真実に似た何かを発見するどんな小さな可能性さえないからである。こうした意見にかんしては中間はない。それらについては沈黙するか、あるいは、いっさい妥協しないで、まっすぐに、それらは根も葉もないことと述べるか、どちらかである。ガリレオやニュートンへの攻撃は、もちろん無視された。――だれかが、その攻撃に惑わされる危険はない。しかし、ほかの意見は、それほど単純なものではなく、それらには根拠がないことを暴露する必要があった。ベリンスキーが、ゴーゴリは無能な作家であり、飲んだくれのセリファンをロシア民族の代表とみなすべきとの意見に同意できるとは考えなかったからといって、かれには寛大さがないと決めつけるべきなのか？

ベリンスキーに反対した人たちは、あまりにも明白、かつ重要な真理を攻撃した。かれ自身は、決定的にばかげた、有害なものだけに反対した。強固な信念と直截な性格の人間として、かれは自分の意見を力強く述べた。

しかし、これらの性質と、意見の節度のなさとを混同する人は、完全に間違っている。反対にベリンスキーの意見は、本質においてひじょうに節度があるからこそ、特別な力をもって表明された。

ベリンスキーの一般的な考え方の性格についてこの必要な指摘をおこなったうえで、いまやわれわれは、かれが社会とその利害関心にたいする文学の関係をどのように見ていたかという問題にとりくまなければならない。しかし、ベリンスキー自身は晩年のある論文で、この論題についての自分の意見をひじょうに完璧かつ的確に述べているので、かれ自身の言葉をわが論文の付録で紹介するのがなによりだろう〔除村吉太郎訳『ロシヤ文学評論集Ⅱ』、五三―七二ページ所収〕。ここでわれわれに残されているのは、ベリンスキー論文からの抜粋の説明に役立つ指摘を二、三するだけである。

ベリンスキーがこの抜粋のなかでそれほどに力強く、確信をもって述べた意見は、先験的哲学、とくにヘーゲル体系のイデーとは完全に矛盾している。この体系は自らの美学教説全体の基礎を、芸術固有の対象は美的なもののイデーの実現であるとの原理においている。この観念論的概念によれば、芸術は、美的なものへの志向以外の、ほかのすべての人間の志向からは完全な独立性を保たねばならない。こういう芸術を称して純粋芸術といった。

この場合、ほかの場合もほとんどそうであるが、ヘーゲル体系は中途半端にとどまり、その根本的な命題から厳密に結論を引きだすことを拒み、これらの命題に矛盾した陳腐な思想を受けいれた。こうして、真理は具体的な現象にのみ存在すると述べながら、他方で、その美学においては美的なもののイデーを、このイデーがそれ自体として存在し、生きた現実の人間にはないかのように、至高の真理とみなした。ヘーゲル体系のほかのほとんどの部分においてくりかえされたこの内的矛盾が、まさにこの体系の不十分さの原因をなしていた。現実に存在しているのは人間であり、美的なもののイデーは、人間の志向の一つにかんする抽象的な概念にすぎない。人間は生きた有機的存在であり、そのすべての部分と志向はたがいに結合して切り離せない。したがって、芸術の理論を、もっぱら美的なもののイデーだけに基礎づけるのは、一面性に陥り、現実と矛盾した理論をきずくことを意味するといえる。人間の行動にはそれぞれ、人間本性のあらゆる志向がかかわっている。たとえそのうちの一つがこの分野に特別に強い関心を示したとしても。だから芸術も、美的なもの（美的なもののイデー）への抽象的な志向によってではなく、生きた人間のすべての力と天分の総合的な作用によって創りだされる。人間の生活のなかでは、たとえば真実とか愛とか、生活改善とかの要求のほうが、優美なものへの志向よりもはるかに強く、それゆえ芸術はつねに、これらの要求（美的なもののイデーだけでなく）をある程度まで表現しているだけでなく、その作品（人間生活の作品、このことを忘れてはならない）もほとんどつねに、真実（理論上、あるいは実際上の）、愛、生活改善の要求の圧倒的な影響を受けて創りだされている。だから、美的なものへの志向も、人間行為の自然法則にもとづいて、人間本性のこれら、および他の強力な要求に仕えることになる。すぐれた価値のある芸術作品はすべてつねに、このように創造されてきた。現実の生活を捨象した志向は無力であり、したがって、もし美的なものへの志向が抽象的な方法によって

（人間本性の他の志向との結びつきを断ち切って）行動しようとしても、芸術的な面でさえもすぐれたものは何ひとつつくりだせないだろう。歴史は、もっぱら美的なもののイデーによってつくられたような芸術作品を知らない。もしそうした作品がある、あったとしても、あまりにも貧弱――芸術的な面においても貧弱なので、同時代人のだれにも注目されず、歴史から忘れ去られる。

現実から自らの概念を汲みあげている実証的な学問の見解とは、このようなものである。われわれが付録にかかげる抜粋は、芸術と文学にたいするベリンスキーの究極的な見解もまったくそれと同じであることを証明している。かれにはもはや、いかなる空想性や抽象性のけがれはいっさいなかった。

しかし、すでにみたように、ベリンスキーははじめ、ヘーゲル体系の熱烈な信奉者であった。その体系の強みをなしているのが、現実と実証性への志向であり（ドイツと一部わが国の当時の若い世代の才能あるすべての人びともそうであるが、ベリンスキーを惹きつけたのは、主としてまさにこの点である）、その弱点は、体系の内容のほとんどが抽象的、かつ非現実的であり、この志向が実現されないままだったことである。ペテルブルグに移り住んでほどなく、ベリンスキーはヘーゲルへの絶対的信奉から解放された。しかし、思想と実行、原理と帰結――これら二つの相異なる位相はつねに、発展の長い期間をはさんでたがいに隔たっている。「わたしは、現実がわれわれの概念の源泉であり、基準であらねばならないと理解している」ということと、現実を基礎にして自分のすべての考え方を改めることとは、二つの、まったく別の事柄である。第二の課題がおそらく、第一のそれよりもいっそう重要であり、弛まぬ労苦によってのみ達成できる。

ベリンスキーはほぼ八年、ペテルブルグの雑誌で活躍した。この時期のかれの発展を、順を追って詳細に跡づけることは、かれの論文すべてを分析することを意味しよう。最重要なものは、少なくとも百ないし百五十はある。だが、これだけではまだ不十分である。詳細な伝記があってはじめて明らかになる情報の助けも必要となろう。われわれのこの論文は、それでなくてもすでに、書きはじめたときに予想したよりも、かなり多い紙幅をとっている。伝記的資料を収集していたら、論文の完成がいつまでかかるか分からないし、ベリンスキーの全著作の研究ともなれば何百ページも要しよう。したがってわれわれは、ベリンスキーのペテルブルグ時代の活動を主な二つの時期に分けて概要だけを明示することとする。前半、かれの論文は抽象的な要素がまだかなり強く、後半はそれが、ほとんど完全に、そして後半の終わりには完全になくなっており、実証的な見解の体系は、完全に首尾一貫したものとなる。第一期を特徴づける資料は、ペテルブルグに来てまもない時期に書かれたベリンスキーのいくつかの論文の内容を概観すれば得られる。晩年のかれの論文を詳細に検討すれば、ロシア文学にかんするかれの最終的な考え方をできるかぎり全面的に再吟味することができよう。一八四一年から年々発表されてきたロシア文学概観と、三年にわたって書きつがれてきたプーシキン論（一八四三―一八四六年）は、第一期と第二期をつなぐ鎖の環となろう。こうして、われわれは、もっとも重要なこの視点を見失わずに、わが「〔ゴーゴリ時代〕概観」の最初の部分を本年の末までに書き終える。

『祖国雑記』一八四〇年の第一号のためにベリンスキーは、そのころ第二版を出したグリボエードフの喜劇の批評を書いた。この論文はもっとも成功した、すばらしいものに数えられる。その叙述は、もっぱら抽象的、学問的な視点から書かれた芸術理論からはじまっているが、「そこには、夢想にたいするすばらしい戦いも見られ、そして」叙述全体が現実への志向、現実を軽視する空想的傾向にたいする強力な攻撃に貫かれている。以下に、たとえば、「詩作品は最高の現実である」ことの説明（まだ完全にヘーゲル流である）につづく部分を抜粋しておく。

詩は夢であって現実ではない、実証的で産業的なわが世紀には詩はありえない、と心から信じきっている人たちがいる。典型的な無知である！　第一級のばかである！　夢とは何か？　幻、内容のない形式、病的想像力、空っぽの頭、鈍い心の所産である！　こうした夢想的傾向が詩人を見いだしたのはラマルティーヌの作品にであり、詩的作品を見いだしたのは〔N・A・ポレヴォーイの〕『アバドンナ』のような観念的＝感傷的な小説にであった。しかし、はたしてラマルティーヌは詩人か、夢想ではないのか、はたして『アバドンナ』は詩的作品か、夢想ではないのか？　わが世紀の実証性と産業性が芸術に敵意をいだくかのように考えるとは、なんと哀れな、なんと古くさい思想か？　はたして、バイロン、ヴォルテール、スコット、クーパー、トマス・モア、ワーズワース、プーシキン、ゴーゴリ、ミツキェヴィチ、ハイネ、ベランジェ、エーレンシュレーガー、テグネール、その他を輩出したのは、わが世紀ではなかったのか？　はたしてシラーとゲーテが活躍したのは、わが世紀ではなかったのか？　はたして古典芸術とシェイクスピアの創作を評価し、理解したのは、わが世紀ではなかったのか？　これは事実ではないのか？　産業性は、多面的な十九世紀の一面にすぎず、それは、先に名をあげた詩人たちに代表される詩が、シェイクスピア＝ベートーヴェンに代表される音楽が、フィヒテ、シェリング、ヘーゲルに代表される哲学が、その頂点にまで発展する妨げにならなかった。たしかに、わが世紀は夢想とその傾向の敵であるが、だからこそ、偉大な世紀でもある！　十九世紀における夢想的傾向は、感傷性と同様、嘲笑すべきであり、俗悪で、吐き気を催させる。現実――それは、わが世紀の合い言葉、スローガンであり、現実はすべてに――宗教にも、学問にも、芸術にも、実生活にも実在する。強力にして堂々たる世紀、それは、誤ったもの、偽もの、薄弱なもの、ことを曖昧にするものは何ものをも許さず、活力のあるもの、揺るぎないもの、本質的なものだけを愛する。それは、バイロンの悲しい歌に大胆に、ためらわず耳を傾け、それらの陰鬱な歌びととともに、前世紀の惨めな喜びや希望に満足するくらいなら、喜びや希望をいっさい捨てたほうがよいと決心した。それは、カントの理性批判、フィヒテの理性的命題の試練に耐えた。それは、シラーとともに、否定によって現実をめざす内面的、主体的な精神のあらゆる病に苦悩した。そのかわりに、それは、シェリングのなかに限りない現実の暁を見た。その現実こそが、ヘーゲル学説において世界を華やかで壮大な陽の光で照らしだしたものであり、かれら二人の偉大な思想家以前にすでに、はっきり理解はされていなかったが、ゲーテの作品のなかに直截に現われていたものである……(『祖国雑記』第八号、批評欄一一―一二ページ)。

この論文では、現代の詩は「現実の詩、生活の詩」とたえず語られているとはいえ、しかし、最新の芸術の主要課題にかかげられているのは、完全に生活から引き離された課題、すなわち「ロマンチックなものとクラシカルなものとの和解」である。なぜなら、総じて今世紀はあらゆる分野において「和解の世紀」だから。現実そのものが、まだ一面的にしか理解されておらず、人間の精神生活しかとらえていない。一方、生活のあらゆる物質的側面は「仮想的なもの」とみなされている。「人間が食べる、飲む、着る――これは、人間の精神が少しもかかわっていないから、仮想の世界である」。人間は「感覚し、思考し、自らを精神の器官、容器として、全体的かつ無限的なものの有限的な一部として認識する――これこそが現実の世界である」――これこそが純粋のヘーゲル主義である。しかし、理論を説明するには、それを芸術作品に当てはめてみる必要がある。ベリンスキーは、真に詩的な叙事文学の模範としてゴーゴリの中短編小説をえらび、のちには『査察官』を劇形式の芸術作品の最良の模範として詳しくとりあげている。

〔チェルヌイシェフスキー哲学選集(英訳版、一九五三年モスクワ)に従い以下省略〕

註

(1) ゴーゴリ『死せる魂』の地主マニーロフの名をとり、独りよがりの、感傷的な怠け者の夢想家を典型化している。

(2) シラーの叙事詩『騎士トッゲンベルク』の主人公。一八一八年V・ジュコフスキーによるロシア語訳。

(3) キャリバン――シェイクスピアの喜劇『テンペスト』の登場人物。

(4) スクヴォズニク＝ドムハノフスキーは、ゴーゴリ『査察官』の登場人物、チチコフは、ゴーゴリ『死せる魂』の主人公。

(5) 『平凡物語』とならべて、ベリンスキーは論文「一八四七年のロシア文学概観」で、ゲルツェンの長編『誰の罪か?』を批評している。

(6) 『ブルイニの森』――M・N・ザゴスキーの歴史長編の一つ。『シメオン・キルヂャーパ(十四世紀のロシアの生活)』――N・A・ポレヴォーイの歴史中編。

(7) F・V・ブルガーリンの長編。

(8) ここでチェルヌイシェフスキーは、さまざまなベリンスキー反対論者たち(ポレヴォーイ、センコフスキー、シェヴィリョーフ、ブルガーリン、その他)の見解を紹介している。

(9) A・E・ストゥヂツキーをさす。

第八論文（抄）

作家のなかには、作品がだれからも不満をいだかれない、だれとも対立を引きおこさない、敵をもたないという、うらやましくもない幸運にあずかる人がいる。そんな幸運は、ただ陳腐な美辞麗句を並べ立てるばかりの、空っぽな人間だけが手にするものだから、うらやましくもない。真理は、誤り、偽りには立ち向かうからこそ、真理と呼べる。誤りが存在して、それを容認する人は、もちろん、真理に反対することになる。偽りがあっても、それを支持する人は、偽りをくつがえす人間に抗することになる。表明されるまともな思想に、異論を呼ぶ契機を含まないような思想が一つとしてないのは、芸術においてばかりでも、精神的、哲学的、社会的な問題においてばかりでもなく、ひじょうに精密で立証的な数理的学問においてさえ、真理は多数派との対立なしにはけっして定着しない。ニュートンの引力の法則は長いあいだ大多数の天文学者からばかげていると思われてきた。ラプラスの「天体力学」はこんにちまで論争を引きおこしてきた。矛盾が見られないのは算数の教科書だけである。その内容は明々白々な真理ばかりだからである。だれにもその空言に反論しようなどという気を起こさせないといえるのは、確信のない、考え方のない、内容も意味もない作家たちだけである。

ベリンスキーは、強靱な信念の持ち主、わが国の文学において多くの重要な、新しい真理を述べた人間であり、多くの論敵をもたざるをえなかった。かれが論じたのは現実的な問題であった。したがって、支配的な謬見にもとづく関心をもった多くの人びとのあいだで、かれへの敵意は、仮借ないまでに激高した。ロシア文学の領域は広くはないが、紙の山が、ベリンスキーへの反論と非難に費やされた。

人はだれもが欠陥をもち、だれもが過ちを犯しうる。どんな作家にも弱い面がある。ベリンスキーにたいする何百もの非難、何千もの反論に、かれの欠陥や過ちについてのもっともな指摘がいくらかあることは予想しておく必要がある。かれが、無謬ではありえない［無謬性は、周知のように、ダライ・ラマただ一人の例外的特権である。］人間共通の運命から外れていないのは、当然ではないか。ベリンスキーの論敵のなかにはひじょうに知的な人びと、たとえばN・A・ポレヴォーイがいたり、学者と目される人びともいた（学者と目される人は無数におり、わが国では読み書きのできる人より多いくらいであるから、数えないことにする）。多年にわたりかれらは、あらんかぎりの努力をつくして、ベリンスキーの悪口を言う機会をえようと、かれの誤りをさがしてきた。見つからないなんてことがあろうか？　やはり見つかった。しかし、これらの発見は意外だった。いくつかの非難について、われわれはこう言ってきた。これはまぎれもなくでっち上げである。――たとえば、かれがわが国の高名な作家たちに盾突いているかのようにいう言説があるが、それは逆で、かれは、文学史上かれらに名誉ある、たぶん名誉にすぎる地位さえ与えたのである（＊）。また別の言説に、かれの要求はあまりにも大きすぎたかのようにいうものがあるが、それは逆で、ことのほか控えめであった（＊＊）――事実と違うこうした非難について、思いだすのも妙なことである。これはまだよいほうで、ほかははるかにもっと奇妙である。ベリンスキー攻撃がなぜすべて失敗に終わるか、その説明はごく簡単である。第一に、真実は本来、かれの側にあったし、いつの場合も、現実的進歩に役立つ活動にある。論敵たちがかれの些細な弱点も見つけることができなかったのは、時代遅れの［N・A・ポレヴォーイのような］、あるいは洞察力のない人たちは概して、当面する学問上の問題の現実的状況が分からなかったし、切実な問題を、歪んだ、または偏ったかたちでしか理解していなかったからである。だから、かれらが言いだした非難は、まったく的外れであった。二、三の例をすでに見た。前回の（第七）論文の後半〔本書では訳出していない〕で述べた論題にたいする非難は、これに劣らず滑稽である。

（＊）［まさにかれであり、他のだれでもない。ベリンスキーが、ロモノーソフ、デルジャーヴィン、カラムジンの真の功績を指摘しなかったならば、現在これらの作家たちが、ベリンスキーのおかげでこんにち受けている尊敬の十分の一も受けていないことは、いささかの疑問もない。］

（＊＊）もしもいまでは公衆のなかのもっとも教養ある部分の願いがひじょうに容易に満たされうる（その証拠は最近ひじょうに明白なかたちとなって公衆に見られる）としたら、この点はベリンスキーに深く感謝せねばならないことは疑いない。かれは、夢想家の願いよりも、つつましくとも、本当の満足を選ぶようわれわれを鍛えるために全力をあげ、道理にかなった要求の尺度をわれわれに積極的に指し示した。

ベリンスキーの論文を年代順に読みなおして、だれもが気づくのは、それらが相互に緊密に関連していること、かれの見解の発展に中断も突然の方向転換もないこと、この発展が確実に、完全に順を追い、一ほとんど目につかないかたちで成しとげられたことである。ところがそのうち、「いまやかれ自身、一か月前に言ったことと矛盾する」と、驚くほど的確にベリンスキーを非難する人たちが現われた。だれもが知るベリンスキーの信念の揺るぎなさと首尾一貫性に明らかに反する見解が、どうして生まれることになったのか？　問題は、思い過ごしの人が、いつまでも個々のフレーズにこだわって、論旨の関連と意味を深く理解せず、したがって、いつも矛盾の白昼夢を見ていることにある。ベリンスキーはある論文で、たとえば、イギリス、フランス、ドイツの文学にくらべて、ロシア文学はまだひじょうに貧しい、と述べ、別の論文では、いまやそれは、以前より内容が豊かになった、と述べた。ここには矛盾がある。ベリンスキーはときには、わが国の文学は貧しいと言い、ときには豊かだと言う。ベリンスキーが非難された矛盾というのは、いつもこうしたものであった。ときにはかれ自身が、自分の非難者たちにこういった発見をさせたりもした。以前に書いた論文のあれこれに何かの誤りを見つけて、かれは自ら臆面もなくこの誤りを白状したのである。〔以下、シチェルビナ編著に従い中略〕

ベリンスキー非難がまったくの無意味で、なんら注目するまでもないにしても、われわれがそれに注目するのは目論見あってのことである。わが国の文学の動向を特徴づけるうえで、それらにはしかるべき価値がある。歴史上の現象の重要性は、それ自体の絶対的な内容ばかりではなく、それとほかの周辺の現象との比較によっても決まってくる。ベリンスキーの批評以外のロシア文学に存在した傾向の時代遅れ、つまらなさ、あるいは空しさが、われわれにこの批評家を倍高く評価させている（＊）。

（＊）　くりかえすまでもなく、ベリンスキーこそ、かれの追随者たちのなかにいる才能も教養もそなえたほとんどすべてのロシアの作家たちを含めるその傾向の、もっとも活動的な代表者とみなされるべきであり、「ベリンスキーの批評以外は空しさと時代遅れればかり」というのは、「批評においてベリンスキーが代表する傾向以外に、注目すべきもの、あるいは実り豊かなものは何もない」と述べているにすぎず、その時代のほかの有能な活動家たちの功績を小さくしようとする気はさらさらない。かれらもベリンスキーと、生きた思想の表現者であることの名誉を共有していた。ベリンスキーは、すでに述べたように、多数のなかの第一の、あるいは、もっとも精力的な、ただ一人であった。

ベリンスキーが書いた論文すべてを年代順により注意深く比較すればするほど、かれの考え方が実に論理的に、順を追って、ほとんど気づかないうちに発展してきたことがますますはっきりする。しかし、前回の論文に示した、『祖国雑記』掲載のロシア文学にかんするかれの六年間の概観の比較も、そのことの十分な証しとなる。『同時代人』にのった最後のかれの二つの概観を、晩年にかれの見解が変わったなどとだれも信じていないのだから、さらに比較するまでもない。ところが逆に、かれの生涯の終わり近くになって、多くの人びとが、ベリンスキーはまた同じことを言いはじめた、かれの新しい論文は前の論文の焼き直しでしかない、と言いだした。――この意見は、われわれが先に見た非難すべてがそうであったように、それなりの根拠はあった。くりかえして言う。わが国の文学は若く、未熟である。だから、そこにはたえずごく素朴な誤解が見受けられる。これらを解明するためには、もっとも初歩的な考え方について真摯に、詳しく論議することが、往々にして必要である。

ベリンスキーは十四年にわたって、ロシア文学にかんする批評論文を書いた。それらはいくつかの雑誌に分散している。雑誌の読者たちはたえず入れかわる。一八四五年の『祖国雑記』を読んだ五十人のうち、一八三五年の『テレスコープ』を知っていたのは一人くらいだろうし、一八四〇年の『祖国雑記』を見たのも五人くらいだろう。一八四七年の『同時代人』を読んだ十人のうち、それ以前ずっと『祖国雑記』を読んでいたのは一人くらいのもの。あれこれの概念が一八三五年の『テレスコープ』ですでに説明されたからといって、一八四五年の論文が書かれたときの読者で、その必要な説明を避けるということは、はたしてありうるのか？　一八四五年の『祖国雑記』の論文ではその必要な説明を知っていたのは、ほんのごくわずかである。批評論文は公衆のために書かれ、同じ雑誌でも年によって読者がたえず変わることは念頭におかねばならない。だから、批評論文においてくりかえしは避けられない。そうしたことは、批評をする著述家たちすべてにいつもよくある。もちろん、ベリンスキーの全論文が一冊の本に製本されていれば、その本の多くのページにくりかえしが出てくることになる。――しかし、これらの論文は、何百もの巻号にばらばらに掲載されたものであることを忘れてはならない。くりかえしを避けるのは、批評家の場合、奇妙なペダンチズムといえよう。――かれの論文はただの一つも、くりかえしなしには、十分の一の読者にも理解されないだろう。長年かかって書いた著者の、どれか批評論集を手にとってみよう。その分量の半分には、ほかの半分で言われたことのくりかえしが含まれていることに気づくであろう。いまわが国ではマコーリーの批評論文が流行っている。それらについて指摘してみよう。この論集に目を通すと、エリザベス朝時代について、イギリスの宗教改革について、イギリスの島国状態がイギリス史の発展に与えた影響について、イギリスには長いあいだ常備軍がなかった事情による影響について等々、二十か所も同じ考察を見いだすだろう。しかし、イギリスには、マコーリーは同じことをくりかえすとか、書くことがなくなったと言って、かれを非難しようと思う人はだれ一人いそうにない。ところが、わが国ではベリンスキーについてそれが語られ、そう語った者たちは、常識に合わないことを言っているとは思ってもいなかった。(1)

しかし、ベリンスキーにとってくりかえしは、たとえばマコーリーにとってと同じように必要であった、と言うだけでは足りない。それらはロシアの文芸批評にとっては、イギリスのそれにとってよりも、はるかにずっと必要であった。このことは、わが国の文学の状況、そして公衆の状況の違いにかかっている。

マコーリーが述べている見解は、何百人ものほかのイギリスの著述家たちが述べており、そうした見解は、百冊しか本をもっていない人たちの蔵書のなかにも見つかる(そういう人の数はイギリスでは、わが国より千倍も多い)。――それでも、マコーリーは二十回も同じ思想をくりかえさなければならなかった。わが国は違う。ベリンスキーが述べた見解は、かれが書いたもの以外に、ただの一巻のロシアの書物にも、ただの一冊の雑誌にも見いだせない。

ヨーロッパの公衆は活発な知的生活になじんできた。あらゆる新しい思想をも受けいれ、それを最初から認め、評価する姿勢がある。わが国でもまさしく同じだ――と、われわれは言いたい。だが、事実はまったく違うことを語っている。わが国では、古い考えであっても、そこに何か生きいきとしたものが見られさえすれば、未聞の新奇なものではないかと当惑を引きおこす。――そのことは、これらの古い考えが、わが文学に新しいものとして出現したときに、いかにやすやすと認められ、評価されがちであったかを示す証拠でもある。われわれに必要なのは、われわれが読みとったことに注意をはらい、しっかりと記憶にとどめるために、くりかえすこと、くりかえすこと、くりかえすことである。

われわれは、わが国にその例外をなす人たちがいることは争わない。——いないとすれば、あまりにも寂しい。しかし、雑誌論文が書かれるのは、例外をなす人たちのためにではない。だれかがわれわれの述べたことの正しさにふと疑問を抱いたら、ベリンスキーにかんする言説を捨てることなく、その論拠をあげるのはごく容易である。近年は、新しそうな考えを基準に、ある作家たちを褒めたたえ、ほかを非難するといった事例がよくある。ところが、これらの考えというのは、じつはベリンスキーの論文から借用したものであり、しかもあげくにはわれわれに有利にはたらく論拠であり、かれが頻繁にくりかえしていた考えのなかに通常属するものであった。その例を何十もあげるのはたやすい。一つだけ、じつにみごとな例をあげよう。書誌学が流行したとき、このころ名を上げた書誌学者たちが褒められたのは、とくにわが国の批判的な文学史が、かれらをつうじてまったく新しい基礎のうえに、事実の精査をもとにきずかれることになったからである。その必要性については、そんな事実の研究は無用だと（あたかも）みなされて、（あたかも）以前にはわが国では考えられなかったようだ。ベリンスキーが、（あたかも）かれ自身、事実の精査を軽視して、それは無用なことと（あたかも）証明したとの、かれへの非難が、この称讃に結びつけられた。そう言えるのは、ベリンスキーが、機会があれば、事実の精査の必要をくりかえし述べ、ねばり強くそれを訴え、この類いの、いくらかでもましなどんな試みをも励ましてきたことを忘れたか、まったく知らないか、どちらかの場合だけである。それに付け加えなければならないのは、かれ自身、この精査にねばり強くとりくみ、わが文学史のために、文学史に関心のある同時代、あるいはその後の作家たちのだれよりも、その百倍も多くの事実を集めたことである。こうしたみごとな実例は、五〇年代のわが国の雑誌にひじょうに数多く見いだすことができよう。これらの誤解は、われわれの記憶は十分には長つづきしないこと、同じ考えをわれわれの意識になかにいくらかでも沈着させるには、それをわれわれにひっきりなしにくりかえさなければならないことをあまりにもはっきりと証明している。

批評活動に必要な条件として、ベリンスキーには、基本的な考えのくりかえしがしばしば見られる。あらゆる批評のこの必然的な特質をベリンスキー特有の欠陥とみなした人たちは、批評家が活動するうえで従わねばならない条件についての概念にかれらが無知であったことを明るみにだした。しかし、かれらは、これらのくりかえしをもって、ベリンスキーは晩年、何も新しいことを書き加えることがなく、以前に書いたことをくりかえすばかりであり、かれは才能が枯渇したとの結論を引きだした人びと、——これらの手荒い裁き手たちは、かれらが読むその論文の意味を理解さえできておらず、相似た言葉を見つけだすことだけを自分の判断における指針としていたことがはっきりした。ベリンスキーは一八四二年に、また一八四七年にもロモノーソフの意義について語ったが、かれらにはそれで十分だった。かれらは、かれが一八四七年には、五年前にロモノーソフについて語った以上のことを何も語っていないと決めつけた。ところが、両論の該当するページを見比べてみるだけでよい。一八四七年にはベリンスキーが、以前に説明したロモノーソフにかんする問題に手短に言及したうえで、前には触れなかった問題に主要な関心を向けていることは、かれらに分かるはずである。これら二つのエピソードに共通するのはただ、同一の作家について語り、かれの作品の性格にかんする共通する同一の評価のもとに書かれているというだけである。それらはロモノーソフの全体像としては一致している。しかし、それらの内容、それらのなかで展開された個別的な思考はまったく相異なっている。一八四二年にベリンスキーは、ロモノーソフの頌詩は生命が吹きこまれておらず、外国の修辞法的な詩趣の模倣でしかないことを立証した。ロシアの当時の知的生活の状況では、なぜそうだったのか、それ以外にありえなかったかについて、かれは一八四二年には語っていない。一八四七年には、ロモノーソフの詩趣は模倣的な詩趣であることに手短に言及し、この事実だけにとどまらず、その必然性を解明し、ロモノーソフの頌詩がまさにその模倣性なるがゆえに当時の要求を満足させたこと、文明生活の現象の模倣こそ当時のわが国にとってもっとも必要、かつ有益な課題であったことを立証したのである。――はたして、このエピソードの内容は、前のエピソードの内容にくらべまったく新しくはないのか、聞きたいものである。世の中は実にうまくできており、幸い、たとえばニーブールとティトゥス・リウィウス、あるいはアダム・スミスとクセノフォンの関係にかんする問題を解明しなければならなかったのは、わが国のベリンスキー反対論者たちではなかった。かれらは、イギリスの経済学者はギリシア人の、ドイツの史家は古代ローマ人の模倣にほかならないことにすぐに気づいたことだろう。たしかにテーマは、かれらの場合同じである。ニーブールとティトゥス・リウィウスの二人はロームルスとヌマについて、キンキナトゥスとカミッルスについて語っており、アダム・スミスとクセノフォンの二人は、国の収入と経費、農事と手工業について語っている。[2]ある著作ではある問題が、他の著作ではまったく他の問題が論じられている――それがどうした？　二冊の本がある共通のテーマをとりあげ、同じような表題がついていることに問題でもあるのか？　二冊の本があって最新のものが古いほうの焼き直しとなるのは当然ではないか？何のためにその意味を探るのか？――これはかなり危なっかしいことで、だれもが手に負えるわけではない。

自分の理解をもっぱら名称や語彙だけにとどめずに意味を探る人には、もちろん、いつの場合も、ベリンスキーを古いもののくりかえしとか、ましてその模倣などと非難することがまったくのナンセンスと思えた。だれかが弾劾演説にそうしたテーマを選ぼうと考えつくとは信じがたい。ところが実際に、ベリンスキーにはたえず、かれはいつまでも同じことをくりかえしているとの非難があった。しかし、かれの論文を読んだ人ならだれにでも分かることだが、この著述家の活動には、たえず前進しようとする志向がきわめて驚くべき特徴としてみなぎっていたはずである。ベリンスキーにたいしなされたような非難について語っていると、概して気分がまったく悪くなる。――ヴォルガ川を、流れが止まっているといって非難することが正しいかどうかを議論するようなものである。ヴォルガ川の流れが止まっているといった意見はどうしようもない。この意見が適切でないことを説明するのは、ものを見る目と常識にとって屈辱的である。ところが実際には、だれかがそれを言う場合に、答えないでみたまえ。この機知にとんだ非難をした人間は、自分はやはり正しいと思うようになる。もしこうした機知にとんだ人たちが大勢いて、あなた方がかれらに思い違いをさせたままにしていたときには、あなた方の良心に重い罪の意識が生じよう。

われわれは、いま言及した奇妙な思い違いへの反論の一例だけをなお引いておく。

プーシキンにかんするベリンスキーの一連の論文は、疑いもなく、一つのまとまった全体をなしている。これらの論文はすべて、ある思想の影響のもとに、ある全体プランに従って書かれ、そしておそらくは今日まで、どこかに矛盾があるとか、それらのなかで全体プランがきびしく守られていないとか主張しようとは、だれも思ってもみなかった。しかし、プーシキン論を読みかえしてみると、一八四三年の『祖国雑記』第六号にのった初回と一八四六年第十一号の最終回とでは、ベリンスキーの見解は徐々に広がり深まっていき、論文の内容がますます決定的に国民生活の関心に徹していくのは認めざるをえない。たとえば、第一論文のはじめにプーシキンの意義が、主として芸術的視点から説明されており、最終論文の結びでは、プーシキン作品の純粋に芸術的な価値よりも、かれの詩によって人間性が呼びさまされたわが国の社会にとってのかれの活動の意義が、より強く示されている（＊）。プーシキンのリツェイ時代の詩を論じた第四論文は、プーシキンの作風と先行する詩人たちの作風との関連の、主として形式上の説明をしている。『ルスラーンとリュドミーラ』、『コーカサスの虜《とりこ》』、『バフチサライの泉』、『盗賊の兄弟』について語った第六論文は、これらの作品についての純粋に文学上の考察にしぼっている。しかし、第七論文（『ジプシー』、『ポルタヴァ』）では、恋愛にかんするアレコ(3)の観念が、倫理上の考え方にかんするエピソードへの契機となり、『オネーギン』の検討をふくむ第八、第九論文ではこの類いのエピソードが最大ページ数を占めている。このように、一見完全に同質的な全体をなし、前もって考えぬかれたプランにきびしく従って書きあげられた論文を読みかえして、われわれに見えてくるのは、ベリンスキーがそれを語るのを自分の肝要な義務とみなしている論題の範囲がいかに広がっていくか、純粋に文学上のかれの見解が、社会のその他の要求についての関心と結びつくことによって、いかにますます活力にあふれてくるか、文学それ自体がベリンスキーにとって、いかにますます鮮明に、芸術というよりも、むしろ社会の利益への奉仕者となっていくか、ということである。

（＊）プーシキンにかんする最終論文の結語はつぎのとおりである。

「締めくくりとしよう。プーシキンは主として詩人、芸術家であり、本性からいってそれ以外ではありえなかった。かれは芸術としての詩をわれわれに与えた。したがって、かれは永久に偉大な、模範的な詩の巨匠であり、芸術の教師である。かれの詩の特質の一つが、人間としての人間の価値への限りない尊敬をその言葉にこめて、人びとのなかに優美なものの感覚と人間性の感情をはぐくむ力である。かれの家系上の偏見にもかかわらず、プーシキンはその本性からして心優しく魅力的な人であり、かれに「人間」と思えた者にはだれかれなくいつでも感激のあまり手をさしのべた。気性の激しい強烈な性格ゆえにかっかとなる熱しやすさにもかかわらず、かれは子どもっぽい従順さ、柔和さ、優しさにあふれ、そのすべてがかれの優美な作品のなかに反映していた」。

ベリンスキーになされた非難について長々と語ってきて、このテーマは終えたいと思う。そのためには、これまで述べたすべての非難と同様に、本質的に根拠のない非難にかんし数言述べておかねばならない。しかし、この非難にも、作家の知性やその他の天分について、作品ではなく、作家の生涯の表向きの事情によって判断する人たちにとっては、外見的な真実らしさの、少なくともその影は見てとれる。(4)

ラヴォワジエは徴税請負人であり、営利事業の財務管理者としてもっとも実務に長けた活動的な一人であった。しかし、かれは最新の化学を生みだし、ヨーロッパでだれ一人として、かれは事業家であり、化学に十分に打ちこめなかったからといって、学問へのかれの功績を否定しようと思った者はいない。ヴィルヘルム・フンボルトは外交官であり、大臣であった。しかし、かれは言語学にかんする天才的な著書を書いた。ヨーロッパでだれ一人として、フンボルトは十分に言語学に打ちこめなかったからといって、これらの著書の価値を否定しようと考えた者はいない。かれは至急便を書き、交渉をおこない、事務用箋に決裁を記した。アンクティル＝デュペロンは船員、のち東インドで給仕になった。――しかし、かれはゼンド〔アヴェスタ〕語をはじめて研究し、ヨーロッパに拝火教文明を紹介した。――やはり、この船員、給仕は十分に学問をしていないからといって、かれに議論を挑もうと思い立った者は一人もいない。ヤーコプ・ベーメは、読み書きするだけの教育は受けたが、靴屋の仕事で生計をたて、終生ひじょうによいブーツを縫いあげたが、そのほかに天才的な哲学書を書いた。これまた、かれの仕事は蠟引き糸をよってブーツを作ること、どうして靴職人がよい哲学者になれるのか、だから、かれの著書は粗末なものに違いない、と言おうとした者は、ヨーロッパに一人もいない。

このことは、ヨーロッパの賢明で教養ある人びとの察しの悪さから来ている。かれらは、気の毒にも、これこれの著者の学問上の著作がよいかどうかを判断する、もっとも容易かつ確かな方法について考えもしなかった。もっとも確かな方法とは、著者に「学位証書を見せて、最終学歴はどこか言って、あんたが所属する学会はどこ、あんたの地位はなに？」と訊ねることである。著者に学位があって、学術上の職位にあれば、――すなわち、学術上の著作もすばらしい。

この決まりは、わが国ではN・A・ポレヴォーイにうまく当てはまり、ベリンスキーにはそれ以上、なおのことである。「なんの学位もない人間には、――つまり、学術的なテーマについて基本的にものは書けない」。

ベリンスキーは靴職人でも船員でも、外交官でも銀行家でもなく、かれを書物から引き離す世俗のいかなる職もなかったが、かれには学位もなかった。どんな博識がそこにありうるか、考えてもみるがよい。

そこで、察しのよい審査員たちよ、著作そのものを調べるがよい、著者の博識についての問題を、その著作に即して解決するがよい。

ベリンスキーが、おのれの知識を確認するこの方法を恐れることはありえない。ベリンスキーの未来の伝記作家たちは、かれはそもそも、いつ何にとりかかったか、知識を得るために、かれにできる方法をどのように用いたかをわれわれに語ってくれるだろう。——われわれが書いているのは伝記ではなく、われわれにここで関心があるのは人物ではなく、かれらの著作だけである。——したがって、ベリンスキーの著作の究明とは、かれの知識の根拠にたいするいっさいの疑問を争う余地なく論破することであると知れば、われわれにとって十分である。わが国には、この点でかれと比肩しうる著述家は少なかった。かれの著作に込められている問題の領域が狭かったとは言えそうにないし、かれの論文を読みなおせばはっきりすることだが、かれは、とりあげた問題すべてについて、多くの学問的な著述家たちが羨むばかりの、きわめて明確な考え方をもっていた。

かれの専門的な学問——ロシア文学の歴史についていえば、かれは現在にいたるまでその第一人者である。この点でわが国の学者のなかでかれにくらべられるものは、いまなお一人もいない。とにかく、わが国でもっとも傑出した批評家に違いないベリンスキーは、わが国のもっとも傑出した学者の一人であったことは認めなければならない。これは、かれの著作によって、争う余地なく立証された事実である。そのことを疑うのは、自分に学問的な素養がないか、ベリンスキーの著作に無知であるかの、どちらかを意味する。

ある人たち(とはいえ、おそらくは自信ありげな、ごく少数の)には、われわれがベリンスキーに非難や叱責をあびせる人たちに少しの譲歩もしないのは、われわれの側があまりにもきびしすぎると見えるかもしれない。——はたして、これらの人たちはほんとうに正しくないのか?——まったく正しくない。

そんなことは、歴史を知っている人たちには、なんら特別なことでも、あるいは珍しいことでもない。歴史は、ひじょうにしばしばまったく同じ類いの事例について物語っており、相争う党派の一方が完全に正しく、反対派が相手にふりかざした告発がすべて完全に間違っていて、その告発はもっぱら先見の明がなく、無知で、底意のある、こうした類いの質の悪い品性に由来していることをしばしば示している。「しかし、ほんとうに——と、さらにわれわれに問うがよい。——あなた方はベリンスキーの批評活動が、批評の絶対的理想の完全な実現であることを証明したいのか？」問題はそんなことではまったくない。著述家はだれでもその世紀の息子であり、思想の発展は時の流れとともに、その時代に特有だった段階よりも高くなり、その見解よりもより充実した、より深遠な見解があらわれるときには、もちろん、その著作は、完全に満足すべきものではもはやない。人間の思想の将来の発展が、わが世紀の思想が生みだしたすべてを、その充実さと深遠さにおいてはるかに越えていくことを、われわれは少しも疑っていない。ロシア文学が偉大な発展をとげることも、高度な発展の時代が到来するそのときには、ベリンスキーの批評を含め、ロシア文学にかつて存在した、あるいは現在存在するものすべてが、満足すべきものではなくなるだろうことも、われわれは信じている。ほかの国々の文学発展の同様の過程を考えてみると、わが国の現在の文学のまさにどのような側面がその時代からは弱々しく思えるようになるか想定できるし、その時代の精神に対応した批評は、どの点がベリンスキーの批評と違ってくるかも予知することができる。その批評ははるかに要求のきびしいものになるだろうし、それとくらべるとベリンスキーの批評は、その要求においてあまりにも控えめな、あまりにもあいまいな、それらの要求の表現の点ではあまりにも弱々しいものに思えるだろう。そのときロシア文学がとりあげるテーマは、いままでよりももっと重要なものになり、——それゆえ批評も、現代の文学ではひじょうに重要な問題とされている多くのことを、注目に値しないとみなすようになるだろう。しかし、その時代はまだ先であり、まもなく到来するかどうかは決めがたく、何が起きるかは予知できても、まもなくか、そして、どのようなかたちで到来するかは言いがたい。［われわれは、２×２＝４くらい確実に、夜のあとに昼がくること、明るい日中までを生きのびれば、もちろん、闇夜にいまわれわれの道を照らす夜の天体のあかりよりも、もっと晴々した爽快な光の輝きを楽しむだろうことは知っている。(5)］

〔シチェルビナ編著に従い以下省略〕

Очерки гоголевского периода русской литературы（1855–56）

註

（1）マコーリー（一八〇〇―一八五九年）は、イギリスの自由主義的歴史家、政治家、『文明史』の著者。かれはその著書で、イギリスのブルジョワジーと植民地主義活動を理想化した。マルクスは再三、主としてかれがイギリスにブルジョワ的秩序を確立した一六八八年の名誉革命を称讃したことをもって歴史の偽造者と痛罵した。

（2）ニーブール（一七七六―一八三一年）――ドイツの歴史家。
ティトゥス・リウィウス（紀元前一世紀）――古代ローマの歴史家。
ロームルス――古代ローマの伝説上の創始者、最初のローマ皇帝。
ヌマ・ポンピリウス――伝説によれば、第二代ローマ皇帝。
キンキナトゥス（紀元前五世紀）――古代ローマの政治家。
カミッルス（紀元前五世紀末―四世紀はじめ）――ローマの将軍、貴族政党の指導者。
アダム・スミス（一七二三―一七九〇年）――イギリスの経済学者。
クセノフォン（紀元前五―四世紀）――ギリシアの歴史家、哲学者。

（3）プーシキンの物語詩『ジプシー』の主人公、旅芸人の貴族青年。

（4）ベリンスキーは、一八三二年に放校処分となったため高等教育修了の学歴を得ていない。チェルヌイシェフスキーが

「表向きの事情」といったのはこのことをさす。
（5）［　］内の文章は、明らかに検閲を考慮して『同時代人』誌上では削除された。

スラヴ派と共同体の問題――ストルコフ「成功した農業のもっとも主要な諸条件の試論」(一八五七年四月の雑誌短評から)[1]

読者諸氏、そしてすべての著述家および学者諸氏に、この『同時代人』誌掲載のV・I・ラマンスキーの報告「ロシアにおける知識の普及について[2]」にとくに注目するようお願いする。この企画は原稿段階で、わが両首都の多くの学者、著述家に読まれ、読んだ人たちにそれぞれ、企画の基本的な思想は信頼できるし、また有益なものだとして強い関心と全面的な賛同を得た。

先月、ことしの「ルースカヤ・ベセーダ(ロシア談話)[3]」第一号にのったサマーリン氏のすばらしい論文にかんして、われわれはスラヴ主義のなかで賛同しうることについて語りかけたが、言いたかったことの半分しか語らなかった。われわれは西欧の生活のある側面に少し触れた。それは、どこの国の人間であれ良識ある人間ならだれにも悲しい気分を引きおこし、西欧の最良の思想家なら、西欧の生活の現在の発展段階はまだきわめて不満足な状態にあると認めざるをえない生活の側面である。何百ものこうした側面が西欧の生活には見られる。われわれがとりあげたのは、そのほんの二、三にすぎないが、西

欧の先進的な人びとがいだく、かれらの国の現在の生活様式へのきびしい判断を完全に正しいとみなす事実はこれだけで十分であった。われわれが述べたように、わが国でもまじめな人たちすべてが共有するこの意見は、いわゆるスラヴ主義の正しい基礎の一つをなしており、そこでは、その純然たる正当性をいちじるしく損ねる種々の気まぐれなもやにつつまれてはいるものの、それでも、スラヴ派のなかの教養ある人たちのだれ一人においても、これら気に入りのもやもやした混入物が人道的な観念の発展にとってのその価値をすっかり歪めるほどには至っていない。われわれはこうも言った。それはどんなそうした混入物を含んでいようと、いわゆる西欧派の大勢の意見より、それでもわが国の発展にとってより人道的であり、より有益である、と。西欧派はといえば、たとえば、現在のイギリスやフランスは――ひじょうに恵まれた国土であると想像したり、その安泰ぶりに気をとられて、これらの国でのひじょうに悪いこと、――たとえば、人為的につくられた需要や奢侈の危険な蔓延を、しばしば見当違いにも褒めそやしている。この有害な虚飾によって、ひじょうに多くの人びとがものを判断する力を失っている。――だから、もしかれらとスラヴ派のどちらかを選ぶとすれば、もちろんスラヴ派を選ぶ必要がある。

ここでわれわれはスラヴ派を、数こそひじょうに多いが中身は空の人びとのグループに対比してみる。かれらよりすぐれていることは、まだ特別褒めたことではなく、真剣にものを考える人間にはだれにも必然的にそなわる資質である。スラヴ派においても、すでに言ったように、その資質の長所は、気まぐれな幻想によって小さくさえなっており、これらの幻想によって、かれらのあまりにも多くが、ヨーロッパの情報源からかれらが得た、現在の西欧の生活様式の欠陥についての健全な判断を曇らせている。ここではまだ、かれらに特別な共感をいだく謂われはない。かれらは、西欧について真剣に考えている点では中身のないその讃美者たちよりましとはいえ、この点でまともな西欧派のだれとも違うのはただ、まずいことに、真剣な見解にたくさんの幻想を混ぜあわせていることである。これら幻想は、すべての人たちから嘲笑を、これらの幻想がわが社会に広まりかねないことを恐れる人たちからは憤激を招いている。

しかし、われわれがこれまでも述べたように、スラヴ主義には、スラヴ派をもっとももまともな西欧派の多くよりも高く位置づける、もう一つの側面がある。われわれは今回、それについて少し話すと約束したので、その側面を極力はっきりとある志向として描きだすことにする。[4]「その志向の出現によって西欧に世界史の新しい時代が始まり、われわれが時宜をえてそれを会得することが、たいへん重要な課題となっている。何世紀にもわたるわが国民の運命は、いまなおわれわれの手にある。五十年後、あるいは三十年後――事態の必至の進行が遅れるか、それとも早まるか、それはだれが知ろう?――、もしかするともっと早くに来て、事態を手直しするのはもう遅い。西欧では重大な変革が起きている。」フランスでは「それは」「全国民の安泰を根底まで揺るがした」すでにいくつかの「長引く苦難の」危機を経過した。同じことがイギリスでも起こっていると信じたい人は、本を読むがいい。チャーチスト運動にかんする研究論文を読みたくなければ、ディケンズの『ハード・タイムズ』(この長編小説はロシア語にも訳されている)もある。将来これらの国々には、さらにもっと長引く、さらにもっと困難な苦悩が控えている。[5]「これらの苦難からのわが祖国の救出は、いまはまだわれわれの先見性にかかっている。」

個々人の私権の保障は、この百年における西欧の歴史の本質的な内容であった。完全なものは地上には何もないが、この目標は西欧においてはきわめて高い水準に達成されている。そこでは、財産権はほとんど個々人の手にわたり、きわめて確固とした、絶対的に履行される保証によって保護されている。個々人の法的な独立性と不可侵性は、どこにあっても法律と慣習によって神聖化されている。個人の自立を誇るイギリス人だけでなく、ドイツ人も、フランス人も、自分が法律を侵さないかぎり、地上に恐れるものは何もない、人格はいかなる侵害もよせつけない、とかれらが言うのは正しい(*)。しかし、それ一面的な志向がすべてそうであるように、個々人の排他的な権利のこの理想も欠点をもっており、それらの欠点はきわめて過酷なかたちとなって現われはじめた。この理想は、その他の少なからず重要な、人間の幸福の条件を無視あるいは破壊しながら、かろうじて実現に近づいたのであり、それらの条件は、この理想を事業に果てしなく適用していくこととは両立しないように思えた。同様に、国民福祉の二大源泉である農業と工業に現われたこれら有害な結果が、国民の幸福に重くのしかかっていた。個々の人間は自立することで、無力になった。[果てしない競争は、弱者を強者の犠牲に、労働を資本の犠牲にした。] ほとんどすべての土地を私的な個人の所有に移行することで、不動産をもたない人びとが多数出現した。こうしてプロレタリアートが発生した。フランスの土地を細分していた小地主たちには、自分の耕地を改良し、収穫を増やすためのもっとも強力な手段を導入する可能性がない。これらの手段は資本を要し、大規模でしか用いられないからである。かれらは借金を負うことになる。イギリスでは、農場主たちは資本をもっているが、多額の資本なしには農場を始めようなどと考えることもできず、多額の現金の蓄えがある人は、つねに国民のなかの少数派である。それゆえ、イギリスの農村人口の大多数は——雇農で、その状態はひじょうに悲惨である。工場ではつねにすべての利益が資本家の手に集中し、一人の資本家に何百人もの労働者＝プロレタリアートがいて、かれらの生活は苦しい。つまり農業も工業も、個々人の果てしない競争の支配下におかれている。生産規模が大きくなればなるほど、製品の価格は安くなるので、小資本家は大資本家に制圧され、しだいにかれらに席を譲り、かれらの雇われ人の群れに移っていく。雇われ労働者のあいだの競争によって労賃はますます下がる。こうして、イギリスやフランスでは、一方に何千人かの富者が、他方には何百万人もの貧者が生まれた。果てしない競争の宿命的な法則によって前者たちの富は、ますます少数になるかれらの手に集中してますます増大し、貧者たちの状態はますます苦しくなっていかざるをえない。しかし現在も、イギリスやフランスの人口の十分の九にとっては、状況はひじょうに不自然で重苦しいため、いままでの一面的な理想の欠点を退ける新たな志向が必然的に生まれてこざるをえない。個々人の権利にかんする概念とならんで、ある観念が生まれた。［人間どうしの同盟と団結についての観念。人びとは社会に統合されなければならない。その社会は、共通の利害関係をもち、すべての人にもっとも有益な生産のため、そして、生産される価値の経済的な消費のために、団結して自然の力と学問の方法を利用する。］農業において［この団結は］土地の共同体的利用への移行となって現われるべきである。［工業においては――工場企業の、工場で働くすべての人びとの集団の共同体的資産への移行となって。経済的生産のこの新しい制度だけが、全体を、たとえばフランスの、あるいはイギリスの国民を安泰にすることができ、これらの国の何百万人もの貧者と、それにかこまれる何千人かの富者からなる人口を、奢侈は知らなくても安泰を享受する人びとの一体的なまとまりに変えることができる。］

（＊）おそらく、わが読者のほとんどだれもが、国法と私法との区別は理解していよう。ありうる誤解を避けるために、われわれはここでその区別を規定しておく。今世紀のフランスでは統治形態が九度改変された（執政政府、第一帝政、ブルボン朝、百日天下、ふたたびブルボン朝、七月王政、大統領なしの共和制、大統領のいる共和制、第二帝政）。そのたびに、それにあわせ国家あるいは政治上の市民法、すなわち国家体制への市民参加の程度、その他が変わった。しかし、ナポレオン法典発布のときから私権は変わらなかった。すなわち、個々の私人間の、財産所有、家族の権利についての関係にかんする法律、市民の民事および刑事裁判にたいする関係は、本質的にはなんら変わらなかった。西欧全体において民事および刑事法は、国家制度よりもはるかにずっと共通性をもっている。［フランスはいま絶対王政に近い。イギリスは立憲王政と呼ばれるが、実際には貴族的共和政に近い。スイス連邦の各州は民主共和政であるが、個々の人間の法律上の権利は各州ともほぼ同じである。これらの権利は、社会生活の第一義的な福祉を形成しており、国家制度は、権利保障を目的とする形式であり、それは状況の違いに応じ、国によってそれぞれ特有である。］

この新しい、協同的な［生産と消費］への志向は、個々人の私権の保障をめざすこれまでの志向を［自然に］継続し、拡大し、充実させるものである。実際、忘れてならないのは、人間は抽象的な法的人格ではなく、生きた存在であり、その生活と安泰においては、物質的側面（経済上の日常生活）がたいへん重要な意味をもつということである。それゆえ、その安泰のためにその法的権利が保障されねばならないとしたら、その生活の物質的側面の保障もまた、劣らず必要である。法的権利さえ実際のところ、この後者の条件の実現によってのみ保障される。というのは、物質的な生存手段に依拠している人間は、法律の文字の上だけでその自立が唱えられても、実際には自立した人間ではありえないからである。［ところで、一定の人口密度、一定の経済関係の発展段階（良好な交通路、広範な通商、生産の機械的手段、等々の出現）にあって、物質的福祉は、労働と消費のための生産者の経済的合同によってのみはじめて住民大衆にとどけられうる。］

けれども、最良の社会秩序の導入が西欧では、個々人の法的権利が限りなく広がることによって、きわめて困難になっている。兄弟はいっしょのほうが、別れて暮らすよりもはるかに安泰に生活できる。——わが国の農民だれもが知っている真理である（「家計を別々にすると、家族はこわれる」——これはわが国のだれもが知っている）。しかし、共に生活すると、兄弟それぞれが自分の主権の一部を身内の同盟の犠牲にしなければならず、共通の利益（自分自身のも含めて）に反する自分のわがままを抑えなければならない。［いかなる同盟も各成員が主権をたがいに制限しあってのみ成り立つ。］けれども、たとえどんなにわずかでも習慣を止めるのは容易ではなく、西欧では個々人にとって私権に制限がないのは、もはやあたりまえである。相互譲り合いの利益と必要性を納得させることができるのは、長く苦しい体験と継続的な思索だけである。西欧では経済関係の最良の秩序は、自己犠牲につながっている。したがって、その制定はひじょうに困難である。［その困難さは途方もないものなので、協同的な生産と消費への新しい志向の最終的勝利を疑っている西欧の政論家を、先見の明があり同時に良心的だとは認めるわけにはいかないが（この勝利の必然性を否定するには、この政論家は、先見の明のない、あるいは公正さのない、つまりは、さほど良心的ではない人である必要がある。そうだ、われわれは第三の選択肢、現代の思想を知らない、現代の出来事の真の意味についての考えをもたない人間でも政論家とみなされうるということを忘れていた。)、フランスあるいはイギリスにおいて、先見の明があり良心的な政論家が、新しい原理の勝利を信じないことはありえないけれども、西欧の新しい経済原理の平和的支配を見ることができるのは、われわれなのか、われわれの孫たちなのかは、神のみぞ知るところである。障害は、その反対論者たちが通常言うように、新しい経済理論が学問によってまだ不十分にしか定式化されていないことにあるのではない。普遍的原理は、知ろうとするすべての人にとって明らかであるが、技術的細部は先行する理論によって規定されるのではけっしてなく、それらは実践によって、ほかならぬ事業の遂行によって、その場の条件によって与えられる。また困難は、別の人たちが言うように、新しい原理が一般に、かならずなんらかの国家的形態を必要とし、そのうちのいずれかと対立するという点にあるのではない。こうした仮説は、ひじょうに広まっているとはいえ完全な錯覚である。農業でも、作業場や工場でも、商業でも、すべての経済活動において、組合の原理は、本質においては政治的偏向とは無縁であり、国家的制度のどんな形態とも等しく共存しうる。わがアレクサンドル一世とその同盟者たち、プロイセン王、絶対君主たち、立憲君主のイギリス国王、その兄弟のケント公爵、寡頭制への復帰と国家法の廃止を当時めざしていたイギリスの貴族的大臣たち、北アメリカの民主主義者たちは——みなこぞってロバート・オーウェンを励ました。本質的に組合の原理は——まったく政治的な問題ではなく、純粋に経済上の課題であり、くりかえしていえば、商業も農業も、それが必要とするのはただ、平静、平穏、秩序であり、——それは、その政府の形態がどのようであれ、すぐれた政府の下ならばどこにも存在する善である。否、問題は、これら見かけ上の障害にあるのではない。それはイギリスやフランスでは、学問による原理の定式化、あるいはなんらかの国家的制度化よりも、はるかにいっそう深刻な困難によって立ちおくれている。——それは国民全体の慣習によって立ちおくれている。ここでわれわれがくりかえし言おうとしているのは、それぞれの土地の国民的慣習の視点から、古い学派の経済学者が社会主義者にたいしおこなっているような、あらゆる反論である。」フランスの農民の生活には一つの志向がある——少しずつ自分の用地を買い足したい。イギリスの農場主には一つの志向がある――自分の農場からの収益をできるだけ上げるため、隣地をつぎつぎ借地して自分の農場を広げたい。そこの労働者には一つの夢がある――農場主になりたい。かれらすべてにとって、自分の状態をよくしたいという考えは、かれが耕している土地を自分のものにしたいという考えと一体となっていた。少し違うが、自分の仕事を思いどおりにしたいという考えそのものは、ずっと前からイギリスやフランスの工場労働者にあった。協同的生産をこれらの土地に導入するためには、その大多数がいまだ無知のまま自分たちの慣習について考えてみたこともなかった国民全体に新しい確信を吹きこみ、それを吹きこむだけでなく、それらの国民の生活様式全体ときわめて似通った風習や習慣に打ち勝つほどの力にまで強めることも必要である。――道理にかなった説得によって国民全体を再教育する必要がある。そのためにどれほど苦労が求められるか――完全に分かるのは、自分を再教育した人だけである。［この事業の最終的成功に疑う余地はない。そうなるのは歴史的必然だからである。――しかし、それがどれだけの時間と努力を要するか、どれだけの苦悩と喪失をすでにともない、これからもともなうか考えるだけでもやりきれない。目先のきかぬ、あるいは古い考えの、あるいは利己的な人びとが、経済発展のとりわけ進んだ西欧の国民の経済生活に組合の原理をとりいれることは法的に公正、論理的に賢明、歴史的に必然と認める者たちを空想主義者と呼んでいるからといって、驚くにはあたらない。］

　ある国でユートピアと思われていることが、ほかの国では事実として存在する。フランスの思想家にとってのユートピアとは、どこでもそうであるが、フランスにおける国民の安泰に不可欠の条件であり、それは、法律とその機関――官庁から、姿を見せるだけで政治的熱狂にわく無数の大衆を法律の枠内に引きいれる最下級の警官まで――にたいする国民の自覚的な恭順である。フランスではユートピアと思われているこうした生活の特徴が、イギリスでは国民的慣習として存在している。まったく同じように、それを国民生活にとりいれることがイギリス人やフランス人には測り知れなく困難なことと思われるような慣習が、ロシア人にあっては国民生活の事実として存在している。わが国には、イギリスないしフランスの地主と同じ法的主権をもった地主たちがいる（領主、土地を買収した商人や雑階級人たち、国有地農民、自分の土地をもつ何千人もの農民）。しかし、かれらは、国民大衆にくらべまだごく少数の階級にすぎず、個々人の主権的土地所有にかんするかれらの考えは、まだわが国民の大衆意識には浸透していなかった。わが国で主権的所有の権利をもって耕作されているのは、いまでは何百万デシャチーナ〔一デシャチーナ＝一・〇九ヘクタール〕とある（農村共同体に属していない人びとが耕作しているすべての土地――つまり、商人地主と雑階級人地主たちの土地である。領主の屋敷になっている区画は、それらと共同体の区画との境界も違いも一定ではないので、そこに算入することはできない。――その違いは、村に年貢、あるいは賦役が設けられることで現われたり消えたりし、また、賦役制下でも、領主の区画とその農民の区画との境界は変わりやすかったりする）。――しかし、これら全体で何百万デシャチーナの土地は、全耕作地のほんのわずか、もしかしたら十五分の一、あるいは二十分の一にしかあたらない。この全耕作地は、共同体的な方式での耕作あるいは利用に分けられているか（官有村落でのミール耕作と同じように、領主や国有地の農民によって自分のために耕作されるほとんどの土地と、賦役によって領主のために耕作されるすべての土地）、あるいは国家、すなわち全国民（年貢払い階級）の所有である。国民大衆はいまなお、土地を共同体の所有物とみなしている。共同体が所有する土地の面積、あるいは共同体的耕作による土地利用はひじょうに広大なので、それから個々人の主権的所有に完全に分与された区画は、微々たるものである。西欧が現在、それほど長く困難な道のりをへて到達しようとしている事業の仕組みは、すでにわが国の農村生活の強大な国民的慣習のなかに存在している。それは西欧にも、すくなくともその多くの国にかつて存在していたが、そちらでは個々人の主権的所有への一面的な志向のなかで喪われている。

共同体的土地所有の喪失が西欧にいかに悲しむべき結果を引きおこしたか、西欧の国民に自らの喪失をとり戻すことがいかに困難かを、われわれは知っている。西欧の教訓は、われわれにとって失われてはならない。農民の生活様式の問題は、ロシアにとって最重要である。ロシアはひじょうに長きにわたって農業を主とする国であり、わが民族の大多数の運命は、なお長く――何世紀も――、いまもそうであるように、これからも農業生産いかんにかかっている。

しかし、目を覆ってはならないのは、［われわれが過渡期に生きていること、］経済活動にこれまであまりかかわってきていないロシアが、急速にそれに引きこまれ、経済や商業の活動が強まってはじめて影響力を発揮するようになる経済法則の影響にこれまでほとんど無縁であったわが国の生活様式が、急速にその力に従属しつつあることである。われわれもまもなく競争の法則が全面的にはたらく領域に、おそらく引きこまれるだろう。［競争の結果は、競争が生産における交流と友愛の法則に従わないとき、すでにイギリスやフランスでは、それらの国民の大多数が貧困にたいしなんら保障されない人間に転落していき、たえず広がっていくプロレタリアートの害悪が生みだされるというかたちで現出している。われわれも、西欧の国民と同様に、破滅に向かうしかないこの法則に奴隷的に従ってはならないことをほどなく感じるであろう。そしていままでは、すでにこの法則の最初の兆候が、改良された方法が導入された経済活動の分野に現われており、――すでに大資本家たちが小資本家を押しのけている（＊）。］

（＊）［一例をあげよう。ヴォルガ川では、多数の裕福な回漕業者階級がみるみる急速に消え、いくつかの貨物輸送汽船会社に代わっている。鉄道建設は、なんといっても、主要道路での運送をいとなむ多数の、概して安泰に過ごしている階級の人びとを追いだしている。貨物の鉄道輸送は、なんといっても、かれらにとってもはやいっそう狭い稼業の場となろう。］

現在われわれには救済制度があり、西欧の国民はその実現に農民階級の貧困と無宿からの救済を見いだしはじめている。しかし、ロシアが集約的生産の新しい段階にはいるとともに、いままでの経済関係の多くは、もちろん時代の要求に合わせて変化することになる。総じてわれわれは、期待が少ないほど、予想外の危険も少なく、未来は控えめに想像するほうがよいと考える。たとえば、ロシアに始まりつつある工業の動向の近未来のきわめて控えめな予測をしてみよう。――われわれはいつも過大な期待にならぬようもっとも堅実に安全をはかるために、それをさらに二分の一、三分の一に下げてもよい。十年後にわれわれは、少なくとも四〇〇〇ヴェルスタ〔一ヴェルスタ＝一・〇六七キロメートル〕の鉄道を、三十年たてば、もっとも控えめな計算で三万ヴェルスタのそれを保有するであろうが、われわれは二分の一の数字に抑える。――ヨーロッパ・ロシアに三十年後にせいぜい一万五〇〇〇ヴェルスタの鉄道を保有していると仮定する。もっとも控えめな計算でも、鉄道が開通したモスクワ近県の農村でのパンの価格は、二倍に値上がりするだろう。われわれは、もっと控えめに見積もって値上がりは五十パーセントだけ認めるとしよう。わが国の外国貿易は、もっとも控えめに見て三十年後に三倍になると予測される。――われわれは、二〇〇パーセント増どころか、より慎重に、せいぜい一〇〇パーセントとし、それはようやく二倍になると考えることにしている。われわれは、わが国の経済生活におけるその他のあらゆる変化にかんしても、まったく同様に、期待を抑え――それらをもっとも慎重な見積もり以下に抑える。それでも、変化の値はひじょう大きく感じられよう。資本の倍増、商工業活動の倍化は、ごくわずかな年月のうちに、われわれがわが子たちに代替わりするより先にありえよう。――これは、あまりにも控えめな予測であるが、資本、通商、生産の倍化は、もはや生活様式における特別に重要な変革であり、現在の経済秩序の多くは、その結果変化していくに違いない。われわれがこれらすべてによって言いたいのは、自分たちの期待と予測を最大限厳密に評価するとしても、重大な経済変革の時代に生きていることを自覚せざるをえない、ということである。

「われわれは、これらの変革がまさにどうなるか断定しようとは思わない。」商工業の進取の精神の奮起、鉄道の建設、汽船会社の設立などによって、目に見えるかたちで始まりつつあるわが国の経済動向の発展が、昔からの簡素な形式と手段にこれまで満足していたわが国の経済生活を変えること〔そのことだけ〕は事実である。自分の意思か否かを問わず、われわれは、ほかの文明的な国民が生きているのと同じように、物質的な生活様式のなかで生きなければならないだろう。こんにちまでわが農民の家族は、塩、車輪、酒、長靴、腰帯、耳輪、等々のみを購入し、――その他のもの、女性の衣服や下着のためのラシャや布地、靴、家具、そして煖炉つきの家までも、家内での手作りだった。まもなくそうではなくなろう。自家製のラシャは農民が金をだして買う工場製（かれがいま買っているものよりも良質な工場製のラシャを買うことになるかどうかはわれわれには分からないが、かれの妻がラシャを織るのを忘れてしまうのは疑いない）の品にかわる。――自家製の亜麻や麻の生地は綿織物（それらの品質が前者より良くないだろうことは大いにありうるが、それでもその安さで前者を退ける）に変わっていく、等々。これはすべて、これまで大都市でのみおこなわれたが、同じように農村においてわれわれの世代の目の前でさらにおこなわれることになる。われわれはここで、わが国の経済生活様式の変革、それがまさにどのようなものになるかは言いきれないが、変革が必然的であるという思想を説明するために例をあげたまでである。しかし、これらの変革がどのようなものであれ、われわれはここでは、われわれの過去の生活によってわれわれに残された、神聖な救済的慣習にはあえて触れない。この貴重な遺産によってその生活の貧しさも十分に償われている。――そして、われわれは共同体的土地利用を、――この恵みをあえて侵害しない。現在、西欧の農民階級の安泰は、その獲得にかかっている。かれらの実例がわれわれにとって教訓となるように。［いまわれわれはまだこの教訓を活かすことができる。われわれが変化をまだ予想しているばかりのいまこそ、自覚的に事態に立ち向かい、それらの進行を支配することが、まさに必要である。自覚的にわれわれの志向を試しつつ、西欧ではすでに苦々しい結果をさらしたものの、はじめは魅力的でありうるし、つまらなくも、有益にさえ思えるかもしれないその一面性を抑えながら。新しいことはなんでも、そんなふうに魅力的である。そのように、土地を個々の人間に制限のない財産として与えることも、労働生産性を高める手段とみなされうる。］

真理がゆっくりと広がるのは、大衆の信念のなかだけではない。――それは学者たちにもゆっくりと受けいれられていく。旧習は根強い。フランソワ・アラゴは長いあいだ鉄道の可能性も効用も否定していた。天文学者や数学者たちは引力の法則を、医者たちは体内の血液循環を、それらの真理がニュートンとハーヴェイによって発見された後も長いあいだ否定していた。このように［協同的生産の必然性にかんする学説も、いままで大多数の経済学者に執拗に否定されてきた。かれらにはもう習わしになっていた］、「通商の自由」、「労働の自由」、「価格決定の自由」、「資本利用の自由」等々、過去の志向の一面的なモットーであった言葉をくりかえすことが。［このスローガンが不十分であること、連帯、同盟の理念、ついには公正の理念によって補完されなければならないことは、ずっと以前から明白である。しかし、］経済学の著作の大部分は、唯一の真理とばかりに、型どおりの一面的なスローガンを相変わらずくりかえしている。それを受けいれることは、われわれにとって二重に致命的であろう。それは、わが国固有の生産の正しい方向を妨げるだけでなく［西欧で妨げているように］、——何世紀にもわたって引き継がれてきた有益な制度の解体をわれわれにけしかけることになろう。わが経済学者たちの多くは、このことを考慮せずに、あるいは、個々人の無制限の土地所有の原理が生産拡大にたいして約束している一時的、かつ一面的な利益に夢中になって、西欧の経済学の著作の大部分に書かれたこのテーマにかんする意見をあまりにも他愛なくくりかえしている。この一般的な見解を、実例に照らしての確証をしないままにしておかないために、また、［個々人の全権的な所有の原理が、いかなる自らの不都合を隠しているかを含め、］いかなる利益を約束しているかを示すために、われわれは読者にストルコフ氏の論文「成功した農業のもっとも主要な諸条件の試論」（『経済指標』第五、七、九、十号）[6]のいくつかの箇所をあげる。われわれはこの論文の長所についてはすでに述べた。［農業の成功的発展の主要な障害として著者は、（1）義務的労働、（2）土地を所有する一部の階級の排他的な権利、を指摘する。——これはすべて大いに正しい。しかし、かれが第三の障害とみなすのは］「土地の共同体的利用」である。著者は西欧のひじょうに多くの経済学者にならって、共同体的土地所有はあまりにもどうしようもなく有害であるとみなしているので、フランスに残るそのわずかな遺制についてさえ敵意をこめて語ることが必要だとまで考えている。「土地の共同体的利用は、家族区画の分与なしに（と、かれは言う）、ヨーロッパ大陸の、とくに東ヨーロッパのいくつかの地方に、まだところどころそのまま残ってきた。ちなみにフランスやベルギーでは、共同体的利用の土地は、あるいは天然の不毛の地であったり、あるいは乱脈な利用で疲弊した土地であったり、社会共有の放牧地として、まれには牧草地として放置されていた。最良の土地は、さまざまな機会に私的所有に転じた。フランスでは、都市および農村の公有地は一〇〇万ヘクタール近くと数えられる。共同体は、その土地をどうしていいか知らないし、なぜなら、だれも年貢を払って賃借しようとしない。一方、共同体は、それらを私的所有に収用する権利はもたず、それらにたいし土地税を支払わなければならない。極貧の住民だけが何も払わずに、放牧地としてそれらを利用している」。

事態はひじょうに不都合な姿に描きだされている。どうやらこの例をあげて共同体的所有が徹底的に非難されている。――共同体は自分の土地が重荷になっていて、それらをどうしていいか知らない、と。しかし、この記述の細事を突きつめていくと、それらの一つは他のものの正当性を損ない、どれ一つとして共同体的所有の原理そのものには関係がなく、関係があるとしてもフランスの都市および農村行政の現地での乱用くらいであることが分かる。「共同体的所有では、不毛な、あるいは疲弊した土地だけがそのまま残ってきた」。――共同体的所有であった「最良の土地」は、「さまざまな機会に私的所有に転じた」。――ところが、法律は「共同体の土地の私的所有への収用」を禁じている。――どのようにして最良の用地が収用できたのか？　明らかに問題は、法律違反、地方の行政当局の越権にある。譲ったり売ったりする権利のないものを売ったり譲ったりするほどまでに法律をやぶる連中が、違法な方法でも消尽できなかったものを上手く処理するなど、期待できようか？　明らかに、すべての責任は共同体的所有の原理ではなく、私的所有も共同体的所有をも同様に滅ぼす悪辣な行政にある。さらに進むと、その新たな証拠が見つかる。「これらの土地は、乱脈な利用で疲弊している」――問題は何か、明らかなのか？　共同体なるがゆえではなく、私有領地にも起こる「乱脈」のせいである。あるいは、共同体にはもはや秩序はありえないのか？「共同体は、自分たちの土地をどうしていいか知らない、なぜなら、だれも年貢を払って賃借しようとしないから」――そうとは思えない。わが国では、フランスほど土地をだいじにしないが、都市の土地には借地人がある。しかし、フランスでは見られない。これは、きっとありえない。ここにはひどい乱用が隠されている。おそらく、共同体の土地の賃貸しを管理する人たちが、借地人が現われなかったので、土地は空いたままという偽の調書を作成して――じつは自らこっそり利用している。――それが、先に述べられた「乱脈な利用」ではないのか？　しかし、共同体の土地すべてが賃貸しになっているわけではない。――ほかは「社会共有の放牧地として放置されている」――ということは、これらの土地は共同体の重荷になっているのか？――そう、共同体は「その土地をどうしていいか知らないのだ」。――なぜか？　ほんとうにそれらはだれにも利益をもたらしていないのか？――そうではない、それらを「極貧の住民たちが何も支払わずに、放牧地として利用している」――これで、フランスではだれも極貧の住民たちに関心のないことが分かる。しかも、かれらは「何も支払わずに」土地を利用している――つまり、共同体の土地から利益が、金庫を預かる人たちが好き勝手にとりしきる都市あるいは農村の金庫にははいらない――教えてほしい。かれらには、いま「極貧の住民たち」が牝牛か山羊でも飼うとして、どんな利益があるだろうか？　何千人もの老婆たちが、共同の放牧地のおかげでそれぞれが一頭ずつ飼っている牝牛の牛乳を売りながら、生計を立てているとして、パリにどのような利益があるというのか？――逆に、まったくの損失である。第一に、これらの牝牛は品種が悪い。有名な農場主プルソニャック氏のところの牝牛は、はるかに良質の牛乳を供給している。第二に、これらの老婆は、いたずらに国に負担をかけている――身のほどを知るべきとき、くたばるべきときではないか？　そうでないと彼女らは、ただパリの街路を自分のぼろの衣服で醜くするだけである。――彼女たちから都市にもたらされる利益や名誉は一サンチームにもならないし、ある老婆のところの役立たずの牝牛が死ねば、彼女はさらに市の負担で養老院にはいり、——市が年老いた魔女を養うことになる——これは第一に、直接の損失であり、第二に、赤貧の人の数が増え、統計上において好ましくない。共同の放牧地に代わって五つの豪華な別荘が建ったならば、ずっとよい。ミレス氏の別荘、フール氏の別荘、ヴェロン博士の別荘、アルマンス氏（あなた方が知っている、とても愛らしい女性）の別荘、それに、かつてサン・シモン主義者で、誤りでなければ、いま元老院議員のミシェル・シェヴァリエ氏の別荘。かれらは、別荘用に近郊の用地をずいぶん前からさがしている。(7) 共同の放牧地の販売は認めない、忌々しい法律！

共同体的所有にかんする事実は、古い学派の経済学者たちが偏ったかたちで述べており、かれらが描く情景を信じこめば、相変わらずの誤りに陥ることになる。われわれが指摘したそれらの誤りは、ストルコフ氏以上に、かれにフランスの共同体的所有にかんする情報をもたらした著者たちにより大きな罪がある。——もちろん、かれにはその場でこれらの記述を確かめることはできなかった。それでも、この場合、かれが古い経済学派の偏った見解について注意深ければ、これらの記述の内部矛盾に気づくことはできたはずである。かれがほかの資料を調べれば、共同体の土地がフランス国民の安泰に利益をもたらしていないなどと、これほどきっぱり主張することを、きっとやめたはずである。ここで、ストルコフ氏を含めわが国の学者たちの多くが、あまりにも信じやすく古い学派の経済学者たちから受容している、その共同体的所有にたいする見解を検討してみよう。まずはじめに見てみよう。かれらは反対している現象をはっきり理解しているかどうか？——かれらはそれをどのように規定しているか？

「共同体的利用（ストルコフ氏は、ある部分は西欧の古い学派の経済学者の言葉をつかって、ある部分はロシアの生活の事実に即して語っている）は、主として二つの形をとって存在している。一つは、そこでは、草地と耕地が毎年、またはごく短期間ごとに、共通の申し合わせにもとづき、新参の家長を含め現在いる家長の数によって、均等に、または賦役や年貢に応じて区画される。そのさい放牧地、牧草地、森林、不便な土地は、共有地として残され、用地あるいは放牧地の一部は、ミールの貸地にされる。もう一つは、相互の申し合わせ、または所有者の指示によって、村団〔オプシェストヴォ〕の成員が耕作地を、現在いる家長の数に応じて家族の土地として無期限に、または長期にわたり（新参の家長の耕作地は除いて、各世帯に一区画ずつ）区画する。その後も毎年牧草地の分割をし、放牧地その他の利便設備を共同で利用したり、または用地や利便設備の一部を貸賃しにしたりする」。

「どちらの場合にも、政府の土地も、所有者の土地も、村団の成員あるいは共同体そのものの独断により第三者の所有に移行することはありえない。共同体が土地を財産として所有しているときでさえ、収用するケースは、それらが法律で規制されていない場合には、きわめて稀であり、全員の同意にもとづく。その同意は、収用にたいしてよりも、新しい土地の入手、ときには古い土地の交換にたいして与えられることのほうが多い」。

そこで問題になっているのは何か？　はじめは、明らかに土地の共同体的利用の方法について、最後は、明らかに共同体的所有の原理についてである――この二つの概念はまったく別のものだ。もしこれらが混同されているとすれば、共同体的所有に反対する論拠はことごとく崩れることになる。ある財の利用方法が悪いと仮定しよう――だからといって財それ自体が悪いと言えるのか？　けっしてそうではない。まず、これ以上よい財の利用方法はほかにありえないことを証明すべし。かりにストルコフ氏が示す論拠が、かれが指摘した二つの利用方法の害を決定的に立証しているとすれば――このことから言えるのは、これらの方法を、別の、もっと良いものに変えるべきだということだけであって、原理そのものが悪いわけでは少しもない。さもないと、教育、工場、機械、改良された交通路、〔統治の自由、〕和合《ミール》、福祉、――要するに、どんな良い原理でも、その害を証明できることになる（すでに多く人たちも証明していた）。なぜなら、どんな原理も悪用されうるのだから。

こうした概念の混同を、われわれは、農業の発展に障害となる現象の規定そのもののなかに見受けるのであるが、これでは、批判に耐えられるようなこの現象への反論は、おそらく期待できないであろう。とはいえ、ストルコフ氏がそうした反論をどのように述べているか見てみよう。

「社会的土地所有、あるいは社会的土地利用は、──と、かれは述べる。──土地の私的所有への意欲がなかった時代の民族の遊牧状態の遺物である。農業が発達し、人口が増えるに従って、こうしたあり方に不都合な問題が生じ、それを止めにしたくなる」。しかし、(1) さらに人口が増え、農業が発達すると(そのとき生産手段の改良が進み、そのとき汽船、蒸気機関車、貿易拡大が出現する)、西欧の実例が証明するように、その回帰を欲する必然的な原因がふたたび現われる。そういうわけで、発展の第一期には──都合のよい共同体的利用、第二期には──不都合が生じ、第三が完成期(西欧はこの期にはいる)、共同体的利用がふたたび必然的になる。[だから、われわれがいまいる第二期にあっては、共同体的利用の好都合がその不都合に劣るとするならば、われわれは第三期にはいるのを、長く待つかどうかよく考えればよい。少しのあいだなら、しばしの不都合をしのいで、苦しい復活の過程を免れるために共同体的制度を壊さないで待つほうが、より有利である。最新の経済史の急速な発展は、われわれにも第三期は間近いことを確信させてくれる。三十年間の好都合のために、それを復活させるには多年にわたる苦しい努力を要する制度を壊すというのは不利益である。」(2) 第二期に共同体的利用の有益な結果がその不利益に劣るというのは、本当なのか? もし、人口や経済が発展すると、個人主権的な所有の側にいままでなかった便益が現われることを認めれば、共同体的利用の側からは利益がいっさいなくなるというのか? いささかもなくなるわけではない。それは共同体の各成員に利用参加の権利を保障する。それは共同体の成員一人ひとりの生存を保障し、土地への権利を与える。それなしには住民の大多数は、不動産所有と、それに代わる不動産利用の権利を失うだろう。プロレタリアの大衆の状態はつねに悲惨である。──したがって、二つの制度のどちらが全社会の安泰により有望かをさらに考量すべきである──この安泰の水準は、生産される価値の総量だけでなく、その分配にもかかっている。それぞれ五〇〇〇デシャチーナ(一平方マイル）の二つの土地があるとしよう。どちらの区画も人口は二〇〇〇人である。一方の区画では、第二期の、経営が改良された三〇の農場に分割されている。一デシャチーナあたり全体で二〇ルーブリの収入があり、そのうち五ルーブリが土地所有者に賃借料として、六ルーブリが従業者の給料と扶養にあてられ、九ルーブリが農場経営者のために残る。もう一つの区画は、共同体的利用を原則にして、農業経営はあまりうまくいっておらず、一デシャチーナあたりわずか一二ルーブリしか収入をあげていないが、この収入はすべて、全員の共同体方式で土地利用に参加している家長にあてられる。これら二つの区画をくらべてみよう。

第一区画の生産価値総額　五〇〇〇×二〇＝一〇万ルーブリ
第二区画の生産価値総額　五〇〇〇×一二＝六万ルーブリ

生産価値総額では、農場区画のほうが共同体利用の区画をはるかに上回っている。しかし、生産の状態からこの区画に住む人びとの状態へ目を転じてみよう。一世帯五人として家族について見てみよう。

農場の区画
一家族（地主）が受けとる五×五〇〇〇＝二万五〇〇〇ルーブリ
三〇家族（農場主）が受けとる九×五〇〇〇＝四万五〇〇〇ルーブリ、各家族につき一五〇〇ルーブリ
三六九家族（雇われ農民）が受けとる六×五〇〇〇＝三万ルーブリ、各家族につき八一ルーブリ二五コペイカ

共同体利用の区画

四〇〇家族が受けとる一二×五〇〇〇＝六万ルーブリ、各家族につき一五〇ルーブリ

結論は明白である。第一区画では生産価値総額はほぼ二倍もあるが、第二区画では住民みながほぼ二倍の給付を受ける。

何がどちらに得なのかは、選択の問題である。ミシェル・シュバリエによれば、生産力の強化が経済の英知のアルファでありオメガである。かれは、共同体的利用の区画を農場経営の区画に変えたがっている。われわれには、それは大多数の住民（もっぱら三一家族のために奉仕する三六九家族）にとって破滅的であると思える。だから、われわれは、それが生産の進歩を妨げる時期にあってさえも、第二の区画において共同体的利用を守ることが国民にとって有益と考える。

われわれは、共同体的利用が第二期の農業経営の進歩にとっては実際に、それ自体として不利であると予想して、古い経済学派に譲歩した。その第二期は、ヨーロッパではナポレオン戦争の末期までつづいた［わが国ではいまだつづいているが、イギリスとフランスではすでに第三期に交代したように、わが国でもほどなく第三期に交代するであろう］。われわれは、共同体的利用自体は生産量を著しく減少させるだろうと、ざっと数えて譲歩をしたまでである。しかし、これは実際にそうなのか？　古い経済学派が断言するように、その不利益が実際にそんなに大きいか、より注意深く調べる必要がある。これらの不利益が、実際に共同体であることの原理それ自体に由来するものかどうか、あるいは、少なくとも、無秩序や無思慮、——個人主権的な所有の原理による利用のさいにも同様に起こる性質——からではけっしてなく、わが国に広く用いられている共同体的利用の方法に由来するものかどうか、を。ストルコフ氏の論文を読んで、偏見のない読者は、その利用が排他的かつ個人主権的な所有の原理に従っている区画にも同様に起きているすべての乱用を、かれがどのようにして共同体的利用のせいにしているかを知

って驚くだろう。

　こうして、たとえば森林の破壊を、かれはただただ共同体的利用の罪にしている。（土地所有者たちは、まるで自分が私的にもっている森林を先の見通しもなく、鋳鉄、甜菜糖製造、アルコール醸造、その他あらゆる工場や製造所のために切り倒すことはなく、森林を伐採用に、天然樹脂の乾留用等々に売り渡すことはないかのようである）――木造の百姓家も、家庭生活がいい加減なのも、あれもこれも、その罪をもっぱら共同体的所有にきせている。――これは信じがたい。それゆえわれわれは、かれの毒舌の一部を引用している。文盲も、迷信も、飲んだくれも、粗暴な気質も、その他、農民の生活に見かける欠陥すべてを共同体的土地所有のせいにすればそれでよかった。必要な場合には、われわれはストルコフ氏とまったく同じ流儀で、これらあらゆる悪癖や欠陥を、ほかならぬまさに共同体的土地利用に帰することができるし、また、わが農民たちの手のまめも、濁った目も、日焼けした首も、もっぱら共同体的土地利用のせいにすることさえできる。

　森林の破壊や煙突のない百姓家は、あれこれの利用方法のせいではなく、たんに将来についての思慮のなさ、先見の明のなさ、さまざまな事情［と貧困］からくる乱脈な生活への慣れのせいとすべきであり、これをすべて共同体的利用のせいというのは、わが農民の無知文盲も共同体的利用のせいというのに等しい、とわれわれは思う。

　そこで、ここに二つのエピソードを紹介しよう。

エピソードその一、コメントつき

「土地の共同利用の場合、森林の少ない、木の生えていない新しい土地が豊富にあるところでは、通常、放牧地、草刈り場、牧草地、最良の区画はばらばらに開墾して田畑にと、土地が無秩序に分割されている」。（しかし、はたして無秩序の原因が共同利用にあるのか？　そうではない。著者自身、真の原因を「豊富な土地」と述べている——豊富にあるのに、だれが先のことまで考えて節約したがるか？　七十年前のヴォルガ川下流域県の農業の規則についての話を知っている人なら、地主がかれの農民の共同体とまったく同様に、自分の耕作地その他をばらばらに生みだしていたことを知っている。土地がたくさんあるとき、開墾にもっぱら最良の区画を選ばない者がいようか？　全権的な所有者もこの場合、共同体とまったく同じように行動するだろうし、現にそうしてきた。広く先のことを考えないのは共同体原理のせいだというのは、自生の草地が豊富にあるとき飼料用の草の種を播かなかったのも、共同体のせいであるというに等しい。）「森林は、もしあるならば、なんの管理をしなくても成長していくし、しばしば家畜の牧草にもなる」。（森林が豊富にあるときは、共同体の成員も全権的所有者も森林を大切にしない——後者の実例を十六—十七世紀の西欧の森林国の歴史が示している。）「森林が豊富な地域では農民たちの新たな入植は、草地の占有と森林の伐採から始まる。それは、家屋敷のため、のちには放牧地のため、さらには耕地のためである。耕地は、さまざま都合よくごく簡単に森林地が開墾できるので、あちこちに現われる。しかし、しだいに住民人口の増加とともに森林の開墾が進み、それは共同の耕地へと統合され、急速に森林の植生を根絶やしにしていく」。（アメリカの森林地帯でも西欧の入植者や北アメリカ人たちが個人主権的所有の原理に沿ってそこへ入植したさいに起きたことと、はたして違っているのだろうか？　森林は豊富、開墾地はわずか、そこで木を切り倒すか、富ではなく富の邪魔者に思われる森を焼く。）「一方、森林に放牧された家畜のほうは、木の若芽を食べつくし、森林の最終的な破壊を進めている」。（上述したアメリカの新たに入植のはじまった森林の多い諸州に森林破壊があるのかどうかを知るのは、興味深い。そこには共同体的利用がなくても、家畜が「森のなかを歩き回って、破壊している」等々。）「あれこれの経営（すなわち、森林とかステップの）においておこなわれる労働は、過酷な多大の労苦を要する。しかし、残念ながら、この労苦に耐えている人たちは、敵対的な作用と生存に不可欠な物資の欠乏から自分と家族を守る必要から奮起しているだけであり」（かれらは、共同体的原理がないとしても、いったいほかの何によって奮起するというのか？　それとも、北アメリカの入植者は、ジャン＝バティスト・セイ理論の実現のために働いているのであって、自分と自分の家族を守るためではないというのか？）「独占的所有についての観念に教化されていない人びとは、共有地を重んじない」（――いったい、重んじないのは、「観念に教化されていない」等々ゆえなのか？　北アメリカの入植者も「教化されている」等々とはいえ、土地を重んじず、しばしば生涯に三度も四度も新しい土地に引っ越しているではないか。重んじないのは、有り余っているからで――共同体的であるとか、あるいは独占的所有とかではなく、これですべて説明がつく。人口が増えて土地に余剰がなくなると、共同体は、個人主権的所有に劣らず、――逆に、はるかにそれ以上に、――土地を大切にする。共同体は、ストルコフ氏自身が共同体の概念を定義したさい正しくも指摘したように、土地をほぼけっして売却しないが、個別の私的所有者はしばしば、いやひじょうに頻繁に売却する）「乱脈な利用に慣れており」（またも過去の歴史。われわれもくりかえそう。乱脈な利用に慣れているのは、土地が豊富にあって大切にしないからで、共同体の成員も、全権的所有者も、それはまったく同じである、と）「土地の肥沃保持について気にかけず」（全権的所有者は、未墾の土地を求めて一ヴェルスタ向こうに鋤を移したほうがよいときに、はたして疲弊した土地を改良するのか？）、「自分の家庭生活の秩序についても気にかけず」（ついに、家庭生活の乱脈までも共同体のせいにする）「道徳的義務感をただす秩序についても気にかけない」。（不道徳なことまでもか！　シベリアの異民族が毒キノコを食べたり、吸ったりし、あるいはヒヴァの住人やトルクメン人が略奪をはたらくのも、そのせいではないのか？　農婦が食器を洗わない――これは共同体的土地利用のせい。その子どもたちの身なりが汚いのも、共同体的土地利用のせいにする。農婦が夫と殴りあうのもそのせい。――あとは読者、あなた方自身で言えるでしょう。もちろん、すべて例の共同体的利用のせい、と。ほんとうにそのせいだけなのか？――わが農村の百姓家が石づくりでなく、丸太づくりなのも、そのせいだというのか、どうだろう。）「住居や付属の建物は、手もとにある、もっとも金のかからない材料で建てられている」（手もとに安物かただの材料があるのに、高価なもので百姓家を建てようとする者がいるのか?)、……。

等々。けれども、ストルコフ氏が共同体的所有にたいし加えた強い非難の数はおびただしいのに、かれが論文に列挙したのはまだ十分ではないと思えるので、先にも述べたように、それを同じ手法で補足してみよう。

エピソードその二、コメントなし

共同体的土地所有による乱脈な生活に慣れた農民たちには、手を石鹸で洗う習慣がない。だから、しばしば手が泥や埃にまみれている。共同体的利用ゆえに多大の労働をよぎなくされたかれらの手にはまめができ、共同体的利用ゆえに首巻きもせず照りつける太陽の下で働いている。鋤や犂を手に体を折り曲げ、それで首のうしろは焼けつくような直射日光にさらされて、かれらの首は日焼けしている。これまた共同体的利用の結果、エピソードその一の終わりで見たように、百姓家には粗末な材料でできた煖炉はあるが、煖炉は煙突を立てるには不便な粘土でできているので煙突はない。同様に、畑仕事のさい、これまた共同体的利用の結果、薄い粥とか具のないシチー〔スープ〕を煮るために熾《おこ》された火のそばに座っていて、かれらの目は、いつも刺激性のある有毒な煙の影響で、目の病にかかることがひじょうに多い。たとえば夜盲症、角膜白斑になり、ついには完全な盲目になっていく。これもすべて明らかに共同体的土地利用のせいである。

これら二つのエピソードを読みおえて、あなた方は、読者よ、ストルコフ氏といっしょに、共同体的土地所有が、どんな呪いにも値する「有害きわまる害悪」と言わざるをえないのももっともだと思うだろう。

そして、こうした論理にもとづき、多世代にわたるわが民族の運命を左右する問題が決められていくのである。

ストルコフ氏の論文には、共同体的土地利用にたいし、たとえいくらかでも実のある反論が、ほんとうになかったのか？　あるにはあるが、ひじょうに少ない。先にあげたような数多くの議論のなかからそれらをすべて選びだしてみよう。これらである。

（1）土地が痩せていて施肥の必要があるとき、頻繁に区画割替がおこなわれ、一年後、二年後は他人の手にわたるかもしれない区画を、農民はとくに熱心に施肥したいとは思わない。これは、毎年の割替による利用の第一の方法に関係しているが、ストルコフ氏は長期間にする別の方法をあげている。こうして、まだ施肥の必要のない、おそらく特別の不都合もないところでは、毎年の土地割替はありうる。施肥の必要なところでは、その期間は長くとるべきである。わが国では、まだイギリスと違って、どんな経営でも、一デシャチーナの施肥に何百ルーブリもの出費はできない。だから、イギリスほどに、利用期間をそんなに長くする必要はない。しかし、土地の割替は、必要に応じてのみ区画配分を変えるべきである——施肥されているところでは、そのようにされている。ただどうしても必要があって土地区画の再測量をよぎなくされる場合には、共同体は、従前より痩せた区画を受けることになる持ち主にはその損失を補塡しなければならない。これによって、自分の区画をよく肥えたものにしようとする農民の気づかいにたいして割替の不都合さが完全に一掃される。

（2）施肥についての気づかいを考えない共同体的利用では、生産の増強は耕地面積の拡大だけがたよりである。われわれは、その原因は容易に取り除かれると考えた。だから、その原因から生じる結果も、同じく容易に取り除かれる、と。土地の改良、つまり耕地面積の拡大なしの生産の増強は、共同体的利用によって大いに可能となる。

（3）施肥を考えない共同体的利用では三圃式農法だけが可能であり、施肥をせず、休閑地をもうける。

答えは同じ。肥沃化は可能、だから、三圃式に代わって輪栽式農法が可能である。（４）農民は、仕事のうえで共同体に従うことに慣れて、自立性を忘れ、個性を失い、事業意欲を失っている、等々。――しかし、これはもはや農業の問題ではなく、精神的＝歴史的問題である。歴史と精神的学問が語るのは、そのことではない。分断は人びとを無力にし、士気喪失させる。同盟は人びとの精神力と知力を強め、意志を鼓舞する。ロシア国民は、歴史も心理学も知らないけれど、日々の体験からこの真理は知っており、それを「戦場で兵士一人じゃ戦えない」「一人の知恵より、二人の知恵」「人がいっしょにいるところなら、死もまた美しい」といった諺で表わしている。

共同体的利用に反対するストルコフ氏の論文にあるのは、ほんとうにこれらの反論だけなのか？　それだけである。ほかにないだけではなく、ありようはずもない。西欧の古い学派の経済学者たちとロシアのその信奉者たちがこれについて語ったことのすべては、つぎの二つの見解に要約される。共同体的利用は、土地の肥沃化と改良を想定していない（ストルコフ氏のほかの二つの反論はこの仮説の上に成り立っている。）

共同体は、人間のエネルギーを滅ぼす。

これら二つの、陳腐な、とっくに論破ずみの見解のほかに、共同体的土地利用の原理に反対して言うべき何かを見いだすことは、これにかんする古い学派の経済学者たちによる反論を山のように積みあげても、あなた方にはできないだろう。すべてこれらの山は、われわれが名指した二つの見解のほかには、いくぶんか人目につき、いくぶんか埃っぽい、なんの論理的脈略もない空疎な言葉の砂を含んでいるだけである。容易に手で払いのけられるばかりでなく、ひと吹きすれば散ってしまう砂を。

これらのフレーズの山で見つかる二つの見解のうちの一つ。

「共同体的利用は、土地の肥沃化と改良を想定していない」――これは毎年土地の割替をする共同体的利用の一方法だけに言及したにすぎず、もう一つの方法――長期にわたる共同体的利用には少しも触れていない。

それが、さらにほとんど触れていないのは、先にあげた二つ以外に第三の利用方法をも想定している共同体的土地利用の原理そのものである。それは、まさに共同体成員間での土地割替のない共同体的土地利用である。

最後に、共同体的土地所有の原理は、利用の概念とは本質的に異なる所有の概念にではなく、もっぱら利用の概念にかかわるこの見解の範囲にすらおさまるものではない。

全権的所有と限定的所有の概念の相違が、この見解と無縁であることは、もはや言うまでもない。

もう一つの見解をみよう。

「共同体は、人間のエネルギーを滅ぼす」――これは、経済学の範疇ではなく、精神的＝歴史的学問の範疇の問題であり、歴史と心理学の周知のあらゆる事実と決定的に矛盾している。これらの事実は逆に、同盟によってこそ人間の知恵と意志は強められることを証明している。

われわれはストルコフ氏の論文を、共同体的土地利用と農業の成功との関係について述べた箇所以外は、褒めてきたし、いまも褒めている。それだからこそ、ずっとかれの論文はすぐれていると注目してきた。もし共同体的利用にかんするこの箇所が批判に耐えられないとすれば、その罪は、ストルコフ氏にではなく、かれがこの問題でとりすがろうと思いついた理論にある。――この一面的な laissez faire, laissez passer（レッセ・フェール、レッセ・パッセ）の理論[8]は、無条件に人間を物質的生産の非理性的な原理の犠牲に供し、人間が自分の本性の欲求や、自分の理性の法則に従ってそれらの原理を作動させるのを禁ずるものである。とくに、われわれの評言は、ストルコフ氏にはほとんど触れておらず、それらがもっぱら言及しているのは、かれが共同体的利用と農業の成功との関係にかんする考えをあまりにも他愛なく引用している理論についてである。もしかれを非難する点があるとすれば、政治経済学の多くの権威者たちが唱える考えをあまりにも信じこみすぎている点くらいである。これらの考えは古い経済学派すべてに共通しており、われわれは、このあまりの信じこみやすさは、ストルコフ氏としては偶然のことで、古い学派がしがみついている体系の基礎を突きつめてみる機会が、かれになかったためにすぎないと思いたい。

しかしながら、わが国には、この体系の基礎に意識的にしがみつき、そのモットー、laissez faire, laissez passer を経済学の最高、不変の真理と思っている人たちが多くいる。わが国の『経済指標』誌は自らこの学派の信奉者をもって任じている。この雑誌の論文すべてがこの学派の特殊な傾向で書かれているわけではなく、すべてではけっしてないが、雑誌の全体的な方向はそうである。通常、laissez faire, laissez passer 体系の信奉者たちは、共同体原理の反対者である。われわれは、『経済指標』誌がそれについて何を考えているか知りたいものである。それゆえ同誌にたいし、先に述べた評言の本質をなす、つぎの命題を正しいと認めるか、それとも学問的なしかたで論駁するかを求めたい。

（1）共同体的土地利用の原理はそれ自体として、農業の成功とは両立しえないと認めることはできない。

（2）それどころか、国の経済発展が一定の段階にまで到達し、その証を通商の力づよい発展と交通路（汽船、鉄道）の改善に見たのちには、共同体的土地利用は、農業人口の大部分を、雇農身分とそれゆえの必然の結果である赤貧につながる惨禍から救いだす唯一の方法となる。

（3）イギリスとフランスは、すでにこの時代にはいった。

［（4）ロシアは、ほどなくこの時代にはいる。[9]］

［（5）］通商や交通手段がまだ十分に発達しておらず、自由競争の法則の影響がまだそれほど顕著ではなかったその前の時代でさえ、共同体的土地利用は生産増強に不利といわれていたが、むしろ共同体的利用のほうが農民大衆の安泰にとってははるかに有益な結果をもたらしている。

［(6)］したがって現在でも、国家の恵みは大部分の農民の恵みに等しく、共同体的土地利用の保持を必要としている。

［(7)］共同体的土地利用への反論はどれも、その原理には言及せず、その利用方法の一つ（毎年の土地割替）をとりあげるだけで、その他の方法、たとえば、割替のさい区画あるいは区画のなかの耕地が共同体のほかの成員へ移る場合には、土地改良に苦労した前の耕作者たちへは共同体から補償がでる長期間の割替となるといった方法になると、簡単に逃げだす。

この最後の状況は、本質的には最初の状況の発展にすぎず、こうして一連の状態は、一つのまとまった体系のように見え、その現実的な意味は［(6)］の状況に具現してくる。われわれは、その体系をなす状況の一つであっても学問的な証拠をもって論破されるのであれば、全体系が論破されたものと認めることにしよう。

問題はあまりにも重大なので、いまやわが国に経済学の概念を普及させる有力な機関誌の役割を担っている『経済指標』は、自らの見解を明確に表明するべきである。とうに学問によって論破されている共同体原理へのからかいを、何かにつけてくりかえすことはたやすい。けれども、そうしたやり方は正しくなく、何のためにもならない。共同体的土地利用の原理は国家的安泰にとって不利、投げすてるべきだと言いたい人は、共同体原理がいかなる方法のもとであっても国家的安泰にもっとも有益なものではありえないことを、きちんとした学問的論拠を示して立証すべきである。これを立証できない者に、土地利用の共同体原理に反対を唱える学問的権利はない。それゆえに、『経済指標』側の沈黙を、われわれは、共同体的土地利用にかんしわれわれが述べてきた所信への同意の表明か、それとも、この所信を学問的に論破する能力のないことの結果か、そのどちらかと認めざるをえない。

ご覧のように、われわれは共同体原理について考えを同じくしない人びとにたいし、経済生活の学問によって争う余地なく立証されたとわれわれが思っている所信を論破する力がないことを認めるか、それとも、西欧ではつねにおこなわれているような議論を始めるかをすすめている。ご覧のように、この議論においてわれわれは、われわれが議論をすすめる人たちにあらゆる便宜をはかっている。われわれは、はじめにわれわれが正しいと思う命題を提起し、それを論破するようすすめる。——こうして、われわれは攻撃的であるよりは概して不利と思われている防御的な立場に立っている。[10] それだけではなく、われわれは、自分たちが擁護する学問的真理の揺るぎなさを大いに確信しているので、真理が拠ってたつ根拠がすべて論破されたときだけでなく、そのなかの一つでも論破されたときには、敗北を認める。議論のありとあらゆる便宜は、共同体的土地利用の反対者たちに供される。——そしてもし、このような便宜のもとでかれらが提起された議論の受けいれを拒んだり、打ち切ったりすれば、それは、だれにとっても明らかな共同体原理への学問的反論の限りない薄弱さの証し、そして同様にだれにとっても明らかなこの原理の学問的揺るぎなさの証しとなろう。

ところで、われわれは、はじめに述べたスラヴ派のことは忘れたのか？ とんでもない。いままさに、かれらがなぜ、東方と西方にかんする抽象的な理論の軽微な不一致よりも、本質的に重要な生活の問題を重視しうる人びとの共感を得ているかが明らかになった。われわれは、スラヴ派と非スラヴ派との些細な、あるいはもやにつつまれたような相違点を超えた、そうした問題の一つを、そのあらゆる重要性において提起しようとつとめてきた。そして、もしいまわれわれが、スラヴ派の人たちはこの問題について、かれらの誤りや偏見を笑いものにしようとしている人たちの大方よりも、より真剣に考えているようだと言ったら、もちろん読者は、なぜわれわれが依然として、その一部のスラヴ主義信奉者たちはたびたび失敗をおかし、——その失敗をほかの誰かれに劣らずわれわれが非難してきた、——にもかかわらず、この派のひじょうに多くの信奉者が理論上さまざまな誤解をし、——その成り立たないことをほかの誰かれよりも強くわれわれが感じてきたにもかかわらず、——それでも、その活動がわが社会にとって有益だと考えているか、容易に納得するであろう。では、スラヴ派はどう優っているか。かれらは、生活にとっての本質的な志向という点で、西欧派――スラヴ主義独自の特質に不満という以外にたがいにまったく何の共通点もない人たちなのに――の一派に合流させたがっている人たちの多くよりも優っている例としてわれわれが示した問題にもどろう。

［共同体的原理が有益な働きをする、そのことの学問上争う余地のなさには、なんの疑いもない。しかし、この原理は学問上、ほかの原理よりも後に現われたものであり、それらの原理の効力は、人間の幸福のために、その法則に従うか、あるいはその要求に制約されねばならない。かつてそれらの原理は、学問の絶対的な基礎とみなされていた。学問における新しい原理の勝利は、つねに遅々として進まず、学問をする人たちの大部分は、ほかのすべての人もそうであるが、もっぱら旧習どおりに生活している。ほかの利己的な、多くの人に影響をおよぼす動機についていちいち言及はしないが、ひとえにそれゆえに、西欧の経済学者とそのロシアの門弟たちのほとんどは、新しい原理があらわれるまで学問の至高の原理とみなされてきたこれまでの原理、とりわけ自由競争と個人主権的所有の原理のもつ学問上の意義を制約する共同体の原理にたいしいまなお敵対的態度をとっている。］

わが国において支配的な共同体的土地利用の保持が、国民の安泰にとっていかに必要かという問題にかんし、その正しい概念を広めることの重要性はきわめて大きい(11)。しかし、この原理の喪失によって貧困に陥った西欧の住民の実例は、わが国の大方の経済学者たちにたいして、かれらが固執しがちな政治経済学の権威者たちの、いまではすっかり事実上の根拠を失った金言ほどの効力をもっていない。スラヴ派はこの場合、そうではない。かれらは、イギリスやフランスの農民たちの運命がわれわれに示している教訓の意味を知っているし、われわれがこの教訓を活かすことを欲している。かれらは、現存する共同体的土地利用を、農民階級安泰のもっとも重要な担保、必須の条件とみなしている。この点ではかれらは、いわゆる西欧派の多くよりも高みに立っている。西欧派はその信念を、個々人の私権一辺倒の過去の時代精神に属する古くさい体系から借りてきており、これらの体系の破たんは西欧の国民の学問と経験によってすでに明らかなのに、これらの体系の要求とは相いれないとして、わが国の貴重な生活様式に無分別にも反対しようとしている。スラヴ派の理論上のすべての誤解、夢幻的なすべての熱狂も、わが村々の共同体的制度は、経済関係がどんなに変転しても元のまま保持されなければならないとのかれらの確信、ただこの一つだけで十分に帳消しになる。

　われわれはスラヴ派が、いわゆる西欧派の多くより勝っている一例をあげた。これらの実例の数をさらに三つ、四つ、ひじょうに重要な例を増やすのはたやすい。しかし、われわれからすれば、かれらを有用な活動家として敬意をもって見るには、先に述べたもっとも重要な一つの例で十分である。

　読者は、われわれのものの考え方を知っていても、スラヴ主義的体系のなかの混入物にたいしわれわれがとる特別な対処については、もちろん予想できない。この体系には、現代の学問がつくりあげた理念とも、わが民族の性格とも矛盾する要素が混入しているからである。とはいえ、くりかえして言うが、スラヴ主義思想には、これらの誤解を超えて、健全かつ誠実な、共感をえる要素がある。そして、選ばなければならないとしたら、その知的沈滞よりもスラヴ主義を、しばしば西欧文明への忠誠の庇護に包まれている現代的確信なるものの否定を選ぶ。しかも、その西欧文明とは、西欧の学問によってすでに退けられた体系とか、西欧の現実に見られるきわめて悲しむべき事実［たとえば、労働の資本への従属、奢侈によって満たされる人為的につくられた需要の蔓延、等々］をいう。――共同体的土地所有の全権的、個人的所有による代替については、もはや言うまでもない。

　スラヴ派について語るさいに思いおこしておくべきは、モスクワに新しい週刊紙『モルヴァ（世評）[12]』が発刊されたことである。これは[13]一見して明らかなように、実際にスラヴ派の、あるいは少なくともその一部の連中の機関紙である。われわれは三号まで読み、以後さらによくなってほしいし、期待もしたい。いまはまだ『モルヴァ』についてそれ以上述べることはない。改善の必要条件の一つとして、取りかえしがつかないほどの失敗をした事柄を擁護するのは無駄であり、もしも失敗した事柄が加えてさらに悪かったならば、それを擁護するのは、無駄というだけでなく、自らのよき名誉にとって有害でもある、ということを同紙に指摘することぐらいである。故グラノフスキーについて悪質な論文を書いたV・グリゴリエフ氏の一件(14)は悪かった。V・グリゴリエフ氏はつい最近、そのことにたいし『ロシア報知』第六号でたたかれた。この痛打はあまりにもきびしいものだが、完全に正しい。グリゴリエフ氏を擁護する余地はまったくない。だが『モルヴァ』はまだかれを擁護しようとしている。それはまったく無駄な自己犠牲である。けれどもスラヴ派は、V・グリゴリエフ氏ゆえにきびしい教訓を受けたあと、何をなすべきか？　今後は、こうしたきびしい教訓を受けるような論文の掲載を控えることである。「友を選ぶにはもっと慎重であらねばならない」——この賢明な金言のほかに、スラヴ派がグリゴリエフ氏の一件から引きだすべきものは何もありえない。われわれは、N・クルイロフ氏の件(15)の擁護も同じくらい無駄であることを危惧している。

Из «Заметок о журналах». Апрель 1857 года（1857）

註

（1） 論文「スラヴ派と共同体の問題」は、『同時代人』一八五七年第五号の「雑誌短評」欄に、同年第三号にはストルコフの著書の書評も発表された。この論文は、チェルヌイシェフスキーがそれ以前に書いた一連の他の論文（「『ルースカヤ・ベセーダ（ロシア談話）』とその傾向」、「『ルースカヤ・ベセーダ』とスラヴ主義」）と同様に、ロシアにおける「プロレタリアート化の弊害」を予防する条件としての共同体保持の必要性について問題提起しただけでなく、主として私的所有のブルジョワ的原理にたいする社会的所有一般の原理の擁護と根拠づけを論究したものである。チェルヌイシェフスキーがロシアの共同体をあたかも肯定的に評価しているかのようなスラヴ派に示した一見好意的な態度は、じつは、ロシア・ブルジョワジーのイデオローグたちが、もっとも「完璧なもの」としてロシアに移入しようとしていた西欧のブルジョワ的秩序を讃美する自由主義的西欧主義にたいするかれの極度に批判的な態度のもう一つの側面である。スラヴ派にたいするチェルヌイシェフスキーのはげしい否定的態度は、論文「ローマ滅亡の原因について」にとくに鮮明に表われている。そのなかでかれは、検閲の壁を避けながら、かれらの見解の反動的性格をあばいている。

この論文は、検閲を通すために大きく書き換えられた。雑誌掲載の文章は、手稿とは多くの点で異なっている。角括弧［　］内が手稿の復元である。

（2）V・I・ラマンスキーの論文についての批評を、チェルヌイシェフスキーは『同時代人』一八五七年第七号に発表した。

（3）『ルースカヤ・べセーダ』はスラヴ派の雑誌。モスクワで一八五六―一八六〇年、A・I・コシェレフによって発行された。一八五九年から編集長はスラヴ派のI・アクサーコフ。

（4）『同時代人』では、「ある志向」のあとに、「それは、西欧に現われ、そこでこれまで理論となっている。ところがわが国の農村の生活様式には、初めからずっと、その志向がめざしてきた慣習が存在している。その一つの最良の側面（農民による共同体的土地利用）をもつ慣習についての正しい概念を時宜にかなって会得することが、いまわれわれにとってきわめて重要な課題となっている。フランスでは、新しい経済体制の問題がすでにいくつかの危機を経過した」とつづく。

（5）手稿では、「苦悩」のあとの「新生児の出産の苦難はいま始まったばかりである」が削除されている。『同時代人』初校ゲラにはこうある。「われわれの祖国は、わが国の固有の経済原理のおかげで埒外にある。これらの試練からわが民族の福祉を防御するために、この原理の保持は欠かせない」。

（6）『経済指標』は、ブルジョワ＝自由主義的傾向の雑誌。ブルジョワ経済学者のI・V・ヴェルナツキーが発行した（一八五七―一八六一年）。

（7）手稿ではさらにつづく。「第一に、かれらがこの土地のために一〇〇万フランをわたしたとする。――この金で豪壮なリヴォリ通りを延長できたろう。第二に、五つの別荘のどれも街に五〇〇〇フランずつ支払ったとする。――二万五〇〇〇フランあれば、毎年オテル・ド・ヴィルで、クリミアから帰るペリシエ、ロンドンから帰るペルシニーを祝って、なくもがなの豪華な昼食会を催すことができる」。

(8) Laissez faire, Laissez passer ―― 経済学的には経済活動の国家的干渉からの自由を意味する。この原理は俗流政治経済学の野卑なスローガンとなって、資本主義擁護に利用されてきた。

また資本主義反対の闘争計画においてチェルヌイシェフスキーは、laissez faire, laissez passer 原理の擁護論的意味をあばいた。このブルジョワ的原理の告発には、チェルヌイシェフスキーの数多くの労作、とくに「経済活動と立法」があてられている。

(9) 手稿では、以下「5. したがって、いまロシアを支配している共同体的土地利用を壊すことは、国家にとって不利益、ほとんどの農民にとっては壊滅的であろう」が削除されている。

(10) 手稿では、この一文につづく「しかし、もしわれわれの所信に同意しない人びとにとって、攻撃するより擁護したほうが有利ならば、われわれはいつでも、かれらの第一の要望に沿って攻撃的な態勢に移る」が削除されている。

(11) 手稿でこの一文は「現在わが国で、この問題の正しい考え方を広めることの重要性は、わが国に支配的である共同体的土地利用を壊すのか守るのかを選択すべきときだけに、きわめて大きい」となっている。

(12) 『モルヴァ』は、一八五七年に発刊されたスラヴ主義的傾向のモスクワの週刊紙。編集長S・シピレフスキー、発行者I・アクサーコフ。

(13) 手稿では、「これは」につづく「一見そうは見えるが、スラヴ派の機関紙とは言いきれない」を削除している。

(14) ペテルブルグ大学教授のV・グリゴリエフ氏の論文「モスクワで教授になるまでのT・N・グラノフスキー」(『ルースカヤ・ベセーダ』一八五六年第三―四号に掲載)をさす。このなかでグリゴリエフは、学者、社会活動家としてのグラノフスキーの価値を失墜させようと試みた。この論文は、西欧派の頭目の一人の名を汚そうとしたスラヴ派グループの試みと受けとられ、自由主義派の雑誌界にするどい反論を引きおこした。

(15) モスクワ大学のローマ法教授N・M・クルイロフは、B・N・チチェーリンの学位論文「十七世紀ロシアの地方制度」審査の対論者をつとめ、その後、その反論を『ルースカヤ・ベセーダ』(一八五七年第一―二号)に発表したが、数々の粗雑な誤りが『ロシア報知』で指摘された。『モルヴァ』は何号にもわたってクルイロフ擁護のための短評や論文を掲載し、『ロシア報知』であばかれた事実を論破しようと試みたが、徒労に終わった。

ランデヴーにおけるロシア人——トゥルゲーネフ氏の中編小説『アーシャ』を読んでの考察(1)

「告発的な事件物の類いの物語(2)は、読者にひじょうに重苦しい印象を残す。だから、わたしは、それらが有益で高邁なことは認めるが、わが国の文学がもっぱらこのような暗い傾向になったことには、あまり満足していない」。

おそらく愚かではない、かなり多くの人が、そのように語っている、あるいは、どの思考、どの会話も農民問題がただ一つの主題になる以前はそう語っていた、と言うほうがよいだろう。かれらの言い分が正しいか正しくないかは知らないが、わたしも、おそらくは唯一のすぐれた新しい中編小説を読みはじめたときには、そういう考えに感化されていた。この小説からは、最初の数ページですでに、事件物とはまったく違った内容、違った感銘が期待できた。そこには、おどしや賄賂がらみのいかさま三百代言も、けがらわしいペテン師も、われこそ社会の慈善家ときれいごとを弁じたてる役所の悪党も、すべてこれらの下劣な悪い奴らに苦しめられる町人も百姓も小役人も出てこない。舞台は外国、いっさいわが国の日々の醜い暮らしぶりから遠く離れている。小説の登場人物はみな——ひじょうに教養のある、きわめて人間的な、もっとも気高い考え方をする、わが国最良の人たちである。この小説は、生活のいわゆる暗い面には何ひとつかかわりなく、もっぱら詩的、理想的な方向をさしている。わたしは、ここで心休まり、さわやかな気分になれると考えていた。そして現に、物語が決定的な瞬間にくるまでは、これらの詩的な理想によって心はさわやかだった。だが、物語の最後の数ページは、最初のほうとは似ても似つかず、小説を読み終えたときには、恥知らずな盗みをするあくどい収賄者たちの物語よりももっと暗澹たる印象が残る。かれらは悪事をはたらくが、われわれもかれらを悪人とみなしており、かれらにわが生活の改善をあてにしてはいない。われわれは、社会には、かれらの有害な影響をさえぎり、自らの高潔さによって生活の質を変える力があると考えている。前半できわめて明るい期待をいだかせたこの小説において、この幻想はこのうえなく惨めなかたちで拒否される。

ここに登場するのは、心はあらゆる気高い感情に開かれ、誠実さは揺るぎなく、その思想は、それゆえに今世紀が高邁な志向の世紀と呼ばれているすべてをもちあわせた人物である。そして、この人物がいったい何をしているのか？　かれは、最低の収賄者でさえ恥じるような場面を演じている。かれは、かれを愛する若い娘に激しく、純情な好意を抱き、この娘を見ずには片時もいられず、昼も夜も彼女の美しい姿を思いえがく。ついに心が至福にひたる愛の時が到来した、とだれもが思う。われわれはロミオを目にし、われわれはジュリエットを目にし、ふたりの幸福を妨げるものは何もなく、ふたりの運命が永久に決せられる瞬間が近づきつつある、──それには、ロミオが「ぼくはきみを愛しています、きみはぼくを愛していますか」と言うだけでよく、ジュリエットは「ええ……」とささやく。ところが、われらがロミオ（作者は小説の主人公の名を伏せているので、そう呼ぶことにする）は、ジュリエットに逢いに現われて、いったい何をしでかすのか？　ジュリエットは愛におののきながら、われらがロミオを待っている。彼女はかれが自分を愛していることに気づくはずである、──その言葉は、ふたりのあいだで口にされなかったが、いまそれをかれが口にし、ふたりは永久に結ばれるであろう。ふたりを待っているのは至福であり、決定の厳かな瞬間を地上の生物にはおそらく耐えられなくするほどの熱狂をともなう、気高く清らかな至福である。人はもっと小さな喜びでも死にそうになる。彼女は、自分の前に現われる愛の太陽の輝きから顔をおおって、驚いた小鳥のように腰かけている。息づかいは荒く、全身ふるえている。彼女は、かれがはいってきてその名を呼んだときには、なお胸をどきどきさせて、目を伏せており、彼女はかれを見たくても、それができない。かれは彼女の手をとるが、——その手は冷たく、死人の手のようにかれの手ににぎられている。彼女は微笑みたいが、青ざめた彼女の唇は微笑むことができない。彼女はかれに話しかけようとしたが、その声はとぎれてしまう。長いあいだふたりは黙っている、——かれ自身が言うように、かれの心は和らぎ、そこでロミオはわがジュリエットに話しかける……。そして、かれはいったい何を言いだすのか？「あなたのせいですよ、——かれは彼女に言う。——あなたはぼくに不快な思いをさせたのです。ぼくはあなたに不満なのです。あなたはぼくを傷つけているのです。ぼくはあなたとの付き合いを止めねばなりません。あなたと別れるのは、ぼくにはとっても嫌ですが、どうかここからなるべく遠くへ立ち去ってください」。これはいったいどうしたことか？　彼女のどこが悪いのか？　かれをちゃんとした人間だと思っていたことだろうか？　かれに逢いに来たことで、かれの信望を汚したのか？　なんと驚くべきことか！　彼女の青ざめた顔にあらわれる表情の一つひとつが、彼女が自分の運命の決定をかれの言葉に託していることを、彼女がかれに全霊を捧げつくして、いまはかれが彼女の魂を、そして彼女の生命を引きうけると言ってくれるのを、ひたすら待ちうけていることを語っている。——だが、かれは、あなたはぼくの名を汚した、と彼女を叱責するのだ！　これは、なんとばかげた残忍さか？　なんと低劣な粗暴さか？　そして、このような卑劣なふるまいをする人間が、いままで高潔な人とされていたのだ！　かれはわれわれを欺き、作者を欺いた。そう、詩人は、われわれにちゃんとした人間について物語っていると思いこみ、あまりにもひどい誤りをおかしたのだ。この男は、札つきのろくでなしより質が悪い。

われらがロミオとかれのジュリエットの関係のまったく予期せぬ展開が多くの人に与えた印象は、以上のようであった。われわれは多くの人から、小説はこのとんでもない場面によってすっかりぶち壊されたとか、主人公の性格は我慢ならないとか、もしもこの人物が小説の前半に出てくるような人物ならば、こんな下劣で粗暴なふるまいはできなかったはずだし、もしもそうふるまえたとしたら、かれはそもそもの初めから、われわれにまったくの悪人に見えたはずである、などと聞かされた。

作者がなるほど誤りをおかしたと考えれば、大いに慰めになろうが、しかし、かれの小説の悲しい価値は、まさに主人公の性格がわが社会にそっくりな点にある。もしかすると、もしかれの性格が、逢引きのさいのかれのひどい仕打ちに不満な人びとの望みどおりのものであったなら、もしかれが、かれを捕らえた愛におのれを捧げたとしたなら、この小説は理想的かつ詩的な意味で好評を得たであろう。最初の出会いの場面の熱狂のあとに、高度に詩的な別の瞬間がいくつかつづいたであろう。小説前半の静かな魅力は、後半において感動的な魅惑にまで高まり、われわれは、ペチョーリン流に終わる『ロミオとジュリエット』の第一幕[3]に代わって、ロミオとジュリエットに、あるいは、少なくともジョルジュ・サンドの小説の一つに何か実際によく似たものを得ていたであろう。そっくり詩的な感銘を小説に求める人[4]は、たしかにこの作者を非難するに違いない。気高く甘美な期待で誘いながら、マックス・ピッコロミニのような人物に始まって、けちなトランプ遊びに興ずるしがないザハール・シドルイチかなにかのごときに終わる人間の、ちっぽけで小心なエゴイズムのなんとも低俗なばかげた無意味さを突如、見せつけたのだから。

しかし、作者が小説の主人公について誤りをおかしたというのは、ほんとうにそうだろうか？——もしそれが誤りだとしたら、かれがこの誤りをおかすのははじめてではない。似たような状況にいたる、かれのどの物語をとっても、主人公たちは毎回、決まってわれわれの前でうろたえ、この状況から逃げ出していった。『ファウスト』[5]の場合、主人公は、かれもヴェーラもたがいに真剣な感情を抱いていないと自分に言いきかせようとしており、彼女のそばにいること、彼女について思いめぐらすこと——それはかれの日課ながら、決然さの点では、言葉のうえでさえ、かれは、ヴェーラ自らがかれに、あなたを愛していますと言わざるをえないようにふるまう。会話が数分つづいて、もはやかれがそれをどうしても言わねばならなくなっても、かれは察しがつかぬらしく、彼女にあえてそれを言うこともできない。愛の告白を受けるべき女性が、ついに自ら告白をよぎなくされたとき、かれは「気を失いそうになった」ようだが、「至福が波のように胸を走る」のを感じた。でも、それはほんの「ときとして」であり、実をいえば「すっかり呆然としてしまい」――折よく寄りかかれる木があって失神こそしなくてすんだ。男はかろうじて立ち直り、かれが愛し、かれに愛を告白した女は、かれに近寄り、かれがこれからどうするつもりかをたずねた。かれは……かれは「うろたえた」。愛する男のそうしたふるまい（この紳士の行いは「ふるまい」と呼ぶしかない）のあとに、哀れな娘が神経性の熱病にかかったのは、驚くべきことではなく、その後、かれがわが運命を悔やみはじめたのは、もっと自然である。これは『ファウスト』のことであるが、『ルーヂン』でもほぼ同じである。ルーヂンははじめ、それまでの主人公よりも男としていくらかふるまいはきちんとしており、かれはとても決然としているので、自らナターリヤに愛を語った（とはいえ、自分の意思からではなく、話の行きがかり上やむをえず）。かれ自身が彼女を逢引きにさそう。その逢引きのさいナターリヤは、かれが自分を愛してさえいれば、母親の同意があろうとなかろうと結婚する、とかれに告げる。「それでは、わたし、あなたのものになります」。――ルーヂンは答えて「おお、これはなんと！」と叫ぶばかり――この叫びは、歓喜の、というより当惑のそれである。――その後かれは、とてもうまくふるまうので、つまり、それほどかれは臆病でものぐさなので、ナターリヤは、これから自分たちはどうするかを決めるために、かれを逢引きに呼びよせざるをえない。メモを受けとると、「かれは終局が迫ってくるのをさとり、ひそかに心の乱れを感じた」。ナターリヤは、母がルーヂンの嫁にするくらいなら死んでくれたほうがましと彼女に明かしたことを話し、もういちどルーヂンに、これからあなたは何をするつもりかと訊ねる。ルーヂンはいままでと同じく、「それはたいへん、たいへん」と答え、さらにあきれたことに、――「そんないきなり、わたしがどうするかって？　わたしの頭はくらくらし、何も考えられない」と言う。けれども、その後「あきらめる」しかないとさとる。臆病者と言われたかれは、ナターリヤを非難し、彼女に自分の誠実さを説きはじめる。彼女がいまかれから聞かねばならないのはそのことではないと言いかえすと、かれはそんな決心は予想していなかったと答える。侮辱された若い娘が、臆病者を愛したことをおそらく恥じながら、かれにそっぽを向いて、ことは終わりとなる。

ところで、もしかして、主人公たちの性格に見られるこの哀れな特質は——トゥルゲーネフ氏の中編小説の特徴なのだろうか？　もしかして、まさにかれの才能の性格が、かれにそのような人物を描かせているのだろうか？　けっしてそうではなく、才能の性格はこのさい何も意味しないと、われわれには思われる。現在のわが国の詩人たちのだれのでもよい、生活に忠実な、すぐれた物語を思いおこしてみるがよい。その物語のなかに理想的な側面があるとすれば、この理想的な側面をあらわす人物は、トゥルゲーネフ氏の作中人物とまったく同じようにふるまうに違いない⑹。たとえば、ネクラーソフ氏の才能の性格は、トゥルゲーネフ氏のそれとはまったく異なり、かれのなかにどんな欠陥が見つかろうと、だれもネクラーソフ氏の才能には活力や不屈さが欠けているとは言わない。かれの物語詩『サーシャ』⑺の主人公のふるまいはどうか？　かれはサーシャに「気を弱くしてはいけない」、「真実のお日さまが地上に昇ってくる」のだからとか、自分の望みを実現するには行動しなければならないとか、懇々と説き、その後、サーシャが仕事にかかると、かれは、何をやってもすべて無駄なこと、どうにもなりはしない、自分が「つまらぬことをしゃべったまで」という。ベリトフ⑻はどうだったか思い出してみると、かれもまったく同様に、いかなる決定的な一歩前進よりは後退を選ぶ。このような例はいくつでもあげられよう。どこでも、詩人の性格がどうであれ、自作の主人公の行動についてのかれの個人的な見解がどうであれ、主人公は、ほかの詩人たちがかれ同様に描きだした、ほかのあらゆる実直な人物たちと同じように行動している。実際に事をはじめる話ではないかぎり、ただの暇つぶしをしたり、怠惰な頭や怠惰な心をおしゃべりや空想でいっぱいにしたりさえしていればよいあいだは、主人公はひじょうに威勢がよく、自分の感情や願望を率直かつ正確に表現する段になると、――ほとんどの主人公は、もはやおろおろして、舌がもつれはじめる。数少ない、もっとも勇ましい連中は、まだどうにか自分の力をふりしぼり、自分でも訳の分からない考えについて何ごとかどもりながら、どうにか口にすることができる。だが、だれかがかれらの願望をとりあげて、「あなた方はこれこれのことをしようとしており、わたしたちはたいへん嬉しい。じゃあ、さっそく実行にとりかかってください。わたしたちはあなた方を援助します」と言いだそうものなら、――そんなことを言われて、もっとも勇ましい主人公たちの半数は気を失ってしまい、ほかの連中はひどく乱暴な口調で、あなた方はわたしたちを困難な立場に追いこんだと非難しはじめる。自分たちはあなた方からそんなことを言い出されるとは考えていなかった。自分たちはまったく途方にくれて、何も考えられない。なぜなら、「そんなに早くできるものではなく」、「そのうえ自分たちは誠実な人間であり」、誠実なだけでなく、きわめて穏やかな人間であって、あなた方をいやな目に合わせたくないのだからとか、何もすることがなくて出た話を実際にいちいち騒ぎ立てるものなのかとか、いちばんいいのは――何ごとにも手を出さないこと、なぜなら、万事は苦労と厄介がつきものだし、いまのところ何もいいことはありえず、すでに言ったように、自分たちは「期待も予想もしていなかった」のだから、等々と言いはじめる。

われらが「最良の人びと」とは、そんなふうである――かれらはみな、われらがロミオと似ている。〔ロミオこと〕N氏が彼女に何をすればよいかをまったく知らず、思いきった決断をせまられると決然と激怒したことが、アーシャにとってそんなに不運だったのか。それがアーシャにとってそんなに不運だったのか、われわれには分からない。すぐ思いあたるのは、このことでの不運は、彼女にとってひじょうに些細なことであり、それどころか幸いにも、われらがロミオの性格の卑劣な無力さが、手遅れにならないうちに若い娘をかれから引き離すことができたことである。アーシャは数週間、数か月のあいだ悲しみ、すべてを忘れて、彼女にもっとふさわしい相手を想う、新たな感情に身をまかすだろう。さて、しかし不幸は、彼女はそれ以上りっぱな人物にはとうてい出会えないということにある。われらがロミオは、実際わが社会の最良の人びとの一人であり、かれ以上の人間はわが国にはまずいないという点に、われらがロミオとアーシャの関係の悲しい滑稽さがある。アーシャが人との付き合いで満足していられるのは、ほかの人たちもそうだが、口に出したことを実行に移そうとする事態にはならず、すばらしい議論にとどまっているあいだだけで、そんな事態になろうものなら、みなもそうであるように、舌は急に回らなくなり、手を拱いてしまう。まさにそうしたあいだだけ人びとも、彼女に満足するのであろう。さしあたってはじめのうちは、もちろんだれもが、この若い娘は、ひじょうにやさしく、心は気高く、性格は意外なほどつよく、とにかく愛さずにはいられない、頭の下がる娘だと言う。だが、そう言われるのは、アーシャの性格が言葉だけに表われており、彼女は気高く果敢な行動をなしうると思われるまでのことであり、彼女がその性格から予想させることをいくらかでも裏づけるような一歩を踏みだすや、ただちに何百という声がこう叫びだすだろう。「とんでもない、何ということを、狂気の沙汰である！若い男にランデヴーを指図するなんて！　彼女は身を滅ぼす、まったくいたずらに破滅するだけだ！ここからは何も生まれてこない。彼女が自分の評判を傷つける以外に、まったく何も。こんな無茶な思い切ったことをするなんてできるものだろうか？」――「思い切ったことをする？　それならまだ大したことではない、――ほかの人びとは付け加える。――彼女には、自分のしたいようにさせておけ。だが、なんだって他人を不快な目にあわせるのか？　彼女はこのかわいそうな若い男をどんな立場に追いこんだのか？　はたしてかれは、彼女が自分をそんなに先まで引っぱっていきたくなると考えていたろうか？　かれは、彼女が分別をなくしたいま、何をなすべきか？　かれが彼女の言うことを聞けば、かれは自滅することになり、拒めば臆病者呼ばわりされ、かれは自分で自分をさげすむことになろう。これは自滅することになり、拒めば臆病者呼ばわりされ、かれは自分で自分をさげすむことになろう。これうした愚かな行為にいたる何ら特別な原因があるとは思えない人たちを、そのような不快な立場に追いこむことが気高いかどうか、わたしは知らない。いえ、それはあまり気高くはない。ところで、かわいそうな兄は？　かれの役回りはどうか？　妹は兄にどんな苦い丸薬を飲ませたのか？　生涯かれはこの丸薬を飲みくだせまい。あきれたものだ、かわいい妹はよくやった！　万事言葉のうえではひじょうに結構で、わたしに異論はない。——高邁な志向も、自己犠牲も、なんだか分からないすばらしいものも。だが、わたしは、これだけは言っておきたい。わたしは、アーシャの兄になりたいとは思わない。さらに言うと、かりに彼女の兄の立場にあったとしたら、——わたしは彼女を半年間は部屋に閉じ込めておくだろう。彼女自身のために閉じ込めておく必要がある。彼女は、気高い感情に夢中にあそばすようだが、彼女がお作りになったものを平らげるのは、ほかの人びとにはどんなにたいへんか？　いや、わたしは彼女の行為を、彼女の性格を気高いとは言わない。なぜなら、わたしは、軽率かつ不遜にも他人に害をおよぼす人びとを気高いとは言わないから」。そのように共通の罵声は、分別のある人たちの判断によって説明されよう。これらの判断がもっともだとわれわれに思えることを認めるのは、いくらか恥ずかしいが、やはり認めざるをえない。たしかにアーシャは自分だけでなく、不運にも血縁上あるいは偶々近づきになったすべての人びとをも傷つけており、自分の満足のために、近しいすべての人びとを傷つける者たちを、われわれは非難せずにはいられない。

アーシャを非難することで、われわれはわれらがロミオを是認することになる。実際に、かれに何の罪があるか？　はたしてかれは彼女に、無分別にふるまう動機を与えたか？　はたしてかれは、賛成できないふるまいを彼女にけしかけたか？　はたしてかれは、彼女にきっぱり、あなたがいたずらにわたしを不快な関係に巻きこんだと言う権利をもっていなかったのか？　あなた方は、かれの言葉はきびしいと言ってひどく腹を立て、それらを暴言だという。だが、真実はつねにきびしいものであって、かりに何の罪もないわたしが不快な事件に巻きこまれ、さらにわたしが、巻きこまれた不運を喜ぶように人びとにうるさく付きまとわれたときに、わたしが暴言を吐いたとしても、だれがわたしを非難できようか？

わたしはあなた方が、なぜアーシャの卑しいふるまいにかくも不当にも魅せられそうになり、われらがロミオを非難しそうになったのか知っている。わたしがそれを知っているのは、わたし自身が一瞬は、あなた方と同じ浅はかな印象を抱いたからである。あなた方は、よその国々で人びとがどのようにふるまってきたか、ふるまっているか、本を読んで知っている。しかし、考えてもみよ、なんといってもよその国のことである。この世のほかの場所ではいろんなことがおこなわれているが、ある一定の状況においてひじょうに好ましいことが、いつでもどこでもありうるとは限らない。たとえばイギリスには、話し言葉に「おまえ（ロシア語トゥイ）」という単語はなく、工場主が従業員に、地主が雇いの土工に、主人が下僕にかならず「あなた」といい、Sir、つまりフランス語の monsieur をつけて話しかけることもある。ロシア語にそういった言葉はなく、丁重にしようとすれば主人は下僕にたいし、「あなた、シードル・カルプイチさん、すまないがわたしのところへお茶に寄ってもらえないか、そのあと庭の小径を直しておいておくれ」という言い方になる。もしもわたしが、シードルとこのような細かい気のつかい方をしないで話したとしたら、あなた方はわたしをとがめるだろうか？　もしもわたしがイギリス人の言語を使ったら、きっと笑われるに違いない。概して、あなた方は、自分の気に入らないことを非難しはじめるや、あなた方はイデオローグに、すなわち、この世でもっとも滑稽な、あなた方にこっそり言うのだが、もっとも危険な人間になり、あなた方の足元から、実際的な現実の確固たる土台を失うことになる。そのことを警戒し、自分なりに実際的と思える人間になるようつとめよ、そして、われらがロミオの話になったついでに言えば、まずはかれとでも和解するようにつとめよ。わたしはあなた方に、アーシャが登場する場面にかんしてだけでなく、世のすべてにかんしても、この結論にいたった道筋を話そうと思う。つまり、自分のまわりの何を見てもすべてに満足し、何にも腹を立てず、何があっても悲しまず（わたし個人にとって有利なことの失敗は除いて）、世の何ごとをも何人をも非難せず（わたし個人の利益を妨げる人たちは除いて）、何ごとも欲しない（自分自身の利益は除いて）ようになったその道筋である。――一言でいえば、わたしは、どのようにして怒りっぽい鬱病患者から、自分の思想穏健にたいし勲章をもらったとしても驚かないほどの現実的で穏健な人間になったか話そう。

わたしははじめに、何につけ、どんな理由にせよ、人を非難してはならないことを述べた。どんなに賢明な人にも考え方には、自分が育ち暮らしている社会からは遠ざかれないでいるそれなりの狭さがあるし、どんなに精力的な人にもふるまいには、旧習から大きくは離れられずに、いわば、川の流れに沿って流れていくほどの、それなりの無気力を見てきたからである。世間では復活祭には卵に色を塗り、大斎《マースレニツァ》の前週にはブリン〔ロシア風クレープ〕を食べるのがしきたりである。――みんなそうしているが、色を塗った卵をいっさい食べない人もいるし、たいていの人は、ブリンは胃にもたれると訴えている。そんなつまらぬことだけでなく、――万事においてそうである。たとえば、男の子は女の子よりも自由にしてやるのがしきたりになっており、どの父も、どの母も、そうした差別の愚かさをどんなに分かっていても、この慣習どおりに子どもを育てている。富はよきもの、とはだれもが認める。年に一万ルーブリの代わりに、ことがうまく運んで二万ルーブリを受けとることになるとしたら、人はだれでも満足するに違いないが、常識的に判断して、賢明な人間ならだれでも、前者の収入では手が出ず、後者の収入なら手の出せるものが、いかなる本質的な満足を与えてくれるわけでもないことを知っている。たとえば、一万の収入で五百ルーブリの舞踏会が催せるとすれば、二万なら千ルーブリの会が催せる。後者のほうが前者よりもいくらかよくなるものの、特別にすばらしくなるということもなく、人びとは、なかなか立派な舞踏会だったというが、前者も立派な舞踏会といえよう。こうして、二万ルーブリの収入の虚栄心も、一万のそれにくらべ、そう大した満足が得られるわけではなく、よいと評価される満足度についていえば、そこには差異はまったく認められない。個人として、一万ルーブリの収入の人が、二万の収入の人とまったく同じような食卓を、まったく同じようなワインを、まったく同じようなオペラ劇場の列に席を享受している。前者はかなり裕福といわれるが、後者が特別に裕福とはみなされず――かれらの地位に根本的な差異はない。それでもやはり、だれもが、社会にしみついた旧習から、自分の収入が一万から二万に上がれば喜ぶだろうが、満足度の増大は事実上ほとんど認められない。人は概して、おそろしく旧弊であり、このことを明らかにするには、かれらの考えにもっと深く目をこらすだけでよい。ほかの御仁は、はじめは、自分の考え方はかれの属する社会から自立しているかのように、たとえばコスモポリタン、階級的偏見のない人間、等々といったふう見せかけて、あなた方を極度にとまどわせ、かれ自身、知人たちと同じように、まったく心から自分をそうした人間と思いこんでいる。しかし、コスモポリタンをもっとよく観察すると、かれは、旅券が示す国籍に属する特有の考え方や習慣を身につけた、フランス人かロシア人かであり、属する階層によって考え方のニュアンスを異にする地主あるいは役人、商人あるいは教授である。たがいに腹をたてたり、たがいに責めあう癖のある人が多いのは、ただ単に、あまりにも少数しかそうした類いを観察していないからにすぎないと、わたしは信じている。はじめは似ていないと思えたあれこれの人が、同じ立場の他の人びとと、はたして何か重大な違いが実際にあるか、試しに人びとをよく見てみよう。――こうした観察にとりかかっただけで、その分析はあなた方を夢中にさせ、あなた方の知能に興味をおこさせ、あなた方の心をとても安らがせる印象をつねにもたらすので、もはやそれをしないではいられなくなり、たちまち「人はだれも、すべての人と同じであり、ある人にあるものは、ほかの人にもある」との結論にいたる。そして、先にいくほど、この自明の理にたいするあなた方の確信はより強くなる。違いが重大にみえるのは外面にあって目に見えるからで、違いと思える可視的なものの下に、完全な同一性が隠れている。では、なぜ人間は実際に、自然のあらゆる法則に矛盾するのか？　自然界では同じ法則に従って、ヒマラヤスギとヒソップは栄養をとって花を咲かせ、ゾウとネズミは動き、食べ、喜び、怒る。外形は違うが、サルとクジラ、ワシとニワトリの有機体には内的な同一性がある。問題をさらに注意深く掘りさげると、同じ部類の相異なる生物だけでなく、生物の相異なる部類も、同じ原理に従って作られ、生きており、哺乳類と鳥類と魚類の有機体は同じであり、虫には、鼻孔も気管も肺もないが、哺乳類と同じように呼吸していることが分かる。人間一人ひとりの精神生活における基礎的な行動原理および原動力の同一性を認めないならば、ほかの生物との類比が壊されるだけでなく、人間の身体生活との類比も壊されることになろう。年齢も精神状態も同じ健康な二人の人間のうち一人の脈拍は、もちろんもう一人にくらべて、やや強く、速い。この違いは大したことだろうか？　些細なことで、学問が関心を向けるほどのことではない。年齢の違う人、あるいは環境の違う人を比較するのであれば、別問題である。幼児は老人よりも脈拍が二倍速く、病人は健康な人よりもはるかに速いか遅い。一杯のシャンパンを飲んだ人のそれは、一杯の水を飲んだ人のそれよりも速い。しかし、ここでも違いは有機体の構造にではなく、有機体が観察されるさいの状況にあることは、だれにでも分かる。老人が幼児のとき、脈拍は、あなた方がいまくらべている幼児と同じように速く打っており、健康な人が、病人と同じ病気になれば、病人と同じように弱まる。ピョートルが一杯のシャンパンを飲んだら、イヴァンとまったく同じに脈拍は強まるだろう。

　人間はみな、ほかのすべての人と同じ人間なのだという、この単純な真理に確信をもったとき、あなた方は人間の英知の極限にほぼ達した。この確信があなた方の生活の幸福にとって喜ばしい結果であることは言うまでもない。あなた方は、怒ったり落胆したりするのをやめ、憤慨したり非難したりするのをやめ、以前にはそのために罵りあい殴りあいそうになった事柄を、やさしく見守るようになるだろう。その人の立場にあったらだれもがするようなふるまいについて、実際、どうしたらその人間に腹を立てたり悪口を言ったりすることができようか？　あなた方の心には、なにものにも乱されない、やさしい静けさがやどる。それよりも快いものがあるとすれば、「オム・マニ・ペメ・フム」[9]の呪文をとめどなく静かにくりかえすバラモン教の鼻先の瞑想くらいである。わたしは、このうえなく貴重なこの精神上＝実際上の利益についてはあらためて言わないし、人びとにたいする思慮深い寛容が、あなた方にどれだけの金銭上の利益をもたらすかについても言わない。あなた方は、以前なら自分のもとから追い出したであろうろくでなしを、いまでは実に温かく迎えるようになっている。このろくでなしは――もしかすると社会の有力者であり、かれとの関係がよければ、あなた方自身の仕事はうまくいくだろう。これまた言うまでもないが、あなた方自身が、そのときは、差しだされる利益を受けとるのに、心にもなく遠慮を見せかけ、気兼ねすることはあまりしないだろう。だれもがあなた方の立場にあれば、あなた方とまったく同じふるまいをするものと確信しているならば、どうして余計な気づかいをし、遠慮することがあろうか？　わたしは、すべての人にある人間の本性は同一であるとの確信をもつことの純粋に学問的、理論的な重要性だけを示す目的から、あらゆるこれらの利益を描きだすのではない。もしすべての人びとが本質的に同一であるとすれば、かれらのふるまいの違いはどこから生じるのか？　肝心の真理に達することをめざすなかでわれわれは、まさにこの問題への回答になるような結論を、すでにそこから見つけた。――われわれにとって、いまや明白なのは、すべては社会的慣習および状況にかかっている、すなわち社会的慣習もやはり状況から生じたのだから、最終的にすべては一にかかって状況しだい、ということである。あなた方はある人間を非難するが、――その前に、あなた方が非難するような罪がかれにあるかどうか、それとも、罪があるのは社会の状況と慣習ではないのか、よく見るがよい。――もしかすると、かれに何の罪もなく、ただかれの不運ではないか、十分に見定めるがよい。他人のことを判断するさい、われわれはあまりにも、すべての不運を罪とみなしがちであるが、――罪と不運は完全に別のことであり、それぞれまったく別の対応が必要なので、ここに実生活にとっての本当の不運がある。罪はその人物にたいする叱責、あるいは処罰さえも招く。不運は、その人物の意思よりも強大な状況をなくすことをつうじて、かれへの助けを要求する。わたしは、自分の弟子たちの歯に熱した焼きごてを突きつけたある仕立屋を知っている。かれはたぶん罪人といえるだろうし、処罰することもできようが、かといって、仕立屋だれもが熱い焼きごてを歯に突きつけるわけではなく、こういう凶暴な例はごく稀である。しかし、職人たちはほとんどだれもが、祭りの日には酔っ払って、殴りあいのけんかをする——これはもう罪ではなく、ただの災難である。そこで必要なのは、個々の人を罰することではなく、階級全体のための生活様式の条件を変革することである。罪と不運との区別はひじょうに容易であるだけに、これら二つの有害な混同はなおさら残念である。区別の徴表の一つをすでに見たが、罪——これは稀であり、これは規則のうちの例外であり、不運——これは流行病である。故意の放火——これは罪であり、それゆえ、何百万人ものなかから、こんな事件を起こす一人が見つかる。第一の徴表を補うために必要な、もう一つのそれがある。不運は、不運に導く条件を満たす人間その人に降りかかってくるが、罪は、罪をおかした人には利益をもたらし、ほかの人びとの身に降りかかってくる。この後者の徴表はきわめて明確である。強盗は、強奪するために人を殺し、そのことに自分の利益を見いだす。——これは罪である。うかつな猟師は思いがけず人に傷を負わせ、本人がまず第一に、自分が引きおこした不運に苦しんでいる。——これはもう罪ではなく、たんに不運である。

この徴表は正しい。それをある程度の炯眼をもち、事実の注意深い分析をもって受けとめるならば、罪はこの世にほとんどなく、あるのは不運ばかりということが分かる。たったいま強盗のことを述べた。かれにとって生きることは甘美なことか？　もしかれにとって、ひじょうに過酷な環境がなかったならば、この生業に手を染めただろうか？　極寒でも悪天候でも熊の穴に隠れ、荒野を転々とし、しばしば飢えに耐え、背中にいつ鞭打たれるかたえず怯えて暮らすほうがましとでもいう人間がどこかにいるだろうか、——それが、ちゃんとした人びとがしているように、ゆったり安楽椅子にかけて心地よく葉巻をくゆらすよりは、あるいは、イギリス・クラブでトランプ遊びをするよりもましという人間が？

われらがロミオにとっても、ばかをみて、アーシャに低俗な不作法をした自分をはげしく責めるよりも、幸福な愛をたがいに楽しんでいるほうが、はるかに快かったことだろう。アーシャが被った無残な不快が、かれ自身にもたらしたのは利益もしくは満足ではなく、自分自身にたいする恥ずかしさ、すなわち、あらゆる精神的な悔やみのなかでもっとも苦しいものであったことから、かれが陥ったのは罪ではなく、不運だったとわれわれは考える。かれがおこなった低俗なことは、ひじょうに多くのほかの、いわゆるきちんとした人びと、あるいはわが社会の最良の人びともおこなったであろう。つまりこれは、わが社会に根ざした流行病の症候にほかならない。

病気の症候は病気そのものではない。そして、もしも問題が、一部の、あるいは、もっと言うなら、ほとんどすべての「最良の」人びとが、かれらよりも心の気高い、未熟な若い娘を侮辱することだけにあるとしたら、——正直、たいしてわれわれの興味をひかなかったろう。かれらのことや、エロティックな事柄なんかどうでもよく、——行政や司法の改善、財政改革、農民解放の問題などにとりくむ現代の読者にはそれどころではない。だが、われらがロミオのアーシャにたいし演じた場面は、先に指摘したように、——わが国のあらゆる事態を、まさしくそのような卑俗なかたちで蝕んでいる病気の症候にすぎない。われわれにいま必要なのは、われらがロミオはなぜ不運に陥ったのかを見きわめることのみであり、かれに似た、われわれすべてが自分に何を期待し、ほかのあらゆる問題にかんしても自分のために何を期待すべきかかが、われわれに見えてくるだろう。

不運な青年が、自分がかかわる事態をまったく理解していない、ということから始めよう。事態ははっきりしているが、かれはどんなに明白な事実もよく分別がつかないほど愚かである。こうしたどうしようもない愚かさは何にたとえたらよいか、われわれはまったく分からない。何ひとつ偽ることもできず、まったく狡さを知らない若い娘がかれに言う。「自分に何が起こっているのか、自分でも分かりませんもの。わたしは時おり泣きたくなるのに笑うんです。あなたは、わたしをお裁きになってはいけませんよ……、わたしのすることで。あっ、そういえば、あのローレライってどんな物語？　あそこに見えるのがその岩でしょう？　なんでも彼女は、はじめみんなを溺れさせていたけれども、人に恋をすると、自分で水へ身を投げてしまったんですってね。わたしこのお話が好きなんですの」(10)。どんな感情が彼女のなかにめざめたかは明らかなようだ。少しして彼女は、顔が青ざめるほど興奮しながら、何日も前に冗談話に出たその夫人がかれは好きかどうかをたずね、そのあとで女性のどこが好きかをかれにたずね、かれが光りかがやく空はなんとすばらしいかと示すと、彼女は言う。――「ええ、すばらしいですね！　わたしたちがもし鳥だったら、思う存分、舞いあがって、飛んでいくんですけれどね！……あの青空のなかに消えてしまいたい……。でも、わたしたち鳥じゃないから」「でも、ぼくたちにも翼が生えるかもしれませんよ」とわたしは言いかえした。「それはどうして？」「まあ、しばらく生きてごらんなさい、分かりますよ。われわれをこの地上からもちあげてくれるそうした感情もあるものです。心配はいりません、あなたにも翼ができますから」「あなたにはそうしたことがおありになって？」「なんて言ったらいいでしょう？……　ぼくはいままで飛んだことはありません」――つぎの日、かれが部屋にはいってきたとき、アーシャはさっと顔を赤らめ、部屋から逃げだしたかった。悲しかった。そして、とうとう、きのうの会話を思い浮かべて、かれに言った――「おぼえていらして、あなたがきのう、翼のことをお話になったのを？　わたしにも翼が生えましたのよ」。

　これらの言葉はひじょうにはっきりしていたので、鈍感なロミオさえも家に帰りつつ、ほんとうに彼女はぼくを愛しているのだろうかと、考えおよばないではいられなかった。そう考えながら眠りにつき、あくる朝めざめると、こう自問した。「はたして彼女はぼくを愛しているか？」

　実際、これが分からないなどとは思えなかったが、かれはなにも分からなかった。かれはせめて、自分自身の心のなかに起こったことぐらいは理解していなかったのか？　ここでも兆しは少なからずはっきりしていた。はじめの二回のアーシャとの出会いのあと、かれは彼女が兄にやさしく接しているのを見て嫉妬をおぼえ、嫉妬のために、ガーギンがじつは彼女の兄であることを信じようとしない。嫉妬があまりに強く、かれはアーシャに会うことができないが、彼女に会わずにはいられそうもなく、そこでかれは、まるで十八歳の若者のように、彼女の住む小村をのがれて、二、三日近辺の野をさまよう。ついに、アーシャがほんとうにガーギンの妹であることを納得して、かれは子どものように幸福そうである。かれらのところから帰ると、「喜びのあまり目から涙がはらはらとこぼれる」のをさえ感じ、それとともに、この喜びがすべてアーシャへの思いに集中するのを感じて、ついには、彼女以外には何も考えられないというまでになる。たぶん、何度か愛したことのある人間なら、これらの兆しによってかれ自身のなかにいかなる感情が生まれているかを理解するはずである。たぶん、女というものをよく知っている男なら、アーシャの心にいま何が起こっているか理解できよう。しかし、彼女がかれに、あなたを愛していますと書くと、この恋文はかれをすっかり驚かせる。かれはこんなことを少しも予想していなかったらしいから。けっこう、だが、アーシャがかれを愛していることをかれが予想していたにせよ、いなかったにせよ、とにかく同じことである。いまやかれには、——アーシャがかれを愛しており、かれがいまそれを知っていることは、火を見るよりも明らかである。かれはアーシャにたいして何を感じているのか？　かれ自身は、この問いにどう答えたらいいか、まったく分からない。あわれな男だ！　三十歳にもなって年がいもなく、いつ鼻をかみ、いつ寝るか、お茶は何杯飲んだらいいか言ってくれる子守りが必要だったのだろう。ものごとを理解する能力のない、こんな愚かなさまを見ると、あなた方は、子どもでなければ白痴を目にしているかと思うかもしれない。ところが、そのどちらでもない。われらがロミオは——ひじょうに賢明な、すでに述べたように、三十歳近い、ひじょうにさまざまな人生経験を積み、自分自身についても他人についても観察を重ねてきた人間である。ではいったい、かれの信じがたい鈍感さはどこから来ているのか？　それは二つの事情のせいである。とはいえ、その一つはほかの一つから生じており、すべては一つのことに帰する。かれには、なんら偉大なものや生気あるものを理解する習慣がない。なぜなら、かれの生活はあまりにも卑小で心ないものであり、かれがなじんでいる関係や仕事はすべて、あまりにも卑小で心ないものだったからである。これが第一の事情。第二に、——かれは臆病であり、大きな決断と潔い冒険を要するあらゆることから、何もできず逃げている。

これまた、生活がすべてにおいてかれを、つまらない、くだらないことだけに仕付けたからである。かれは、銀半コペイカを賭けるトランプ遊びをして生涯すごしてきた人間に似ている。この遊び名人を、十コペイカ貨幣なんかでなく、千ルーブリで勝負をかける博徒の席につかせたとしよう。かれはすっかり困惑し、かれの経験はすべてどこかに消え、その腕前もすべて狂ってしまうことをあなた方は目にする。かれは最悪のトランプの切り方をし、もしかするとカードを手に持っていることすらできなくなる。——かれは、生涯クロンシュタットとペテルブルグのあいだで自分の小さな蒸気船をあやつり、浮標をたよりに無数の汽水の浅瀬をひじょうに巧みに運転できる水夫に似ている。コップの水では経験ゆたかなこの航海士が急に大海に出たらどうであろうか？

なんとまあ！　われわれはわれらが主人公を、なぜこうもきびしく分析するのか？　かれは、ほかの人たちよりもどこが劣っているのか？　かれは、われわれのだれよりもどこが劣っているのか？　われわれは社会に出ると、まわりに正式の、あるいは正式でないにしてもフロックコートか燕尾服を着た人たちを見かける。この人たちは身長が五・五ないし六フィート前後、それを超える人もおり、頰、上唇、あご髭を生やしていたり、剃りおとしていたり、われわれは、自分の前にいるのは成人男子であると考える。これはまったくの思い違い、錯視、幻覚にほかならない。公民としての課題に独自に参加する習慣を身につけることなしには、公民の感覚を身につけることなしには、男性の幼児が成長して中年となり、やがて老年にはなっても、かれは一人前の男にはならない。少なくとも、高潔な人格の男にはならない。人間は、社会の問題にかんする思想の影響なしに、それらへの参加によって呼びさまされる感情の影響なしに成長するよりは、成長しないほうがましである。共通の利益を目標とする理念や動機が、もしわたしの観察の範囲から、わたしがかかわっている行動の領域から排除されるとすれば、すなわち公民的な主題が排除されるとすれば、わたしはいったい何を観察すればよいのか？　わたしは何に参加すればよいのか？　あとに残るのは、自分のポケットの内や腹ぐあい、あるいは慰みについての個人的なこまごまとした心配事をかかえた個々人のてんてこまいの騒ぎでしかない。人びとが公民的な活動への参加から離れると、どのような姿を見せるか、それをわたしが観察したならば、人間と生活にかんしていかなる考えをいだくだろうか？　かつてわが国ではホフマンが愛好され、かれの小説が翻訳されたことがある。ペレグリヌス・テュス氏[11]の目が奇しき偶然から顕微鏡の能力をそなえ、かれの目が特殊なために、人間にかんするかれの考えがどうであったかが語られている。美しさ、気高さ、善良さ、愛、友情、——あらゆるすばらしく、偉大なものが、かれにとっては世界から消え失せてしまった。だれを見てもかれには、どの男も卑劣な臆病者か腹黒い陰謀家に、どの女も男たらしに、だれもかれも嘘つきでエゴイスト、どこまでも卑小で下劣に思える。この奇妙な小説は、ドイツでいうKleinstädterei（小都会人性）なるものを見てきた、つまり、社会活動にはいっさい参加せず、自分の私的関心の狭い枠内にとどまり、一コペイカ賭けのプレフェランス（もっとも、ホフマンの時代にはまだ知られていなかったトランプ遊び）のほかは何も考えようとしない人間たちの生活をいっぱい見てきた人間だからこそ、書けたのである。どのような社会であれ、話が社会問題から外れるとすぐ、会話がどうなるか思いおこしてみよう。話し相手どうしがどんなに教養があり、高尚であっても、社会的な関心事が話題にならなければ、うわさ話やくだらないおしゃべりを始めることになる。口汚い低俗さか軽薄な低俗さか、いずれにしても無意味な低俗さは、社会的な関心事から離れた会話にかならずつきものの性格である。会話の性格から話している人を判断することができる。考え方の最高に進んだ人たちでさえ、かれらの思考が社会的な関心事から外れると、空虚かつ不潔な低俗さに落ちこむとすれば、これらの関心事から完全に疎外された社会がどのようなものになるかは、容易に想像できる。こういう社会における生活によって育てられた人間を思いえがいてみよう。かれの経験からの結論はどのようなものか？　かれが人びとを観察したその結果はどのようなものか？　かれは、低俗なものやつまらぬものはなんでも、このうえなく十分に理解するが、それ以外はなにも分からない。なにも見たこともなにも経験したこともないからである。かれは、何かしらすばらしいものを本で読んだかもしれないし、これらすばらしいものについて思いめぐらすことに満足を見いだしているかもしれない。もしかすると、かれは、それらが本の中だけでなく地上にも存在しているか、存在すべきであると信じてさえいるかもしれない。しかし、それらが突然、つまらぬものや低俗なものの類いしか経験のない未熟なかれの目にふれるときに、かれがそれらを理解し、推察することを、あなた方はどうして望めようか？　わたしはシャンパーニュ地方のぶどう畑をいちども見たことはないが、とてもよい発泡ワインをシャンパンだと言って出されていて、実際に本物のシャンパンが突然に出されたとき、わたしが、これはさすがに偽物ではありませんねとたしかに言うことを、あなた方はどうして望めようか？　そんなことを言えば、わたしは軽薄ものということになる。上質の偽ワインをいろいろ飲んできて、わたしの味覚で、これはよいワインだとは分かるが、今回すすめられたのが偽ワインではないと、どうしてわたしに分かろう？　いや、いや、わたしは偽物に通じており、良否は見分けられるが、偽ではないワインを評定することはできない。

　人生において高邁なことや偉大なことに出会ったさいに、ただ見る目の素地のなさ、考えの未熟さだけが、それらを推察し、評価する妨げになったのであれば、幸いであり、称えるべきであろう。しかし、そうではなく、われわれの意志も、そのひどい無理解にかかわっている。わたしが生きているその些事のなかで低俗な浅薄さによって狭められてきたのは、たんに考え方だけではない。この特質はわたしの意志にも通ずる。視野が広ければ、それだけ決意の幅も広くなり、それればかりか、ついには、みんなが行動するように自分も行動するのがあたりまえにならざるを得なくなる。笑いの伝染性やあくびの伝染性は、社会生理学の特有な事例ではなく、――この伝染性は、大衆のなかに現われるあらゆる現象に見られる。どこかの寓話に、ある五体満足な人間が片足と片目の王国に行きあたった話がある。寓話は、みんながかれに、どうしておまえは目と足が二つずつあるのかと責めたてたとあるが、すべてを語らなかったので、それだけだと嘘になる。よそ者が責められたのは初めのうちだけで、かれが新しい場所に住みつくようになったときには、かれ自身、片目を細め、片足を引きずるようになった――かれにはもう、見るも歩くもとても具合よく、あるいは、少なくとも相当よくなったように思え、まもなく、実を言えば、自分は片足でも、片目でもないことを忘れさえした。もしあなた方が悲しい結末をお好みなら、こう付け加えてもよい。ついに、われらがよそ者に、しっかりした足どりで歩き、両目でよくものを見ることが必要になったとき、かれはすでにそうすることができず、閉じていた目はもう開かず、曲げていた足はもう伸びなかった。かわいそうに捻じ曲げられていた関節の神経と筋肉は、長いあいだの無理強いのために、正常なかたちで動作する力を失っていた。

タールに触れると黒く汚れる――故意に触れたのなら自分への罰だし、故意でなければ不運ということになる。居酒屋に住んでいるものは、自分では一杯も飲んでいなくても、酔っぱらいの臭いがどうしても身につかざるをえない。生活上のけちな打算以外になんらの志向ももたない社会に生きている人間の意志は、卑小にならざるをえない。自分で重大な決意をしなければ、毎日の散歩で慣れた細道づたいではない果敢な一歩を大胆に踏みださなければと考えると、つい臆病が心に忍びこんでくる。だからこそ、そんな異例なことの必要はまだないと自分に言いきかせようとつとめ、いつもの卑小さから抜け出られそうに見えるものすべては誘惑でしかないと、最期の死の瞬間まで自分にことさら思いこませようとしているのである。お化けを怖がる子どもは、目をつぶり、お化けなんていない、お化けなんてたわごと、と大声いっぱいに叫びたてる。こうして自分を勇気づけているらしい。われわれは賢明だから、自分たちの怖がるものをみんなも怖がるのは、ただ上位のものにたいして自分たちが無力であるからにすぎないことを、つとめて自分に言いきかせようとし、――これはすべてたわごとであり、子どもがお化けを怖がるように、われわれもそれをただ怖がっているにすぎず、実際にはそんなものは何もなく、これからもありはしないのだと言いきかせている。

でも、もしあるとしたら？　さあ、そのときには、トゥルゲーネフ氏の中編小説のなかでわれらがロミオに起こったのと同じことがわれわれにも起こるだろう。かれは何も予見せず、予見しようとせず、目を閉じ、後ずさりし、時が過ぎると――かれは無念のほぞをかむことになり、もうどうにもならない。

かれの運命もアーシャの運命も決まるのに、時間はそう長くはかからなかった。――ほんの数分のことだった。全人生がそこにかかっていた。それをのがすと、誤りを正すすべはなかった。やっとかれは部屋にはいり、軽はずみな、ほとんど無意識の、無分別な言葉をやっと二、三口にしただけで、すでにすべては決まってしまった。決裂は永久であり、とりかえしはつかない。われわれは、アーシャについては少しもふびんに思わない。彼女がひどい拒絶の言葉を聞くのはつらかったであろうが、たぶん、無分別な男が彼女を絶縁に導いたことは、彼女にとってよりいいことだったに違いない。もしも彼女がかれと結ばれたとしたら、かれにとっては、もちろんたいへん幸せだったろうが、われわれは、彼女がこうした男性と近しく暮らすのがいいことだとは思わない。アーシャに同情する者は、重苦しい、憤りをおぼえる場面が気に入るはずである。アーシャに同情する者は完全に正しい。その人が同情の相手にえらんだのは、従属させられた人間、卑しめられた人間であった。とはいえ、われわれは恥ずかしながら、われらが主人公の運命にかかわっていることを認めなければならない。われわれはかれの親戚になる光栄を有しておらず、われわれの家族のあいだには反感もあった。というのも、かれの家族はわれわれの縁者すべてを軽蔑していたから。[12] しかしわれわれはまだ、わが青春をはぐくみ、台無しにもした、誤った書物や教訓によって頭につめこまれた偏見から脱皮できていないし、まわりの社会から吹きこまれた狭量な考え方から脱皮できていない。われわれにはなおも、あたかもかれが何かわれわれの社会に役立つかのように、あたかもかれがわれらが啓蒙の代表であるかのように、あたかもかれが最良の人物で、あたかもかれがいなければ、もっと悪くなるかのように思えるのである（空しい夢、だが、われわれにはまだ捨てきれない夢である）。かれにかんするこの意見は空しい夢でしかないとの考えが、われわれのなかでしだいに強まるにつれ、われわれは、その影響がつづくのも長くはないように感じる。かれが非難する人たちのほうに、かれよりもよい人がいて、かれがいなければ暮らしがもっとよくなるような気がする。――しかし、この瞬間においてはまだ、われわれはこの考えに十分なじんではおらず、はぐくんできた夢を捨てきれないでいる。だから、われわれは、なおもわれらが主人公とその仲間によかれと祈るしかない。かれの運命を永久にさだめてしまう、かれらにとって決定的な瞬間が現実に近づいていることを知りながら、それでもやはりわれわれは、それを自分にまだ言いたくない。かれらはいま自分の立場が理解できず、思慮深く、同時に寛大にふるまえないでいる。――別の考え方や習慣によって教育された、かれらの子や孫だけが、誠実で分別のある公民として行動することができても、かれら自身はいまや、与えられた役に立てなくなっている。われわれはまだ、かれらにこんな預言者の言葉を向けたくない。「あなたがたは聞くには聞くが、決して悟らず／見るには見るが、決して認めない。この民の心は鈍り／耳は遠くなり／〔見ないように〕目は閉じている」〔マタイによる福音書、第十三章一四―一五、新共同訳〕。――いや、われわれはそれでもまだ、かれらのまわりで、かれらにたいして起きていることを理解する能力がかれらにはあると思いたいし、かれらを救いたいという声の賢明な勧めに従う能力があると考えたい。それだから、われわれはかれらに、自分の状況を適時に判断したり、瞬時がもたらす利点を活かすことのできない人びとにとって避けられない災難をどうしたら免れるか、指示をしたいのだ。現在の状況の重大さを理解し、良識に従って行動することをわれわれが訴えている人びとの洞察力とエネルギーへの期待は、願望とは逆に、日ごと弱まってきている。――しかしながら、少なくとも、かれらには、思慮深い助言が聞かれなかったとか、かれらの状況が説明されなかったなどと言わせたくないものである。

あなた方のなかには、紳士諸君（われわれは、きわめて尊敬すべきこれらの人たちに話を向ける）、読み書きのできる人がかなり大勢いる。かれらは、幸福というものが古代の神話ではどのように表現されているか知っている。それは、当人を運ぶ風で前になびく長いお下げ髪の女性を思わせる。彼女があなた方のほうに飛んでくるあいだは、彼女をつかまえるのはたやすいが、——一瞬をのがすと——飛んでいってしまう。彼女をつかまえようと跡を追っても無駄である。あとに残されて、彼女をとらえることはできない。幸福の一瞬は二度と戻らない。あなた方は、現在の時刻と同時に起こる天体の合〔天文学上の用語〕がふたたび来ないのと同じで、状況の好適な組み合わせがくりかえされるのを待ちおおせない。好適な瞬間をのがさないこと——それが、生きるための分別の最高の条件である。幸福な状況は、われわれ一人ひとりにおとずれるが、だれもがそれを活かせるわけではない。人びとの生活の良し悪しの違いは、ほとんどこの技量だけにある。そして、もしかすると、あなた方はそれに値しないかもしれないが、決定的瞬間におけるあなた方の命運が、ほかならぬあなた方の意志しだいという幸運な状況が生じた。あなた方は時代の要求が分かっているのか。あなた方がいまおかれている立場を役立てられるのか。——まさにそこに、あなた方にとっての永久に幸福か不幸かの問題がある。

状況がもたらす幸運をとり逃さないための手立てや規則は、どこにあるのか？　どのようにあるのか？　そのつど分別が何を求めているかを言うのは、はたして難しいことだろうか？　たとえば、わたしが、すべて自分に罪がある訴訟をかかえているとしよう。また、わたしの相手はまったく正しくのだが、運命の不公平にもすっかり慣れているので、訴訟の判決がくだされる可能性ももはや信じられなくなっていると仮定しよう。訴訟はもう十数年も延びて、かれは法廷で何度も、いつ論告があるのかを質した。「明日か明後日」と毎回返答され、月々がたち、年々がすぎた。事件はなおも確定されなかった。どうしてそれが延びたのか、わたしは知らない。知っているのは、裁判長がなぜかわたしに有利にとりはからったことだけである（かれは、わたしが心からかれに忠実だと思ったのかもしれない）。ところが、かれは事件をただちに決着させるよう命じられた。わたしへの友情から、かれはわたしを呼びよせて、つぎのように語った。「わたしは、あなたの裁判を長引かすことはできない。公判規則によりあなたに有利には結着しない。——法律はあまりにも明確であり、あなたは完全に負けである。事件は、あなたにとって財産の喪失では済まない。われわれの民事裁判の判決によっては、あなたが刑法上の責任を負うことになる状況も出てくる。あなたも知っているとおり、刑法はひじょうにきびしく、刑事裁判の判決がどのようであるかは、わたしは知らない。だが、財産権の剝奪しか言いわたされないとしたら、あなたはあまりにも安易に放免されることになる。ここだけの話だが、はるかに悪い判決が出るかもしれない。きょうは土曜日である。月曜日にはあなたの訴訟は論告され、判決がくだされるだろう。わたしはあなたにいくら好意をもっていても、訴訟をさらに延長することはできない。いいですか、わたしがあなたに何を助言できますか？　あなたに残された日を活かして、あなたの相手に和解を申し出なさい。かれはまだ、わたしが受けとった結審命令がいかに急を要するものか知らないでいる。かれは、訴訟の判決が月曜日におりると聞いた。しかし、判決が近いことを何度も聞きながら、自分の期待を裏切られてきた。いまならまだ、かれは和解を受けいれるだろう。それはあなたにとって金銭的にも有利なはずであるし、それにあなたは刑事訴訟を免れる。良心の声と人間性を自ら感じるような、寛大で高潔な人間としての名声を博する。訴訟を和解合意で終わらせるよう努力するがよい。わたしはこのことをあなたに、あなたの友人として頼む」。

いまわたしは何をすべきか。あなた方はそれぞれに言うがよい。和解を結ぶためにわたしが相手のところに急いで出かけることがはたして賢明か？　それとも、かけがえのない残りの一日を柔らかいソファーに横たわっているのが賢明か？　あるいは、わたしに味方し、その友情のこもった予告で訴訟をわたしにとって名誉と利益をもって終わらせる余地を与えてくれた裁判官に、口汚い悪口雑言を投げつけることが賢明か？

この例から読者には、分別が何を求めているかをこのさい決めるのは、どんなにたやすいことか、よく分かるはずである。

「あなたを訴える人と一緒に道を行くときには、途中で早く和解しなさい。さもないと、その人はあなたを裁判官に引き渡し、裁判官は下役に引き渡し、あなたは牢に投げ込まれるに違いない。よく言っておく。最後の一クァドランスを支払うまで、決してそこから出ることはできない」(マタイによる福音書、第五章二五—二六[13]〔新共同訳〕)。

Русский человек на rendez-vous (1858)

註

(1) この論文がはじめて発表されたのは、雑誌『アテナイオン』一八五八年、第十八号である。チェルヌイシェフスキーがいつものように『同時代人』誌ではなくこの雑誌を選んだのは、「ランデヴーにおけるロシア人」がとりあげたトゥルゲーネフの『アーシャ〔邦訳『片恋』〕』が『同時代人』(一八五八年、第一号)に掲載されたからである。ロシアの革命的民主主義的文芸批評のもっとも鮮やかな実例の一つであり、チェルヌイシェフスキーは「検閲下の論文によっても本物の革命家を育てた」とレーニンは評した。

性格の弱さと無気力、中途半端な気質、きっぱりした行動力のなさは、トゥルゲーネフの中編小説『アーシャ』の主人公N.N.に見られる特徴であり、それをもってチェルヌイシェフスキーはこの論文で、ロシアの自由主義の政治的な臆病と優柔不断を辛辣に性格づけることができた。論文は、当時すすめられていた土地改革と農民解放に関連しきわめて先鋭的な闘争の影響下で書かれた。かれは、改革前夜の自由主義者たちの行動を、ランデヴーにおけるトゥルゲーネフの主人公の行動と同様に、あわれで臆病なものとみなしていた。この論文は、自由主義者たちの小心さを鋭く非難し、かれらが決定的な階級闘争の瞬間においていかに行動するかを正しく予言した。それとともにチェルヌイシェフスキーはトゥルゲーネフに、農奴制擁護論者たちとの闘争において革命的民主主義者の側に立つよう呼びかけた。

(2) 「事件物」——農奴制ロシアの秩序を鋭く批判する告発的な性格の物語、「シチェドリン流」の物語をさす。読者に大好評をえたシチェドリンの『県の記録』が出て以後、五〇年代末にはこの種の物語が多数出版された。

(3) シェイクスピアの悲劇第一幕でロミオとジュリエットがはじめて出会い、たがいに二人の心に抑えがたい愛が芽生える。「ペチョーリン流に終わる」とは、レールモントフの小説『現代の英雄』のなかの「令嬢メリー」のことをさす。

(4) カルタ遊びに時間をつぶす哀れな俗物が、ここではシラーの戯曲「ピッコロミニ父子」と「ヴァレンシュタインの死」(『ヴァレンシュタイン』第二部および第三部)の主人公たちに対比されている。マックス・ピッコロミニの際立った特徴は、理想的な気高さ、感情の高潔さ、義務と名誉の自覚である。

(5) 『ファウスト』――トゥルゲーネフの「九通の手紙による物語」(一八五五年)。

(6) チェルヌイシェフスキーはさらに、N・ドブロリューボフが『同時代人』一八五九年五月号掲載の論文「オブローモフ主義とは何か?」で詳しく述べた思想を発展させている。

(7) 『サーシャ』――N・A・ネクラーソフの物語詩。『同時代人』一八五六年第一号、『ルーヂン』と同時に発表された。

(8) ベリトフ――ゲルツェンの長編小説『だれの罪か?』(一八四六年)の主人公。

(9) ネパールとチベットの仏教徒たちの呪文。この呪文を仏に唱える者は、あらゆる危険から守られる。

(10) ライン川のルサルカ(人魚に似た水の精)ローレライの伝説は、ドイツのロマン派詩人ブレンターノ(一七七八―一八四二年)に始まるとされるが、その後ドイツの詩にたびたび出てくる。

(11) ホフマンの童話『蚤の親方』の登場人物。

(12) チェルヌイシェフスキーは「家族の軽蔑」について語ることで、実際は貴族と雑階級出身のインテリゲンツィア間にあった社会的反目を指摘した。その先の行は、歴史の発展過程で「四〇年代人たち」と雑階級=七〇年代人の革命的世代のあいだに境界が定まり、後者が「清新な力をもって歴史発展の先頭に」(チェルヌイシェフスキーの批評「オガリョフの詩」の言葉)立つべき使命を担っていることを示唆している。

(13) チェルヌイシェフスキーは、農民と地主=農奴主の階級的利害の妥協の余地のない矛盾について公然と語ることは許されなかった。検閲の壁を避けるために、かれは論文の結びにアレゴリーを用いた。ここで民事訴訟をもちだしたのは、かれにはロシア農民の専制と農奴制にたいする歴史的「訴訟」が念頭にあり、歴史過程の避けられない歩みを、「事件をただちに決着させるよう命じられた」裁判長に擬人化している。論文の終わりに福音書を引用した意味は、検閲下にあって農奴制の擁護者たちに、もしかれらがこの「訴訟」ですすんで譲歩しなければ、かれらを人民裁判、歴史の判決にかけることを指摘したものである。言うまでもなく、この偉大なる革命的民主主義者は、農奴制擁護者たちの側からいかなる自主的譲歩も引きだしえないことは十分に理解していた。かれの論文の最終行は、問題を明確にし、ツァーリズムと農奴制打倒をひそかに呼びかけるものであった。

共同体的土地所有に反対する哲学的偏見の批判(1)

どんなに辛く、せつなく、苦しいことか
ゲーテ『ファウスト』

序文――共同体的土地所有の原初性は、私的土地所有にたいするその優先性への反証となるか？――どの国民のどの制度も、発展のすべての論理的契機を通過する必要があるか？

長いあいだわたしは、自分が提起した論争のなかで沈黙していた。わたしの最初の論文とそれに答えるヴェルナツキー氏(2)の論文に、ほかの雑誌は無関心だった。――この無関心は、徐々にではあるがひじょうに積極的な関与に変わってきた。このごろではずっと、共同体的所有にかんする論文が何編かずつ各種雑誌に載らない月がないくらいである。みながこの問題について語った。――わたしは沈黙していた。それを語る大半の人は、わたしの見解をも、わたし個人をも、きわめて激しく攻撃した。――別の場合なら、自分が公正かつ有益と思うことへの攻撃に反応せずにはいられず、わたしの友人たちも、係争問題を激しい論戦によって解明しようとする異常な、かれらの意見によれば過激なまでのわたしの好みをいつも見ているのだが、わたしは沈黙していた。わたし個人にとってだいじな問題が世の人びとの広い関心を集めているにもかかわらず、反対論者からの数知れぬ挑戦にもかかわらず、わたしの怠慢、社会問題への恥ずべき無関心、臆病を叱責する友人たちからのたびたびの発破がけにもかかわらず、わたしは沈黙していた。そして、ふたたび共同体的所有を擁護するためペンをとるにいたったいまも、わたしは自分自身との激しい戦いに耐えているが、頑なに沈黙をつづけることがよりよいかどうかは、自分にも分からない。

問題は、わたしが自分自身を恥じていることである。わたしが共同体的所有の問題を提起した、その早まった自信過剰を思い出すと、良心がとがめる。この問題にわたしは無分別であった――はっきり言って、自分から見て愚かであった。

共同体的所有について発言を再開するにあたって、わたしの最初の反対論者ヴェルナツキー氏の言葉がまったく正当であることをまず認めなければならない。かれは論争のそもそもの初めから、わたしがこの問題にとりくむのは無駄であり、それが自分の良識にとってなんの名誉にもならないことを明言していた。わたしは過去の無分別を悔やむ。頭をさげて詫びをいれることで、やってしまった事実を忘れてもらえるなら、わたしは躊躇わずに反対論者たちに許しを乞うたであろう。わたしが屈することで、わたしが不首尾にはじめた論争が終わりさえすれば[3]。

「どういうことか？　共同体的所有にとっての論拠が盤石であると大声で唱えた人間が、論戦のはじめに反対論者たちの無力を横柄にもあざ笑っておきながら、かれらの反論にあって、まさか自身の確信に動揺でもきたしたのか？」と読者は考える。「まさかかれが、事実や巧妙な論法を対置されて負けを感じたのか？」おお、わたしが自分自身に対して感じる恥が、そこに原因があるのだったら！　学問上の根拠によって負けることは、もちろん、自負心にとって不快なはずだし、とくに、敗者の人格に侮辱が重ねられるのは、不快このうえない。しかし、この場合、その情けないというのは些細な感情で、俗っぽく、世間の前に自分の恥をさらすまでもなかった。わたしの恥ずかしさはそれとは別種で、どんなにつらくても、広く知られるのを恐れるものではない。

わたしが勝つという無謀な予想を恥じるのは、反対論者たちの反論のせいではない。反対論者がどんなに多かろうとかまわない。反論が分量、数ともどんなに膨大だろうとかまわない。反対論者のなかには、別の機会にわたしが高く評価をしたことのある人がいたり、別の問題でわたしを非難し、苦い思いをさせた人が何人かいても、まったくかまわない。それらの人によってわたしは動揺しない。そもそもの初めからわたしは、共同体的所有の問題にかんしては大多数のロシアの学者や思想家たち、そして、わたし自身が属する党派はもとより、わたしがほかのどの党派よりも重んじている文壇の諸党派も、わたしに反対だろうと言っていた。わたしが予見し、予言した事実は、わたしを当惑させることにはならなかった[4]。反対にわたしが驚いたのは、世評でもわたし自身から見てももっとも権威のあるわが国の一部の政論家たちのなかに、わたしが擁護している立場への敵意に出会わなかったことである。わたしにとって喜ばしく予想外だったのは、これらの人たちが、わたしが擁護する見解を攻撃せず、それに好意を示しさえしたことである[5]（＊）。反対論者の数の多さにはわたしは驚かなかった。その数は思ったよりもそれほど多くはなかった。驚いたのは、かれらのなかに、対立したらたしかに厄介になりそうな学者は一人もいなかったことである。共同体的所有に反対する著述家たちの数の多さがわたしにとって大したことではなかったとすれば、かれらの提起した論拠がわたしの確信を揺さぶることもさらに少なかった。論争のはじめにわたしは、共同体的所有に反対するありふれた資料や、わたしとの対立が予想された人たちの思想を導いている書物をあげておいた。わたしが予想したのは、わたしに反対する他人の言葉のくりかえしであった。それらは、わたしだけでなく、とっくにだれもが知っており、わたしではなく、とっくにヨーロッパの著述家たちによって論駁ずみのことである。――これらの予想は、わたしのどんな想定をも超えてさえいた。共同体的所有へのロシアの反対論者には、新しい、あるいは独自の見解は何ひとつ見られなかった。かれらの意見はすべて、そっくり古くさい書物からの借りものであり、個々の問題に当てはまらないどころか、大部分がまったく関係がなかった。かれらの見解が拠ってたつ数少ない事実のなかにも、問題に直接当てはまるものはほとんどなかった。かかわりがあるとしても、あまりにもいい加減に拾い集められたものなので、それらは本質において共同体的所有を反証ではなく、むしろ論証している。一言でいえば、反対論者の論拠はあまりにも陳腐だったので、わたしは昨年の『同時代人』十一月号にヴェルナツキー氏への最新の反論[6]をのせた後に発表された共同体的所有反対の論文は、ほとんどどれ一つとして最後まで読みとおす興味が正直わかなかったほどである。わたしはどの反論も最初のページからすぐ、とうに何百冊ものつまらないフランスの政治経済学の本のなかで、思考力のある人間をとっくにうんざりさせてきたことの退屈なくりかえしを読むのは無駄だと気づいた。自分にたいする悪態を読む楽しさは、——古びた、かつ不遜な偏見を揺さぶることの好きな著述家にとっては、これ以上のものはないが、この楽しさといえども、古い経済学派[7]の一般論が精彩なくむしかえされる退屈さには勝てなかった。さていま、共同体的所有にかんする論文にまたとりかかると決めたからには、わたしはこれらの反論を読むことにした。——そして、それら反論がまったく通読するに値しないと予想したのは誤りではなかったことを、わたしは確信した。

（＊） わたしが指しているのはスラヴ主義者たちのことではない。かれらは多くの点で尊敬できるものの、かれら自身が言っているし、わたし自身感じているように、わたしは彼らの共感には値しない。

したがって、共同体的所有の擁護を語りはじめたさい、わたしが誤解していたことを認めさせたのは、反対論者たちによるものではない。それどころか、まさにこの擁護が好評をえたという点では、わたしの論戦がただならぬ成功をおさめたとみなすことができる。共同体的所有の反対論者たちが導く論証の弱点はひじょうに大きいので、わたしの側からいっさい論破しなくても、はじめは共同体的所有に断固反対していた雑誌がつぎつぎと共同体的土地所有の原理にますます大きく歩みよってきた。いまではもはや疑いもなく、言論界の大多数が、少なくとも最近では、これまで社会の財産あるいは所有であった土地の区画を私有財産の侵入から守ることが必要であると認めている。そのあらゆる形態における社会的土地所有への当初の、徹底した、激しい排撃の後のこうした譲歩は、なんらかの自信をわたしにもたらしえたに違いない。(8) しかし、わたしはきまりが悪い。

わたしの恥の原因を明かすのは難しいが、極力それをやってみよう。

共同体的所有維持の問題がわたしにとってどれほど重要であっても、それでもそれは関連する問題の一側面でしかない。この原理が、それに関係する人びとの福祉の高度の保証として意味をもつのは、その原理が自由に機能するのに必要な、福祉のもっとも基礎的なほかの保証がすでに与えられているときだけである。そのような保証とみなされるべきは、二つの条件である。第一は、共同体的所有に参加する当の個人自身への地代の帰属である。だが、これだけでは足りない。なお、つぎのことも指摘しておかねばならない。地代がまさしくその名に値するのは、それを受けとる個人が、その受けとり自体から生じる信用債務を負わされないときだけである。それとは反対の条件下で地代の利益がわずかとなることの実例を、わが国ではしばしば、借金を負った貴族領地に見かける。相続人が、なんらかの親戚の死後に手にはいる広大な面積の土地の受領を拒む事例がときどきある。というのも、土地にかかわる債務は、地代にだけでなく、領地全体からの収入総額にも、ほぼ相当するからである。相続人は、債務の支払いをして残る余剰が、土地所有と経営にともなう苦労やその他厄介なことに値しない、と見積もる。だから、ある人が不運にも債務のいっさいない正味の地代を受けとれそうにないときに、それでもかれが所有するほうが自身に有利とみなすとすれば、少なくともこの債務返済が地代に比してあまり多額ではないことが前提となる。この第二の条件が守られてこそ、かれの福祉に関心をもつ人びとは、地代を受けとることをかれに期待することができる。

わたしが熱心に共同体的所有を福祉の保証の不可欠な完遂と主張したその基礎には、前提としてこれら二つの条件があった。

わたしは、比喩を使うのが好きだと非難される。わたしは、直接的なことばのほうが実際にどんな譬え話をするよりもよいことには異論はない。でも、自分の天性には、そしてもっと重要なことに、状況の特性には、逆らうことはできない。だから、わたしは自分の好きなやり方で説明をつづける。わたしが、食料を保管することに関心をもち、その貯えからあなた方に食事をつくると仮定しよう。わたしがそれを作ったのは、本来あなた方への好意からであるとすれば、わたしのその熱意は、食料があなた方のものであり、また、それで作られた食事が、あなた方にとって健康によく、有益であるとの前提にもとづいていることは、言うまでもない。その食料がまったくあなた方のものではなく、それで調理された食事にたいしいちいちあなた方から代金がとられ、食事そのものがその代金に値しないだけでなく、あなた方が極度の窮迫なしにはまったく支払えないと知ったときの、わたしの気持ちを想像してみるがよい。こうしたとても奇妙な発見にさいして、わたしの頭にどんな考えが浮かんでくるか？「人間は自尊心がある」、わたしに生じる第一の考えは、わたし自身にかんすることである。「わたしはなんと愚かだったか。それが有効であるための条件が保証されていない問題についてあくせくしていたとは！愚か者でなくてだれが、ある人たちが所有権を手に入れ、しかも有利な条件で得られることをあらかじめ確かめないで、それらの人たちのもとで所有権が維持されることに奔走できようか？」わたしの第二の考えは、あなた方について、わたしの気がかりなことについて、それから、わたしがその状況の一側面にとても関心をもった事柄についてである。「わたしの愛する人間に害悪しかもたらさないこの食料などすべて消え失せてしまうがいい！　あなた方に零落しかもたらさない事柄など、むしろすべて消え失せてしまうがいい！」あなた方にたいしての悔しさ、わが愚かさへの恥ずかしさ。──これがわたしの気持ちである(9)。

しかし、自分の気持ちやら自分自身の特性について語るのはもうたくさんだ。とにかく、わたしが始めた共同体的所有の問題はばかげたかたちで進行していった[10]。すべての人がこの問題を、わたしが始めたときの期待がこわれて、いまそれがわたしに抱かせている嫌悪と憤慨の感情をもって眺めているわけではない。いまでは、すでに言ったことだが、この問題がいっさい消え失せてしまってほしいと、わたしはおそらく思っていた。反対にほかの人びとは、共同体的所有にかんする論争のはじめにわたしが述べたような意見にますます傾いてきて、それに結着をつけるよう急き立てる。この問題はもはや放りだすことはできない。放りだしてしまったほうがよい問題でも、放りだせないとしたら、いたしかたない。問題の処理にかかわるほかない。

辛辣な挑戦的語調でわたしは、共同体的所有の論争を始めた。この叫びの目的はただ一つ、その対象に注意を向けさせることであった。いまでは一般の注意がこの話の対象に向けられているので、話を終わりまでよく聴いてもらうためには、話は静かな語り口の域を超える必要はない。

しかしである。――わたしが共同体的所有の問題にかんして放棄している論争的な語調に、最後の譲歩をさせていただく。わたしは、論争なしに済ますこともできるけれど。――この武器を、誤りの指摘というよりむしろ、知らなかったり忘れていたりしての空白を埋めることが必要なときに、わたしの方から使うのは不誠実といえよう。加減乗除の初歩を知らない、あるいは二足す二の結果について考えずにいたというだけであなた方と合わないような人にたいし、論争をしかけていいものなのか？　そういう人とはげしい語調で話すことは、かれにとって無益でもあり、あなた方にとって恥ずべきことでもある。かれに必要なのは、「学習の初歩」からの授業である。――かれの能力にも分かるように、かつ、かれの思考力がはたらくように、やさしく教えてくれる授業である。
共同体的所有の反対論者たちが現代の学問にどの程度通じているか、主体的思考にどれほど習熟しているか明らかなだけに、さまざまな種類の土地財産の所有と土地の利用の問題にかかわる初歩的概念を以下に述べるにさいし、わたしは極力分かりやすくするようつとめる。だから、読者はページの大部分がごく基本的な事実や考察の叙述に充てられていても、わたしを許してくれるであろう。わたしはこの論文を書くにあたり、大半の一般読者層に想定される知識と理解力のレベルではなく、共同体的所有の反対論者たちに見られるそれを念頭においた。

共同体の問題が、農村関係の変革にかんする事業の始まりとともに実際上の重要性をもつ以前には、ロシアの共同体は、ロシアの国民性の排外的な崇拝者たちにとって神秘的な誇りの対象をなしていた。かれらは、わが共同体的制度に類似のものはほかの国民にはなく、こうしてそれはロシアないしスラヴ民族の生来の特質とみなされるべきだと思いこんでいる。たとえば、ほかのヨーロッパ人より頬骨が広いとか、男性をさす言葉は「ムーシ（男）」であって、mensch でも、homo あるいは l'homme でもないとか、また言葉は七格あって、ラテン語のように六格でも、ギリシア語のように五格でもないというのと、まったく同じように。やっと、学問のある、偏見のない人たちが[11]、わが国にあるようなかたちでの共同体的土地所有制度が、家父長制的生活様式に近い関係からいまだ脱していないほかの多くの国民において存在しており、そしてまた、ほかのあらゆる国民においても、かれらがこの生活様式に近かったときには存在していたことを示した。共同体的土地所有はドイツ人にも、フランス人にも、イギリス人の祖先にも、イタリア人の祖先にも、つまりヨーロッパの国民すべてにあったことが明らかになった。しか

し、のちに歴史の推移とともにしだいに慣習から脱して、私的土地所有に変わっていった。このことから の結論は明白である。われわれは共同体的所有をわが国民性の生来の固有の特質とみなすべきではなく、それぞれの国民の生活における一定の時期の人類共通の属性とみなさなければならない。それがどんなものであれ、古いものを総じてだれも自慢すべきではないのと同様に、われわれは原初的古代のこの遺制の保有を自慢すべきではない。なぜなら、古いものの保有は、歴史発展の遅さと沈滞の証明でしかないからである。ほかの国民にあっては、この意味ですでに消滅してしまっている土地所有関係における共同体の保有は、われわれがこれらの国民よりはるかに少ししか生活してこなかったことの証拠にすぎない。したがって、それはほかの国民にたいしなんの自慢にもならない。

こういう見解はまったく正しい。しかし、わが国や外国の古くさい学派の経済学者たちは、このことからつぎのような結論を引きだそうと思いついた。「私的土地所有は、社会的関係の史的発展のなかでそれを前に破綻が明らかになった共同体的所有にとって代わった、最新の形態である。だから、われわれは、もしも発展の道に沿って前に進むことを欲するならば、ほかの国民と同じように、それを見捨てなければならない」。

この推論は、共同体的所有排撃のもっとも根本的かつ共通の論拠の一つとなっている。共同体的所有の反対論者で、ほかのすべての人たちといっしょになってこうくりかえさなかった者は、おそらくだれ一人としていないだろう。「共同体的所有は土地所有関係の原初的形態である。私的土地所有は第二期の形態である。低い形態より高いそれを選ばないことがありえようか？」ここに、われわれには奇妙に思えることが一つある。共同体的所有の反対論者のうち多くが新しいドイツ哲学の信奉者である。あるものはシェリング主義者であることを自慢し、ほかはヘーゲル学派にこりかたまっている。さて、そのかれらについてわれわれが理解に苦しむのは、かれらがどうして、共同体的所有の原初性に拠りかかりながら、まさしくその所有のもつ別の側面を提起していることには気づいていなかったかという点である。それは、全世界的な発展過程における形式の継承性にかんするドイツ哲学の発見を知っているものすべてを共同体的所有の味方に、ことのほか強力に引きこむはずの側面である。共同体的所有に反対して、かれらが打ちだした論拠は、逆に、かれらが擁護する私的土地所有よりも共同体的所有をよしとする見解の正しさを立証するはずであることに、かれらはどうして気づかなかったのか。

われわれは、一定の形態として認められる原初性がどんな結果を導くことになるか、十分に時間をかけて検討してみよう。すでに述べたように、妙な察しの悪さから、まさにこの原初性なるものが、わが反対論者たちのもっともお気に入りで根本的な論拠の一つになってきたからである。

われわれはヘーゲルの信奉者でも、ましてシェリングの信奉者でもない。しかしわれわれは、これら両者の体系が、発展過程がたどる一般的形態の発見によって学問に大きく寄与したことは認めざるをえない。これらの発見の基本的な結論は、つぎの公理によって言い表わされる。「形態にかんして、発展の最高段階は、それが始まる最初のものに相似する」。この思想は、シェリング体系の根本的本質を内包している。それがヘーゲルによってより正確に、より精細に解明される。かれにあっては、全体系は、もっとも一般的な状態から、存在のそれぞれ個別の領域のもっとも小さな細部にいたるまで、宇宙的生命のあらゆる現象をつうじてこの基本的原理を実現することにある。ドイツ哲学をよく知る読者たちにとって、つぎのようなわれわれのこの法則の解明は、なんら新しいものを提示するわけではない。共同体的所有の形態の原初性に強く拠りかかりながら、自分たちが自らに反対の刃を向けていることに気づいていないない人びとがいる。われわれの解明はもっぱら、こうした人びとの一貫性の欠如を明るみに出すことに役立つであろう。

発展の最高段階は、形態についていえば、その原初と相似している。――これは生命のあらゆる領域に見られる。わが地球上の存在過程のもっとも一般的な形態からはじめよう。物体の気体的および液体的状態――これが、わが地球と地球上の生命の生成が進みはじめた出発点である。気体の凝縮と液体の鉱物質への凝固が先にすすむ大きな一歩であった。この方向での地球進化は、貴金属や宝石において完成に達した。金やプラチナの太古からの非破壊性やきわめて高い密度、ルビーやダイヤモンドのさらなる非破壊性や恐るべき硬度を、気体や液体の不安定な形態、急速な化学変化の過程にくらべると、二つの対極が見られる。けれども、それからどうなる？　自然の生命は、鉱物界において極度の硬さ、密度、不動性に達することで衰退しただろうか？　否、少しずつ鉱物界に植物界が生じてくる。自然はすぐに鉱物の恐るべき密度から液体のより低い密度へと戻ってくる。樹木の比重は、さまざまな液体の比重の中間をなしている。比重での相似だけでは不十分である。樹木の鉱物的基礎（その分解による灰の残滓によって明らかになる）は、自己結合して液体的状態にあるひじょうに大量の物質となる。すべての樹木は液体的な樹液に満たされ、まさにそれがその生命の原動力である。しかし、鉱物界の不動性からは、樹木においては、有機体全体がひとたび占める位置の不動性と、そして、ひとたび相互に受けいれた部分配置の不変性がのこる。樹木の外的形態もまた堅固であって、その形態はボリュームが時とともに徐々に拡大していくだけであるが、そのこと以外では、たえず同一の外形を保っている。自然は新たな発展段階にはいり、植物界のつぎに動物界を生みだす。この歩みによって自然は、さらに鉱物界に先行する存在形態に近づく。動物の有機体では液体的要素が、植物よりもはるかに大きな場所を占めている。これらの要素は、血管、心臓、胃、その他動物の有機体の臓器に大量にまとまって、固体部分からの分離を遂げてさえいる。植物では前面に出ていた固体的な骨格は、動物では肉や血管に柔らかく覆われて内部に退いている。それは外面としての意味を失って、芯まですっかり硬かった樹木のなかにもっていたような中心的な重要性をなくしている。動物においては、有機体にとっての意味からいって最重要な中心部分は、骨格の外面の覆いと同じように硬くはない。硬い骨格は、柔らかい部分にとっての支えをしているだけである。液体が、中心的器官から鉱物的硬さをとり除いたばかりではない。これらの器官には気体がはいりこみ、動物の有機体は、生命中枢の二つの基本的器官、肺と胃に大量に集中する空気で満たされている。鉱物界から外的形態の定常性は、植物において維持された。動物において外形はつねに、身体のさまざまな状態の不断の交替によって変化する。有機体全体の不動性も、同じ位置に留まってはいなかった。水の粒子が重力の法則に従って、また大気の波動によってその位置を変え、永久に移動するように、動物の有機体も位置を変え、永久に移動する。動物の生命はますますより集約的なものになっていく。それは、ほとんど場所を離れないものぐさな軟体動物から、生物の高度な形態をへて哺乳類にいたり、人間においてその頂点に達する。この最高の動物有機体と最下等のそれとを区別する物質的特徴は何にあるか？　人間においては神経組織、とくに頭脳がはるかに大きく発達している。その発達が自然の志向の極致をなすという物質とは、いったい何なのか？　脳の塊りは、その形状の点では、なにか不確定なものであり、その形態と内部構成からいって、かくも確定的な質をもつ筋肉から、なにか無機物から有機物へ転化しはじめたかのような半液状のゼリーへの移行を見せている。この無定形のゼリーは一定の外形を保っているが、それは外側の骨の囲いに支えられているからにすぎない。それを外されると、液状の泥の塊りのようになって拡散してしまう。その化学的組成のなかでもっとも特徴的な元素はリンであり、リンは気体状態へ移行する抑えがたい性向をもっている。動物生命の極致、自然一般の過程により達せられる最高段階、神経過程は、脳の物質が気体状態に移行すること、惑星の発展のはじまりである気体的形態の優位へ生命が回帰することにある。

法律や社会の問題にかんする論文でのこの地質学＝生理学的な考察を笑う読者もいるだろう。われわれ自身、なにか、一見まったくの実際的な、そしてごく特殊な問題にたいするあれやこれやの意見が、普遍的な哲学上の見解にいかに多く依拠しているか知らなかったならば、政治経済上の真実を裏づけるのに地球生命の概観をもちだすなんて笑いものにしたに違いない。この場合、共同体的所有に反対する論文を読むと、土地所有関係のこの形態への反感が、この問題にとくに関連する事実あるいは見解というよりは、むしろ生命にかんする普遍的な哲学上および道徳上の見地から来ていることが分かる。われわれわれが関心をいだく個別の問題についての偏見を一掃するには、時代遅れの哲学的格言、あるいはこれらの偏見を支えている哲学上および道徳上の見落としに対置して正常な考え方を述べること以外にないと、われわれは考える。それゆえに、もともと専門領域に限定されなければならないような論文におけるこうしたエピソードがいかに滑稽と思われようと、種々の生命形態のあいだの関係の哲学的＝生理学的概観をつづけることにする。こうしたエピソードがほんとうに滑稽だとしても、それらが役に立たないわけではないと考えると、われわれには慰めになる。

フンボルトの『コスモス』[12]に述べられた一般的真理について考えたくなかった人でも、当然ながら、事がなんらかの特殊な問題に及んだときには、それらについて語らざるをえまい。

一般的な地球上の過程から、より限られた領域における諸形態の相互関係に移って、まずはじめに、たとえば、そのさまざまな発展段階における動物生命の性質に目を向けてみよう。すでに見てきたように、この生命最高の産物、脳の塊りはその性質からして、動物界の支配的な要素をなす肉一般が特徴としている形態や性質がほとんどない、なにかゼリーのようなものを思わせる。軟体動物やナメクジに見られる動物生命のもっとも低い段階は、そのまったく同じ性質をもっている。カキの体はそのゼリー状の性質の点で、肉よりはむしろ脳に似ている。したがって、われわれはまた三つの形態を見ることになる。それらのうち最高のもの（脳）は、あたかも第二の形態（肉）から原初の形態（ゼリー状の物質）への回帰のように思われる。

生命のさらに限られた領域、すなわち、ラマルクによる三つの広い分類（綱）のうち、高等な二つanimalia articulata（分節動物）とanimalia intelligentia（知的動物）をとりあげてみる。動物界における集約性の最初の徴候が分節動物の発生として現われるその瞬間から、有機体が分節された個別の部分がそれぞれ、有機体全体の共通の生命とは別に、個別の生命をもつかのようにわれわれには見える。これらの下等動物のなかには、いくつかの部分に分けることができ、それぞれの部分がほかの部分から分かれ、われ関せずと生きているようなものがある。われわれが形態の段階を上に登っていけばいくほど、有機体全体の共通の生命は、個別の分節の生命にたいしますます優勢になる。そしてついに魚の部類になると、有機体全体の共通の生命の優位は絶大になり、個別の分節はすべてなくなり、有機体全体が、くびれや突起もいっさいなしの、凝結した一個体にまとまる。けれども、さらに上に登ると、鳥や哺乳動物の部類では、有機体の以前の形態の再現が見られ、そこでは外形上さまざまなくびれや突起が基幹に向けて接合されている。とはいえ、鳥や哺乳動物が外見上、魚の凝結した一個体から昆虫の分節形態への回帰であるとしても、内的生命、感覚と志向の生命は、魚においてと同様に、鳥や哺乳動物に残っているし、すべてが、個別の器官に固有の志向がもつ独自の目的を抑えながら、一つのまとまった有機体的感覚のなかに集中している。視覚、聴覚、嗅覚は、哺乳動物にとって、食べ物をさがし出し、有機体全体にとって好都合かつ健康な物や場所と、不健康かつ不都合なそれとを区別するための、また危険を避けるための手段として役立つという意味をもつにすぎない。味覚でさえもほとんど、有機体全体にとって健康にいいかどうかに応じて、さまざまな栄養食材を選別することだけに役立っているにすぎない。もちろん、猫は粗末な牛肉と鶏肉の味の違いを感じとるはずである。しかし、二種の肉片を猫に不意に与えてみよう。猫はどちらかを選ばずに、大きいほう、あるいは早く鼻先に落ちたほうから食べはじめる。触覚さえも動物にとって、有機体全体の生命の共通の要求とは別の満足の源泉として役立っているのは、ごくわずかにすぎない。性的本能さえも、知覚の独自の源泉として動物に具わっているのではなく、本能の働きは、小体が過剰に蓄積されると有機体全体の生命における共通の秩序を乱すようになり、そうした小体から有機体を解放する手段として役立っているにすぎない。動物のあらゆる知覚とそのあらゆる志向は、有機体全体の共通の要求と感覚の変形、まさに胃の働きや健康か病気かの感覚の変形にすぎないと言うことができる。人間の生命は、けっしてそのようなものではない。人間の感覚はそれぞれ、その人にとって独自の関心につながっている。眼、耳、その他の感覚器官のどれもが、人間のなかで、固有の生命、独自の要求と満足をもった、なにか自立的な有機体であるかのようになっている。人間は、哺乳動物としての外形の点においてだけでなく、その生命の本質自体の点においても、いくつかの独自の有機生命体の接合した集合のような形をとり、有機体全体の共通の生命は、あたかもこれら個別の生命の発展の共通の支えとなっているからからこそ、その意味がある。人間が高度に発達すればするほど、文明化すればするほど、つまりその生活が人間的になればなるほど、自らの力の独自の発達と自らの活動による享楽をめざす器官それぞれのこれら個別の志向が、ますます重きをなしてくる。視覚、聴覚、その他の肉体的感覚によって得られる知覚、さまざまな精神的知覚、空想の遊び、思考の働きは、個体そのものにとっての共通の有機的過程の魅力をますます決定的におおい隠し、結局、この過程（栄養をとること）は、個別の味覚器官の満足によってその人に与えられる関心を保持しているだけであり、それは、独自の意義の代わりに、個別の食道楽的関心を満足させるための手段であるにすぎなくなり、あるいは、個体にとってのいっさいの魅力を失うことになる。文明化した人間は、もし正常に育っていれば、ソクラテス流に「わたしは心と頭で生きるためだけに食べる」と言い、育ちが悪ければ「わたしは、自分の舌と顎を楽しませるために食べる」と言う。しかし、文明化した人間は、食べることがそれ自体として、個別の食道楽的な満足がなしに、ひじょうに魅力的な過程であるとは、けっして感じない。

このように、動物界そのものの進化の最後に、文明化した人間の生命において、動物の生命がその集約性のそもそもの初めにもっていたような形態への回帰のごときものが見られる。人間の文明化した生命においては、分節動物の生存におけるように、身体の全体としての生命は決定的に、それぞれ個別の器官の独自的な機能にくらべて後景に退いている。

われわれは、物質的生命のすべての領域を、地球上の全体的現象からはじまって、ますます狭い領域に移り、集約化した動物の生命にいたるまでを見渡してきた。そして、いたるところで、発展が同一の法則——発展の最高段階は、形態の上では発展の原初に回帰するという法則に、つねに忠実であることを見てきた。自明のことながら、形態が似ていても、内容は終盤では原初よりも限りなく豊かで高度であるが、そのことは後で述べる。

地球の状態から脳の働きにいたるまでの物質的発展についてのわれわれの概観は、あまりにも長すぎたかもしれない。しかしわれわれは、自然が法則にあくまで忠実であることを、数々の詳細によって示したかった。われわれの反対論者たちは、ある社会制度の形態が原初的である点を非難して、それで浅はかにも勝ったとでも思っているが、この法則にかんする論争はかれらに不利になった。われわれは、生命のあらゆる現われにおいて、ここに述べた法則が普遍的に支配していることを示したい。そして、この見地からの物質的現象の観察を終え、地球上の発展のもう一つの壮大な部分をなしている精神的＝社会的生活の同様の概観に移ることにする。

われわれの概観は、ここで述べている一般法則がその過程で再現される精神的＝社会的発展のそれぞれの分野について言及しようとすれば、何巻にもおよぶことになろう。生活のどの側面をとっても、われわれはいたるところに、新しいドイツ哲学が見いだした一般的規範の支配を見かける。適当にいくつか例をあげて、この規範の一般的支配を疑おうとする人たちには、規範がその発展に跡をとどめていない事実を一つでも示してほしいものだ。

知的および社会的生活の一般的手段である言語からはじめてみよう。言語学によると、すべての言語はふつう中国語に代表される状態からはじまる。そこには、格変化も活用変化も、総じて語の文法的変化（語形変化）はまったくない。どの語も、いつでも同じ形である。中国人は、われわれの「ヤ・イドゥ・ダモイ」（わたしは家に帰るところだ）と違って、「ヤ・イッチー・ドーム」という。しかし、言語は発展しはじめ、語形変化をみせる。変化の数はたえず増加し、語の内部構造全体は、セム語族のように柔軟なものになり、タタール語のように接尾辞が驚くほどたくさんになる。タタール語では、動詞は七または八つの話法があり、数十の時制、数十の副動詞をもっている、等々。われわれの語族では、この時期の頂点にサンスクリット語がある。しかし、さらに発展してラテン語またはは古代スラヴ語になると、サンスクリット語にくらべ語形変化はもはやはるかに少なくなる。言語がさらに生きつづけ、それを話す民族がより高度にますます発展すればするほど、言語は以前の豊かな語形変化を落としていく。現代のスラヴ語は、古代スラヴ語よりも語形変化に乏しい。イタリア語、フランス語、スペイン語、その他のロマンス諸語では、語形変化はラテン語よりも少なく、ドイツ語、デンマーク語、スウェーデン語、オランダ語でも、古代ドイツ語よりも少ない。最後に、語形変化の点でほかのヨーロッパすべての言語がめざす目標となっている英語は、いっさいの語形変化をすでにほぼ完全に捨ててしまっている。イギリス人は中国人と同じように、もはや文字どおり「ヤ・イッチー・ドーム」と話す。初めに格はなく、発展の終わりにも格はない。初めに名詞、形容詞、動詞のあいだに語尾の相異はなく、発展の終わりにも相異がない。(like――1.〔形容詞で〕同様な、2.〔動詞で〕適する、love――1.〔動詞で〕愛する、2.〔名詞で〕愛)。

言語の文法上の構造では、終わりは初めに似ている。日常生活や知的生活の形式すべてにおいてもまったく同じであり、その生活が存在するための共通の条件をなしているのが言語である。なによりまず、日常生活の外的特徴を見てみよう。そして第一に、言語が、たんなる条件としてのみならず、素材としても機能するもの――すなわち人びとのあいだの呼びかけに関する表現方法を見てみよう。

文明の外では、人はすべてほかの人びとと無差別に同じ代名詞で話す。わが国の百姓は、自分の兄弟も地主もツァーリも、同じように「トゥイ(おまえ)」と呼ぶ。洗練されはじめると、われわれは、人びとを「トゥイ」と「ヴィ(あなた)」に分ける。文明の粗野な形態のときには「ヴィ」は、話す相手への高価な贈り物にようにわれわれには思えるし、そんな敬語はめったに使わない。しかし、教養の度合が少し高まると、「ヴィ」の範囲が広がって、ついには、フランス人は、木靴をぬぎすてさえいれば、もはやほとんどだれにも「トゥイ」とは言わない。けれども、フランス人には、使いたければ「トゥイ」の語で図々しい奴とか敵をやっつけることはまだできる。イギリス人はこの可能性さえなくした。会話のさいの生きた言葉から、「トゥイ」の語は完全に消えた。この語が出てくるのは、ロシア語で「ポネージェ（なんとなれば）」、「オチェサー（目）」といった〔古い〕語が使われるような場合だけである。英語では「トゥイ」にあたる語は、わが国では「エートト（この）」にかわるネストル年代記風の「オン-シツァ」と同じで、忘れ去られている。イギリス人には召使だけでなく、犬でも猫でも、「ヴイ（＝ユー）」以外には呼びようがない。このように、だれとでも差別なく会話をする関係にはじまり、尊敬の度合いによる序列の区別がつづいた（この発展の中間段階の頂点に達したドイツ人の場合、全部で四つの尊敬の序列を設けるまでになった。[13]（1）Du——これは、下層民にたいし、（2）Er——これは、スーズダリ系の末裔の表現によれば中間層にたいし、（3）Ihr——これは、中間層と貴族のあいだに位する人びとにたいし、（4）Sie——大ロシア、スーズダリ公国および東プロイセン系貴族の末裔にたいし）。そして結局また、すべての人に区別なく呼びかけることになった。

衣服においても同じである。家父長制の民族では、族長は、その種族の遊牧民の最下層のものとまったく同じ頭巾つきマント《バーヌース》をまとっており、スーズダリ系の大ロシアの末裔の祖先は、当時中間層だけではなく賤民も着ていた昔ながらの立襟つき上衣《ルバシカ》を身につけていた。われわれが文明の域にはいると、スーズダリ系の貴族は、下層民は着ないフロックコートを身につけた。すると中間層の人びとも同じようなフロックコートを着はじめ、驚いたことに、これまで大ロシア系の末裔の目印になったコートを、もはやだれもが例外なく身につけるようになった。下層民さえ多くの人が外套をまとうようになった。われわれは、もうすぐこんな日が来ることを、悲しい思いで予知している。大ロシア系の末裔たちが家では、ペテルブルグの職人たちとまったく同じ仕事着を着て、人はみな例外なく、最下層の人さえ、大ロシア系の末裔と同じような仕立てのコートをまとって街を歩いているような。

二人称の人称代名詞や衣服とともに、あらゆる身のふるまい方も、三つの発展段階を経る。文明化されていない無学な人間は、話し方は素朴で、ふるまいはすべて自然であり、型どおりの身振りやわざとらしい言い回しを知らない。しかし、学校や世俗の教えに染まると、素朴な人間にはできないようなふるまいや話し方をしはじめる。少しずつ発展して、この技巧は、さまざまなペダント、学術界や社交界のペダント、モリエールが描いたprécieuses（才女気取り）、ゴーゴリの「万事に人当たりのよい」奥様や田舎の伊達男において、燦然と花ひらくことになる。しかし、真に学問のある人間、真に社交的な教育を受けた人間は、仲間うちでの気さくな人のように、素朴に、うちとけて話をし、歩き、あいさつをし、立ち居ふるまいをする。

呼びかけのこうしたの特徴と同様に、すべての社会制度も、階級やその他さまざまな、あらゆる種類の特権による序列化から、無数の名称に細分されていた単一の構成に回帰しようとしていることを述べる必要があろうか？　われわれにはこのことをこまごま述べる必要はない。この概略をわれわれに書かせたのは、みながみな経済学に通じていると自負する人たちの首尾一貫性のなさであった。かれらは、どんな経済学の書物にも、J＝B・セーやミシェル・シュヴァリエのなかにさえ、一般的法則からの派生要素にかんして、いま社会が向かっている目標の、このうえなく詳しく、このうえなく明快な説明を見いだすだろう。

社会生活と社会構成の一般的性格から社会有機体の特殊的機能の分析に移ると、どこにでも同じ発展の道筋を見ることになる。例を、たとえば行政にとろう。はじめに小さい種族を見ると、そのおのおのが完全に自主的に統治されており、ほかの同種の種族と盟約を結ぶのは、たとえば抗争など他民族との関係で共同行動が必要になる数少ない場合や、たとえばバベルの塔やキュクロプスの城壁のような巨大な建築といった個々の種族の資金力をこえる事業のためだけである。種族の各成員は、たんに法律上の拘束だけでなく、知己、縁者、隣人共通の利益といった生活上の個人的な利害関係からもほかの成員と結びついている。各成員は、自分が属する社会グループにかかわるすべての事柄に個人的に、かつ積極的に参加する。学問的には、こうした状況を自治とか連合と呼んでいる。小さな種族は、少しずつ合流を重ね、それゆえに、ついには行政的な意味で巨大な国家のなかに消えていく。こうして出現したのが、たとえばフランスであり、オーストリアであり、プロイセン、等々である。この発展段階における社会の行政的性格は——原初的な種族の生活様式とは完全に対照的な官僚体制である。行政区域は、中枢部からは独立した住民自身のうちにある利害を、ますます考慮することなく分割される。プロイセンでも、オーストリアでも、わが国の郡にあたる区域は、それらのあいだに生きた連係をもたず、構成区域間に生きた連係が保たれたのは、州のより広い区分においてだけである。しかし、これは通則からの例外であり、フランスが以前の州に代わって、有機的統一を欠いた県への分割によって成功したような改革は、可能になりしだいおこなわれる。行政区域の成員は、その歴史から見ても、その物質的な利害関係から見ても、相互の生きた連係をもたず、それとともに、区域の運営における以前のような全権を失っている。すべてを管理するのは、役人や警官と呼ばれる特別な人たちであり、その出身と個人的関係からいって、区域の住民との連係をもたず、中央権力の判断だけで区域をあちこち移動し、この権力の命令で行動し、権力にたいしてだけ報告を義務づけられた人たちである。区域の住民は、行政との関係では、まったく受け身の人間、materia gubernannda［統治されるもの］である。社会がこの段階にとどまりえないことは言うまでもない。スイスや北アメリカ合衆国は、行政上の形態では、官僚制的秩序から、広大な国家が出現する以前に人びとがもっていたような原初的な生活様式への完全な回帰のようである。

　政治制度には触れないが、その歴史もまた、われわれが論証する、発展の規範が普遍的に支配していることの明白な証拠ともなりうる（＊）。われわれは、例として、なお二つの社会制度だけを引いておこう。

（＊）　穏和主義者たちは、かれらが尊敬するギゾーに、この視点からの政治制度の一側面にかんするまずまずの概観を見いだすことができよう。『フランス文明史』でかれは、政府権力の増大と衰微の漸次的段階を説明している。

はじめ社会は、裁判官という特別の身分を知らない。原始種族にあっては裁判と懲罰は、種族の自立した全成員によって全体集会（ミール〔農村共同体〕の総会）でおこなわれる。裁判権はしだいに一般人から離れて、特別な身分の特権になる。訴訟手続きの公開性は失われ、そして、われわれに周知の裁判の制度が確立される。――それは、フランスにも、ドイツにもあった。しかし、社会はさらに発展して、判決の言いわたしは、裁判官に代わって陪審員、すなわち、法廷技術になんの学識もない社会の普通の成員にゆだねられ、原初の裁判形式がもどってくる（1．裁くのは社会、2．裁くのは政府権力に任命された法律家、3．裁くのは陪審員、すなわち社会の純然たる代表者）。

裁判と同じく、軍事も原始社会では種族の全成員によって、いっさいの専門化なしに成り立っている。戦力の形式は、どこでも最初は同じである。まず国民軍、戦争がはじまると武器をとり、平時には平和な生業にもどる。特別の軍人階層はない。この階層は少しずつ形成され、勤務の長期化、あるいは徴兵による雇用により、極度に独立的なものになる。われわれの記憶には、わが国に兵士が生涯をつうじて兵士となり、これらの兵士以外はだれも軍隊の職務のことは知らず、戦争に参加しなかった時代があった。しかし、やがて勤務の期間が短くなりはじめて、無期限免除の制度が広がる。ついには（プロイセンでは）、かならず公民はすべて一定期間（二、三年）兵役につくことになり、兵士たることは、もはや特別の階層ではなく、すべての階層のだれもの人生の一定期間の問題にすぎないようになる。その特殊性は、期間の条件にしか見られない。北アメリカやスイスには、すでにそれさえもない。原始種族におけるのとまったく同じように、平時には軍隊は存在せず、戦時になると全公民が武器をとる。このように、ここでも三段階があり、その最高のものは、形式のうえでは原初のものに完全に回帰したものである。（1）正規軍がなく、戦時は民兵徴集。（2）正規軍があり、特別に軍服を着たもの以外は、だれも召集されず、戦争に参加できない。(3) ふたたび全国民的な民兵が回帰、正規軍は平時に存在しない。戦力の構成からその行動に移ると、発展の同一の規範を目にする。原初の会戦では、個々人が個々人と戦う。会戦は莫大な数の一騎打ちである〔ホメロスに見られる会戦、未開の人びとのすべての会戦〕。しかしやがて、戦う軍隊の構成がどんどん密度を増し、個々人の行動が集団の行動に変わっていく。十七、十八世紀にこの段階は頂点に達する。巨大集団が対峙し、連続砲火を浴びせ、あるいは銃剣をかまえて突撃する。——そこには個々の人間はなく、あるのは大隊、旅団、縦隊だけである。クトゥーゾフ時代のロシア兵士は、個々の敵と射ち合ったのだろうか？　いや、全連隊がもっぱら敵の全連隊を射撃したのである。では、はたしてこれで発展は止まったのか？　いや、シュトゥツェル銃〔ライフル銃の古い型〕が現われ、従来の密集隊形は狙撃兵の散兵線となって分散し、そのおのおのがまた一人ひとりの敵にたいして行動し、戦闘はふたたび無数の一騎打ちのホメロス的形式をとることになる。

われわれはこの例で終わりにしたいところだった。しかし、どうして戦闘などという暗い考察で止められようか？　なにかもっと心地よいものをデザートにさしあげよう。われわれがここに書くのは、普通の読者ではなく、古い学派の経済学者のためである。かれらにとってもっとも関心があるのは外国貿易、かれらの満足のために、われわれはこの貴重なテーマにかかろう。

未開の人びとには関税はなく、保護主義に似たものはなにもない。それぞれが同じ種族の人たちと同じ権利で、外国人と取引し、外国に商品を売りさばき、外国の商品を、同じ種族の領土内で当地の産物を取引するのとまったく同じ程度の自由さで買い取っている。しかしやがて、人びとが文明化し、工場をつくりはじめる。少したつとかれらのところに保護関税制度があらわれる。外国商品は高い関税が課され、自国の産業保護のため禁止される。では、はたして進化はこれで止まるのだろうか？　いや、そうではない。コブデン、ロバート・ピールが現われ、これら実際に注目すべき大物につづいて、バスティアのような、愛すべき小物がでてくる。かれらは、保護関税主義は公正でもないし、有害でもあることを証明する。かれらの影響で関税率は徐々に下がりはじめる。――そして社会は、未発達な原初の時代に味わったような自由な外国貿易の至福に向かって進む[14]。

古い学派の経済学者のお気に入りのテーマについて語りはじめたからには、かれらに誂えむきの話でかれらをもっと喜ばせたいとの思いは抑えられない。かれらは、外国貿易についてよりも、ずっと取引所での売買について語りたがっている。――もしわれわれが、かれらの愛と誇りの対象である取引所も、まさに最高の発展段階にあるあらゆる現象が形式の上ではその原初の始まりにもどる法則に従って出現しているのだといえば、かれらの驚きはいかようだろう。「なんだって？」あなた方は、取引所売買の基本的な形式上の特徴が未開の人びとの売買がもつ特質の反復というのか？」と論敵は問いただすだろう。「そのとおり。あなた方自身の書物に述べられていることの意味を理解する能力があれば、あなた方がこれを驚くこともなかろう」とわれわれは答える。取引所の発生によって現われる売買と、取引所に先だつ時期の売買は、形式上何が違うか？取引所は、ある一定の限られた場所で、ある一定の限られた時間に開かれる。これがバザール〔市場〕とか定期市と同じ特徴のものであることを、あなた方はいままでほんとうに気づかなかったのか？いまではあなた方自身、あなた方を驚かせた三段階の定式をつくることができる。

商業活動のきわめて不活発な種族や国民にあっては、常時それをいたるところで続けるには不十分であり、だから、一定の期間、一定の場所に集中するほうがそのために好都合である。こうして、この活動は定期市やバザールでおこなわれる。しかしやがて商業が発展する。どの町にも毎日の買い手〔消費者〕が現われ、いたるところに毎日一年中開いている大小の商店ができる。他方では、商人がひじょうに多くなり、生産者への引き合いは引きも切らず、生産者は自分にもっとも好都合な時間、場所で自分の生産物をかれらに売ることができる。――なんのために定期市やバザールの日を待つことがあろうか？こうして、パリが商業の面ではコズモデミャンスクとかツァレヴォコクシャイスク〔現在のヨシカル・オラ」に似ていた時代にあった定期市やバザールはなくなった。その先はどうか？　取引所はどのように出現するか？　売り手と買い手がとても多くなり、その一人ひとりがひじょうに多くの取引や照会をするので、もしもそれぞれが個別に必要な相手を見つけねばならないとしたら、それらをうまく処理はできなかろう。そこで必要となるのは、商取引にたずさわるこれらすべての人たちが集まる場所と時間を定めることである。こうして、一定の場所と時間とによる商取引の原初的な規制に回帰する。

われわれがあえてこの事実の経過をいくらか詳しく述べたのは、発展の終わりにおいて原初的形式に回帰する原因と、発展の始まりにその存在が依拠していた原因との、完全な対照が見えるようにするためである。集約性が高度になることで、より弱い段階にあっては原初的形式に敵対的であった状況そのものが、必然の成り行きとして、その形式の回帰へと向かっていく。一定の場所と時間による商業の原初的規制（定期市とバザール）は、商取引の数が少なかった結果である。それらが十分に数多くなると、数の多さが、原初的形式に否定的、破壊的にはたらく。しかし、商取引がたんに「かなり多数」であるところから、「極度に多数」になると、原初的形式が回帰する。質の過剰が、その同じ質がもっと弱い段階で作用していた方法とは対立する方法で、形式にたいし作用するのである。

この定式をもっとはっきりさせるために、その用語を文法上から表現してみよう。最上級は、単純な原級が活用するのとは対立的な方式で語形に作用する。たとえば、多少なりとも公正さ（原級においては、たんに「公正な」）のある人間がもし、罪を犯した人間を罪人、悪事に身をもちくずした人間を悪人とみなし、これら両者をさげすみ、一方は死刑に値し、他方は不幸に見舞われるに値すると考えるとすれば（この公正さは、諺にいう「盗人に苦痛もあたりまえ〔自業自得〕」、また刑法や、さらには「いにしえの」法にいう「友を愛し、敵を憎め」のレベル）、著しく、あるいは完璧に公正な人間は、罪人あるいは悪人にたいして正反対の態度をとる。かれにはそうした人が、軽蔑、嫌悪あるいは憎悪ではなく、共苦と援助にふさわしい、不幸な人間に思える。

「あなたがたも聞いているとおり、「隣人を愛し、敵を憎め」と言われている。しかし、私は言っておく。敵を愛し、迫害する者のために祈りなさい」（マタイによる福音書、第五章四三―四四〔新共同訳〕）。はたしてこれは、いにしえの法の破壊、排斥であろうか？　いや、これはその実行であり、その完遂である。

「私が来たのは律法や預言者を廃止するためだ、と思ってはならない。廃止するためではなく、完成するためである」（同章一七〔同〕）。

たしかに、これは、愛と優しさの戒めであるばかりか、――これは完全な公正さの戒めでもある。最高の公正さは罪人を見いださない、それが悪人のなかに見いだすのは、道を踏み外した不幸な者だけであって、懲罰すべき者ではない。summum jus summa injuria, pariter ac nullum jus〔最高の法は最高の不法であり、法の不在も同様である〕。

公正さがないところでは罪人は刑罰の法を免れ、法秩序が確立されてかれは刑罰を受ける。目には目を、歯には歯を。しかし、完全な公正さが確立されたときには、罪人は刑罰を免れる。nemini fit injuria〔だれも不公正を被らない〕、公正の名においてさえ、だれも苦痛にさらされない（＊）。

（＊）　法概念の定義を極度の完成にまでいたらしめたラテン語において、injuria、不公正という語（injuria est, ubi jus deest＝法が不在のとき、不公正が生じる）は、われわれが展開した思想をみごとに言い表わしている。どのような苦痛であれ、どのような原因で人間が被る苦痛であれ、それはもう不公正である、という考え方である。Injuriam passus sum――この表現は二つの意味をもつ。（1）「わたしは不公正な剝奪を被った」。（2）わたしは、何であれ享受してきたものの剝奪を被った。第二の意味で言われている、たとえば injuriae tempestatum, morborum,temporum は――悪天候でわたしの畑にもたらされた損害、病気でわたしの健康が被った喪失、不利な状況によってわたしが受けた損失や苦痛をいう。

この概観を終わることにして、その結論に二つの例をあげようと思ったが、四つも五つもあげたのは、ひとえに、どのような存在の領域に思考をめぐらそうと、どこにおいてもわれわれの一般的な思考を確証することになる多数の事実を避けないためだった。しかし、もう十分だ。われわれの概観は、もしも自分を抑えず、われわれの分析に現われてくる数限りないこれらの確証の継続を止めなければ、けっして終わるまい。惑星発展の一般的過程、動物界一般の分類（綱）の進化段階、とくに高等動物、人間の身体としての生命、その言語、他人との交際、その衣服、ふるまい方、そのすべての社会制度——行政、軍隊と戦争、裁判、外国貿易、商業活動一般、公正にかんする概念——これらの事実のどれも、われわれが述べている規範にあてはまる。すなわち、どこでも発展の最高段階は、形式のうえでは原初の形式への回帰のように見え、それは発展の中間段階では対立物に変わった。いたるところで、内容がひじょうに強力に発展すると、内容の発展がそれほど強力でないために排除されたその形式に回帰する（＊）。

（＊） くりかえして言おう。この規範が、物質的および精神的、個人的および社会的存在の例外なくすべての現象において普遍的かつ不変的に支配していることを認めたくない人がもしいれば、完全に普遍的なこの法則に則していない事実を、たとえ一つでも示してほしいものである。

われわれが述べたことのすべては、シェリングとヘーゲルの信奉者を自称する、共同体的所有反対論者たちが知っているはずであった。どうしてかれらは、人間の土地との関係のこの形式の原初性を強調しながら、そのこと自体によって、共同体的所有がもつ、私的土地所有にたいする共同体的所有の優位をきわめて強力にうながす特徴を明示していることに気づかなかったのか？　どうしてかれらは問題を、自分にひどく不都合な立場に移しかえることができたのか？　ここに一つの回答がありうる。Quem Jupiter perdere vult［ユピテルがだれかを破滅させようとするときには、そのかれの理性は奪われている］など。

――すなわち、より穏やかなロシア風にいえば、ことの成りゆき上、事業に失敗せざるをえない人は、悲運のあげくに、自らが自分にとって破滅的な不注意をおかすのである。

土地所有関係の事実だけが、物質界および精神界すべての発展を支配している一般法則に反しているというのは、はたしてほんとうにそうなのだろうか？　このただ一つの事実をもって、引力とか因果関係の法則のような、不変かつ不可避的にはたらく法則に例外があるというのは、はたしてありうることなのか？（＊）はたして「共同体的所有は、土地所有関係の原初的形式であり、私的所有は、第二の、つぎの形式である」との一言があれば、はたして、この一言があれば、ドイツの大思想家たちの発見に通じている人たちそれぞれに、共同体的所有はこれらの関係の最高の形式でもあるに違いないとの考えに傾く、もっとも強く、抑えがたい素地が生まれてこないのだろうか？

（＊）もしだれかが、「発展の終わりは、形式のうえではその始まりへの回帰である」という、われわれがかかげたこの法則の普遍性の確証をものたりなく思うならば、――そうした懐疑派のためにわれわれは、その人の第一希望に沿って、この同じ規範を、すべての性的および家族的関係、政治制度、立法一般、民法と刑法、税と年貢、学問、芸術、肉体労働の発展において示すことができる。このためには何か特別な博識も長考もわれわれにはいっさい必要ない。――たとえば、ヘーゲルでもざっと目を通すだけでよい。かれにあっては、このすべてがずっと以前にすでに論証ずみであり、説明されている。

実際に、われわれがすでに述べた、世界の一般法則についての概念の最新の状況にいくらかでも通じていればだれにも疑いのないこの規範によれば、土地関係の構成は必然的につぎのようになる。

原初的状態（発展の初期）。共同体的土地所有。これが存在するのは、人間の労働が一定区画の土地との安定した、貴重な関係をもっていないからである。遊牧民は農耕をせず、土地になんらの労役も施さない。農業もはじめは、土地そのものにたいするほとんどどんな資本支出とも結びつきがない。

第二の状態（発展の強化）。農業は土地そのものへの資本と労働の支出を求める。土地は各種多数の手段と作業によって改良されるが、それらのうちで、もっとも広範に、いたるところで必要とされるのは施肥である。土地に資本を支出した人は、それをしっかり所有するに違いない。その結果は――土地の私有である。この形式がその目的を達成するのは、土地所有が投機の対象ではなく、正当な収入の源泉だからである。

これこそ、共同体的所有の反対論者たちが説明する二つの段階である。――しかし、二つだけなのか、第三はどこにあるのか？ 発展の歩みは、はたしてそれに尽きるのか？

商工業活動が強化され、投機の大規模な発展を生みだす。投機は国民経済のほかのすべての分野をとらえ、その基本的な、かつもっとも広範な部門――農業に向かう。そのため、個人的土地所有はこれまでの性格を失う。これまでは、土地を所有していたのは、これを耕し、その改良に資本を投じてきた者である（自分の手で自分の区画を耕す小所有の方式、または、農奴的隷属をともなうか否かは別として、永代借地と相続による折半小作の方式）。――しかし、ここに新しい方式、契約による農地経営が現われる。そこでは、農場経営者がおこなう改良の結果上昇する地代は、別人の手にわたる。かれらは、土地改良にまったく関与していないか、あるいはほんのわずか資本参加したにすぎないにもかかわらず、改良がもたらす利益すべてを受けとる。このようにして、個人的土地所有は、土地改良への資本支出にたいする報酬の方法ではなくなる。それとともに、土地耕作は、大多数の農民の資力をこえる資本を求めはじめ、農業経営は個々の家族の力をはるかにこえる規模を必要とする。経営地の数が膨大になるために、大多数の農民は、農業経営から得られる利益にあずかることから排除され（私的所有のもとでは）、この大多数が雇用労働者に変わっていく。この転化によって、私的土地所有が、昔あった共同体的所有よりもすぐれているというその根拠はなくなる。共同体的所有は、労働によって土地に生みだされ、改良によって得られる報酬に大多数の農民があずかることのできるただ一つの方法となる。このように、共同体的所有は、農民階級の安泰のためだけではなく、農業それ自体の進歩のためにも必要とされる。それは、農民の利益と土地の改良、生産方式と労働の誠実な遂行とを結合する、ただ一つの合理的かつ完全な方法であることが分かる。この結合なしに、十分に順調な生産はありえない。

まさにこの原初性の特徴こそが、現代の世界観の基本的見地を知っている者ならだれをも引きよせる、もっとも強力かつ抑えがたい思想の傾向であり、それをもって反対論者たちは共同体的所有の決定的な欠点と言いたてる。まさにこの特徴こそが、共同体的所有をもって、土地関係が高度な発展をとげるさいとるべき形式と見ざるをえなくし、まさにこの特徴こそが、共同体的所有を人間の土地にたいする関係の最高の形式と教えている。

実際に、現在わが文明によって、共同体的所有がその属性となるべき高い段階が達成されているのだろうか。――この問題は、もはや論理的推論や世界に普遍的な法則の帰結によってではなく、事実の分析によって解明されており、部分的にはわれわれが、共同体的所有にかんするこれまでの論文において考察してきた。つぎにつづく論文では、もっと大がかりに論究し、西欧とわが国の農業にかんする専門的データを述べることにする。本論文は純然たる抽象的な性格のもので、概念のたんに論理的展開に甘んじている。こうした概念を知ることが、ものごとを正しく判断するための条件の一つであって、その歪曲や無知が、共同体的所有反対論者のなかの最良の人たちにとって謬見の根本的原因となってきた。

これらの一般的概念から、われわれがすでに述べた、形式の継承性にかんする現代の学問の命題に直接つづくのは、つぎのような概念である。一般的過程の個別の現われはそれぞれが、全面的に論理的契機のすべてを現実に経過しなければならないのか、それとも、ある時間、ある場所で過程の進行に好都合な状況が、中間的な契機をすっかり飛ばすとか、少なくとも、その継続期間をごく短くするとか、その顕著な強度をすべてとり除くとかして、それを現実に高い発展段階に導くことができるのか。

現代の学問の方法によれば、ひじょうに複雑な現象にかんする問題の解決は、それを同じ過程のもっとも単純な現われにおいて観察することで容易になる。人びとはこの方法を用いて、はるかにより複雑な個人の生活の精神的事実へ、ひいては、さらに複雑な社会生活に移行していくために、分析をつねに物質的事実からはじめようとし、わが国の文明の極度に錯綜した現象の分析を、それによって容易にするために、社会生活を、可能なかぎり、もっとも複雑ではない、原初的な現われにおいて観察しようとする。

それでは、物質的自然の過程、——たとえば、酸化からはじめよう。酸化がひじょうに高い強度に達すると燃焼になる。この過程がそれ自体で、特別な事情いっさいなしに、たとえば樹木の場合、どのようにして燃焼の段階に達するかを見てみよう。

風が枯れた大量の木々を折り倒した。湿気の影響で木は腐りはじめる（酸素を吸収して腐敗する）。この堆積内の過程から温度がますます上がり、腐敗が温度の上昇とともにますます進み、徐々に発酵と呼ばれる酸化の段階に達する。発酵が進み、温度は上がる。ついには堆積の内部から腐敗した蒸気が出はじめる。——これは堆積の中心部が自分の熱で乾燥しはじめるほど温度が上がったことを意味する。しばらくたつと、一部からは蒸気とともに他からはすでに煙が出てくる。——堆積の中心部が燃えはじめた。少しずつ黒い木炭から白熱した赤い木炭ができてくる。燃える木炭の量が増えると、ついには、それに接する部分で炎が燃えあがる。

なんと長く順をふむことか、なんと多くの段階を経ることか！（1）湿気の浸透、（2）腐敗、（3）発酵、（4）乾燥、（5）黒い木炭の生成、（6）黒い木炭から白熱の木炭への転化、（7）炎の出現。この経路はひじょうに長く、かつ複雑なので、地上に森ができてから現代までに、たとえ五、六回でもこういう経路をへて大量の樹木のさまざまな堆積が燃焼に達しえたかどうか、われわれは知らない。

これらそれぞれの段階が、木が燃える過程の論理的契機である。こうした過程を経るのにどれだけ時間を要するかはっきりさせようなどと思いもしないが、もちろん一週間や二週間ではすまない。われわれに炎が必要なとき、その都度、木の堆積に湿気がしみわたり、それが腐敗し、発酵しはじめる等々を待たねばならないとしたら、われわれ人間は一体どうなっただろう。そのときは、初日のきびしい夜からシチーもスープも飲めず、耳も指も凍えて人類は死に絶えることになるばかりではない。――いままでも、この過程についてわれわれがする話を一読しただけで、読者たちは長たらしい議論に退屈し、あやうく嫌気がさしてしまう。煖炉のなかの薪木は、点火したマッチか蠟燭をその下にある紙か、樹皮、木切れに近づければ、ずっと早く燃えつくという、ごくあたりまえの話になる。「こんな結論に証明など必要なのか？」と読者は怒ってたずねる。いや、あなた方が必要としているのではない、とわたしは冷静に答える。それを必要としているのは、共同体的所有に反対する学者たちで、かれらは、自分なりの結論をあれこれ考えだし、学問でも日常生活でもありきたりの真理を認めたがらず、これら自明の理《トゥルーイズム》（イギリス人のいう）にも証拠を要求し、ごく分かりきった事実でもその意味を知ろうとするので、ついわれわれは、マッチで焚きつけに火をつけると煖炉のなかの薪がすぐ燃えるという、このひじょうに不可解な事実がどのような意味をもつのか、かれらに説明をしなければならなくなる。そして、つづく論文では、ある人は子なしで死に、またある人は一人息子を残し、三番目の人には五人ないしそれ以上の息子がいたことを説明することになろうし、さらにまた、太陽光線が地上を温めること等々も説明し論証することになろう。「こんなことを言うのは、ばかげている」とあなた方は言うだろう。まったくそのとおりだが、どうにもならない。われわれがこうしたこともすべて詳しく述べ、論証しないと、共同体的所有に反対する学者たちはすぐに、「わたしたちには、あなた方の結論が何を根拠にしているか分からない！」、そして「あなた方の結論は根拠がない！」とさけぶ。われわれは、共同体的所有に関連して、人間には胃があることを証明する一編の論文を書かされることにもなりかねない。――そのとき、あなた方はどうなるか、読者よ、考えてください。いまは、まだ比較的、あなた方はかなり我慢できる状態にあると気を休めてください。あなた方を安心させて、黄燐マッチが哲学的世界観の分野に占める位置についての興味ある考察をつづけよう。
この黄燐マッチについては、つぎのような結論になる。
（1）ある物体において一定の過程が高度な発展段階に達した（マッチに火がついた）とき、その物体の助けによって、この過程は、ほかの物体においても同じ発展段階まで、この先行した助っ人の助けがない場合よりも、はるかに速く達しうる（煖炉の薪は、マッチで点火すれば、それらの酸化の過程がマッチの助けのないままにおかれたときよりも、ずっと速く燃えだす）。
（2）この加速は接触によっておこる（火のついたマッチが木片に近づけられ、木片は薪のすぐそばに置かれる）。
（3）この加速は、過程が第一段階からただちに最終段階まで、中間段階に留まらず、直行することにある（マッチを木片に近づけると、一秒で火がつき、一分後に薪も炎をだす）。
（4）過程が急速に通過する中間段階は、実際の感覚によってではなく、一般に理論上の観察によってのみ認められる（薪はマッチで火がついた木片から燃え、実際にはいくらか腐敗、発酵、等々もあるが、このことをお宅の料理女に訊いてごらんなさい。――乾いた薪に火がついて腐敗等々があったとは、彼女はまったく気づかなかった。逆に彼女が見るのは、薪は「火がつくとすぐに、その瞬間に急に燃えあがる」ことである）。哲学上の用語でこの点はこう表現される。「現実的具現化（すなわち、実際に在ることが手にとって確かめられること）には達せず、これらの発展の論理的契機は、観念的あるいは論理的存在の域を超えない」と。
（5）急速に経過する契機のうちのいくつかが、実際の感覚で認められるとしても（たとえば、料理女の目は、薪の外側のどの部分も、炎がでる前に少し黒くなる、すなわち、発火に先だつ黒い炭化の段階をへることを見ている）、それらの契機は、経過全体としてはごくわずかな部分をなしているにすぎない（木の黒い部分は、一瞬一瞬においては、量的には、燃えあがっている全体のほんの千分の一にもならず、煖炉を焚くことによる効果と感覚にかんするその実際上の意味においては、たいして重要な役割を演じているわけではない。木の黒い部分は、煖炉のそばの料理女が感じるその熱の感覚とも、料理女が火にかけてシチー鍋を煮立てることとも、かかわりはほんの少々である）。

学問の世界においてかくも新しいこれらの結論を、われわれはできるだけ詳しく、そのもとになった事実の要素を引証して述べた。共同体的所有の反対論者たちが、「証明がない、根拠がない！」とわめくことを懸念した。われわれは、かれらの疑問を予想して、一つの事実（マッチで煖炉に火をつける）ではなく、二十も三十もの、同じくらい理解するのに厄介な事実を同じくらい学問的なしかたで分析したいと思う。たとえば、発酵した一片のパン生地あるいは酵母を用いてパン生地を発酵させるとか、腐ったリンゴを、新鮮なリンゴを腐らせないために選り分ける、等々といった事実の分析である。しかし、あまりに懇切にするわけにはいかない。それでなくても、われらが論文は長くなりすぎている。読者には、おそらく煖炉への点火の分析だけでも十分すぎるだろう。つぎには、外的な物質界から人間の個人生活に移って、人間が自分自身でどのように、外からの助けなしに黄燐マッチそのものを使うようになるかを見てみよう。

はじめ人間は、火をつけることだけでなく、燃えているものを保存しておくこともできない。旅行家が未開の人びとのことを語っていて、かれらは、猿と同じで、落雷で燃える木のそばで温まるのを好み、それが消えはじめると嘆きはするが、小枝を火にくべようとは考えつかない、という。その後で人間は、二つの木片をこすり合わせて木に火をつけることをおぼえる——生活にとってなんたる勝利！　しかし、こんどは、木片のあいだに火口の小片をさしこみ発火を早める方法を思いつく。さらに、火打ち金を考えだし、火打ち石に火口《ほくち》をおく。しかし火花は十分確実に、かつ迅速に火口につかない。——そこで火口に硝石をしみこませ、点火をよくした。いまでは火口は申し分がない。しかしまだ、火口のくすぶる状態から炎をとるには、いくらか煩わしい。火口を木炭に「吹き寄せ」、そのあと二つの木炭をそこにはさまれた木片に「吹き寄せ」なければならない。しかし、ここに硫黄マッチが発明され、火口にふれるとすぐに発火する。またも、なんとすばらしい勝利！　さて、火打ち金や火打ち石はもう厄介物となる。マッチの硫黄の先を燐でおおい、その他の被膜や混合物で大気中の燐を安定させる方法が見つかった。

　なんと長い道のりか！　人間には、この道を通りすぎるのに少なくとも七千三百四十五年は要した。一部の人が長く困難な過程をへて黄燐マッチを使うようになったその結果が、いまではそれぞれの人にとってどうなっているか？——この恐ろしく長い道のりの苦労をへないで、ほかのすべての人びとも同じことが達成できるようになった。そして、かつて物質界の現象についてわれわれが得たと同じ結論を、人間個々の生活の現象についても得ている。

（1）一定の過程（たとえば、火を手に入れる方法）が一定の人間において一定の発展段階に達するとき（たとえば、黄燐マッチの使用）、この段階到達は、ほかの人びとにあっては著しく加速されうる（いままだ火をつけられないどこかの未開の人びとでも、黄燐マッチを入手するのに、もはや七千三百四十五年もついやす必要はない——二秒もあればだれにでも使えるし、二時間もあれば作れる）。

（2）この加速化は、過程のより高い段階への到達を要する人間と、すでに到達をとげた人間との接近をつうじて達成できる（パリから黄燐マッチをもった人間が中央アフリカに、あるいは中央アフリカの未開の人びとが、すでに黄燐マッチのある村にやってくる）。

（3）この加速化は、ひじょうな速度での発展過程が低い段階から中間をとばし一足飛びに最高の段階にいたることである（未開の人びとは、はじめに火の扱い、そのあと硫黄マッチの使い方を学ぶ必要はない。かれらはただちに黄燐マッチを手にする）。

（4）過程のこの加速化のさい、中間段階は、ただ理論上発見されるだけで、論理的契機としてのたんなる理論的存在を達成するにすぎず、現実的存在をほとんど達成しないか、まったく達成しない（いま二片の木片を擦って火を手に入れることのできる未開の人びとも、じかに黄燐マッチの使い方を学べば、黄燐マッチ以前の硫黄マッチや火打ち石のことは、概してただの昔語りとして知るだけになる）。

（5）発展が速まって飛ばされた中間段階が現実的存在を達成するとしても、その分量はほんのわずかで、その役割の実際的な意味はごく小さい（未開の人びとのなかに変人がいて、黄燐マッチの使い方を学ぶさいも、火打ち金や硫黄マッチでやってみようと思いつく者もいるに違いない。しかし、そんな気まぐれ者は、いても一万人に一人で、火打ち金や硫黄マッチを手にするのはただ暇があっての暇つぶしで、働かねばならなくなったり、火が大至急入用になるや、すぐさま気まぐれを捨てて、壁に黄燐マッチを擦ることだろう）。

読者よ、この長々しい議論に気を悪くしないでほしい。人間が物を見るのは目であって耳ではない、（エラーラーシ遊びをするとき）トランプ札をとるのは手であって鼻ではない、等々というほどの疑わしい真理を証明するのが議論の目的であった。これらの自明の理によって証明される問題のために激しい論争がおこなわれたし、おこなわれている。実のところ、われわれが論文の終わりの数行で、黄燐マッチと煖炉に火をつける方法の哲学的意味を分析することの意義を述べたときに、われわれについて「それは根拠がない！　それは証明がない！」とさけぶ声があがるのを、われわれは本当に恐れているのだ。反対論者たちは、この意義を予見していたとすれば（かれらは察しのよさを見せているが、われわれはかれらがそれを予見しているかどうか保証できない）、きっとただちに腹を立て、大声でこう叫ぶであろう。「われわれはそれを知らない。われわれはそれを信じない！　あなた方は根拠もなく、証拠もなくしゃべっているのだ！」

したがって、個々人の生活においては、その過程のまだ低い段階にある人間が、すでにはるかに高い段階に達した人間に接触したときに、ある現象の実際の過程にある発展の中間的契機が飛ばされることが起こりうる。

われわれはこのことを、機械的な日常に属する過程の分析によって論証してきた。同じことをわれわれは、個々人の生活のあらゆるほかの分野のほかの現象それぞれに見いだす。

たとえば、知的発展の第一の基礎の一つである文字は、つぎのような歩みをみせる。（1）物体を描写する（メキシコ人がこれにあたる）、（2）描写から象形文字に簡略化する（エジプト史にこれを見る）、（3）象形文字は表意文字に簡略化する（中国人がこれにあたる）、（4）表意文字的記号から、母音を省略して音のもっとも粗い部分である子音を録すアルファベットが生まれる（セム語系のアルファベット体系）、（5）セム語系からわれわれのヨーロッパのアルファベットが生まれる（フェニキア文字体系から生じたギリシア文字体系）。ここでは母音が子音と同列に書きこまれる。

まさか、書くことのまったくできない未開の人びとの教育にヨーロッパ人がとりかかるとき、これらの未開の人びとがまず象形文字を、つぎに漢字、そのあとヨーロッパの文字を書くのを学び、これらすべての段階をへてやっとヨーロッパの体系でものが書けるようになると思いつく人がいるとでも言うのだろうか？

あるいはまた、これらの未開の人びとの学校では地理学を、はじめホメロス方式で教え（大洋は河川であり、バルト海は黒海と同じ、大地全体は皿状をしている）、つぎに大地は完全に正確な球形をしていることを証明し、そのあとはじめて、この球体は完全な球形ではなく、赤道付近ではいくらか膨らみ、両極では平たいことをかれらに告げなければならないだろうか？

われわれは、主として個々人の生活に関係のある事例を選んだ。しかし、個人の発展と社会の発展とのあいだにはきわめて緊密な連関があるから、これらの事例は、社会生活にも、たとえば、その物質的環境（黄燐マッチ）やその知的成果（文字、学問の教え）にも、著しく関係している。こんどは、主として社会生活に属する現象を見てみる。これらの現象は、社会の本能的傾向、あるいは意識的合意によらなければ存在しえない。ここには、しきたり、習慣、法令など、言葉の広い意味での、いわゆる社会的制度すべてが含まれる。

われわれが分析にとりくむ現象がまさに社会生活に属することは述べた。しかし、社会生活は個々人の生活の総和であり、もし個々人の生活において現象の過程が、低い論理的契機から、中間を飛ばしより高い契機へと一足跳びできるならば、このことからもはや明らかなように、われわれは社会生活においても同じ可能性に出会えることを期待するはずである。これは単純な数学的帰結である。実際に、個々人の生活の発展が有利な状況によって短縮されない進行が、つぎの級数で表わされるとしよう。

1. 2. 4. 8. 16. 32. 64. ……

この級数のそれぞれの項によって、有利な状況によって加速されなかった発展の一定の契機が示されるとしよう。

社会がA項から成るとしよう。

すると、社会の発展は、つぎの級数で表わされる。

1A. 2A. 4A. 8A. 16A. 32A. 64A. ……

しかし、われわれが見てきたとおり、個々人の生活の進行は第一段階から、ただちに第三、あるいは第四、第七の段階に跳びこえうるし、ある概念、あるいは事実にかんしては、つぎのような加速された道程をすすむと仮定しよう。

1. 4. 64.

すると、社会生活の進行もこの現象にかんしては明らかにこうなる。

1A. 4A. 64A.

これはおそらく明白である。しかし、共同体的所有の反対論者たちは、ごく初歩的な論理的手法も知らないふりをしているのか、それともほんとうに知らないようなので、もっとも平易な例で、それなしでも明白な定理を説明しておく。

社会制度の一つは戦力であり、その要素の一つが武器である。状況しだいで加速されることのない武器の発展は、つぎのとおり。

(1) 普通のこん棒、(2) こん棒に、石または金属の切っ先をつける。すなわち槍にかわり、手にもって突き刺すか、敵に向かって投げる。(3) 投げるほうの槍を小型化し、弦を使って投げはじめ、弓と矢になる。(4) 完成して弓に、矢をつがえるための切込みのある線条がつき、石弓(弩)ができる。完成して切込みのある線条は、弦のために縦断面のある筒にかわる。(5) 弦による発射は、火薬による発射にかわる。弓はなくなり、筒がのこり、その断面は火孔にかわり、矢は銃弾に小型化する——ここにはすでに鉄砲がある。しかしはじめは撃発装置がなく、火縄で点火される。(6) 火打ち石による撃発装置が発明される。(7) それは雷管式の撃発装置にかわる。(8) 銃身に施条がつく——われわれは狩猟用のライフル銃を得る。(9) 軍用の特殊な銃弾が発明されるまでは、猟銃は軍事には使えない——それが発明されて、軍隊はシュトゥツェル銃で武装するようになる。

ニュー・ネーデルラントにまだこん棒しか武器を知らない未開の部族がいると仮定しよう。そこに金鉱が発見されてヨーロッパの冒険家たちが(シュトゥツェル銃をもって)、ヨーロッパ人がおとずれたことのない場所に侵入して、この未開の人びとに出会う。もしかれらが直接ヨーロッパ人からシュトゥツェル銃を交換して入手したとするならば、こん棒から槍へ、槍から弓へ、弓から石弓へ、石弓から火縄銃へなどと変えていかねばならないかを、問われるだろうか？

これでおしまいではない。

武装の種類によってそれぞれ軍隊の隊形が違ってくる。手に持つ槍は密集方陣をつくるし、火縄銃には密集隊形、シュトゥツェル銃には散開隊形がふさわしい。

もう少し待ってほしい、まだ終わっていない。

隊形が違うと、兵士に求められる質も違う。たとえば、密集隊形では、一年しか勤務しない兵士では使いものにならない。散開隊形ならかれでも、たとえ百五十年も兵営暮らしをした兵士に少しも見劣りはしない。

このことから何が言えるか？　われわれが語っている未開の人びとにあっては、戦力のあり方が、それがヨーロッパでへてきた多くの時期を要しない、ということである。

こん棒を振りまわす乱暴な群衆から、かれらの戦力はただちに北アメリカのそれのような民兵軍にかわる。かれらは、兵営も、正規軍も、これらの制度に関連するなにごとも知らないであろう。これらの制度には、フランスのシャルル七世やスペイン＝ドイツ〔神聖ローマ帝国〕のカール五世から昨日までのヨーロッパ大陸の歴史をつくりだした事物の秩序すべてが関連している。ルキアノスのスキタイ人やタキトゥスのゲルマン人の幸せな社会生活から、われわれには、読者よ、あなた方とともにただ夢に見ることだけができる幸せな生活に、これらの未開の人びとは直接に移行するであろう。

歴史は、老婆のように末の孫をひどく可愛がる。それは、Tarde venientibus［あとから来るもの］に、ossa［骨］ではなく、medullam ossium［骨髄］を与える。西欧はそれらを砕こうとして、痛いほど指をぶつけた。

しかし、われわれは讃歌《ディテュランボス》に夢中になって読者としゃべりすぎた。——共同体的所有の反対論者たちと話し合うべきであるのを、すなわちアルファベットからはじめることを忘れていた。そこで、アルファベット的な考え方にもどろう。

われわれに関心のある問題はこうである。与えられた社会現象は、それぞれの社会の現実の生活においてすべての論理的契機を通過しなければならないのか、それとも、有利な状況のもとで、個々人の生活の現象にも、物質界の過程にもよくあるように、第一または第二の発展段階から、中間を飛ばしてすぐに第五または第六の段階に移行することができるのか？

存在のあらゆる領域における法則の統一性、個人生活への社会生活の依存性、数学の公式——これらすべてが、歴史または現代の哲学について、あるいは、せめてヘーゲル（＊）、あるいはシェリングについてでも、またはせめて常識についてでも、なにかしらの考え方をもつ人びとそれぞれに、この課題のきっぱりした解決を求めている。課題解決のためには、最後の資質だけでも完全に十分であることは、つぎの問題からもおそらく明白となる。

（＊）ヘーゲルは積極的にこう述べている。中間の論理的契機は、たんに論理的契機に留まって、しばしば客観的存在にはいたらない、と。一定の中間的契機が、どこかで、いつか存在にいたれば十分であり、このことによって、ほかのすべての時間と場所における発展過程は、それを現実的具現化にいたらせる必要性を免れる、とヘーゲルは率直に述べている。

宗教のもっとも低い形態の物神崇拝は、異教徒にたいする敵意を知らない。しかし、宗教の他の異教的形態は、多少とも信仰を迫害する傾向がある。新ヨーロッパ〔アメリカ大陸をさす〕の粗野な民族もまた異端審問をおこなっていた。ようやく最近になってヨーロッパ文明が、異教徒迫害はキリストの教えに反するとの高い観念にいたった。では、訊ねたい。粗野な物神崇拝に陥っていたある民族がキリスト教に教化されるとき、その民族は異端審問をとりいれるか、それともそれなしに済ますことができるか？　この民族にただちに寛容がもたらされることを希望すべきか、期待できるか、それともかれらは焚木の山を積みはじめるか。この中間段階は異教徒への迫害を思い止まらせるのが空しいまでに、かれらの発展において不可欠であるのか？

自治（self-government）と連合を基本的特徴とする部族的生活をしているそうしたある民族がヨーロッパ文明を受けいれる。そこで訊ねたくなる。かれらの以前の生活に類似したこの文明の最高の特徴をかれらはただちにとりいれるのか、それとも、止むなく十七世紀の官僚制やその他の魅力あるものを導入するか？

この民族には工場も製作所もないので、保護関税制度の概念ももっていなかった。そこで訊ねたくなる。ヨーロッパ文明がそれを通過し、放棄した保護関税制をかれらは導入すべきか？

こうした問題は数限りなく増やせる。しかし、個々人の生活や物質的自然の現象にあてはまるものとわれわれがみなしたような結論をすべて、社会生活の現象に適用する必要性にたいする完全な確信を得るのには、われわれがすでに述べたことで十分だと思う。共同体的所有の反対論者たちの判断にも記憶にもまかせないで、われわれはこれらの結論をそれらの学者たちの頭に少しでも印象づけるため三度くりかえし、教え方の初歩に従って、もういちどそれぞれの結論を、結論のもとになった事実の特徴の引証もあわせてくりかえそう。われわれは、より明確にするために、イギリス人が保護しているニュージーランド人にいま述べた問題をあてはめて、この問題からこれらの特徴をとりあげよう（＊）。

（＊）　フランスの北方に大きな二つの島がある。それらが合わさって大ブリテン・アイルランド連合王国をなしている。東方の島の南東部はイングランド、住民はイギリス人と呼ばれる。ニュージーランドと呼ばれるのは、別名オーストラリアといわれるニュー・ホランドからあまり遠くない二つの大きな島の集まりである。共同体的所有の反対論者たちは、われわれが使うこれらの固有名詞の説明を余計なことではないとみなしているほどの理解力を示した。

1．ある国民におけるある社会現象が高い発展段階に達したとき、ほかの遅れた国民がこの段階にいたる道のりは、先進の国民よりもはるかに早くなしとげることができる。（イギリス人が自由貿易制度に達するのに千五百年以上の文明生活を要したが、ニュージーランド人は、もちろんこれほどの時間をそれに費やさないだろう。）

2．この加速化は、進んだ国民と遅れた国民との接近をつうじて成しとげられる。（イギリス人がニュージーランドへ来る。）

3．この加速化は、遅れた国民のところではある社会現象の発展が、進んだ国民の影響を受けて低い段階からただちに、中間を経ずに高い段階に跳びこえることにある。（イギリス人の影響のもとでニュージーランド人は、未開の人びとに見られる自由交易から直接、自由貿易がかれらの産業活動を活発にする最良の方法であるとの政治経済学の考え方へ移行し、かつてイギリス人が産業活動を助けるために必須と考えていた保護関税制度は経ない。）

4．このように発展が加速化した進行のもとで、遅れていたが、進んだ国民の経験や学問を利用する国民の生活を通りすぎる中間段階は、現実の事実としては実現されず、論理的契機としてのたんに理論的な存在であるにすぎない。（ニュージーランド人は、書物でしか保護関税制度の存在を知らず、事実それはかれらには実施されていない。）

5．もしこれらの中間段階が現に実現されるとしても、その規模はほんの小さな、実際の生活にとっての重要性からすればもっと些細なものにすぎない。（風変わりな好みをもった人はどこにでもいるように、ニュージーランドにもいる。なかには保護関税制度の信奉者になろうと思いつくものがいるかもしれない。しかし、いてもニュージーランド社会の千人か万人に一人でしかなく、残りの人はかれらを変人と呼ぶだろうし、かれらの意見は、外国貿易にかんする問題の解決になんの重きもなさないであろう。）

われわれに思えるかぎりでは、これらの結論は、十分に単純かつ明快であり、この論文が対象とする人びとの理解力を超えてはいないはずである。

したがって、印刷全紙二枚でわれわれは二つの結論にいたった。それは、現代の学問の考え方にいくらかでも通じている読者には、六行で表現すれば十分であろう。

（1）発展の最高段階は、形式のうえではその原初に合致する。

（2）社会生活のある現象が先進的な国民において到達した高度な発展の影響のもとで、この現象は、ほかの国民においてはひじょうに急速に発展し、最低の段階から、中間の論理的契機をへずに、直接に最高段階へと向かうことができる。

印刷全紙二枚を使った論議の、なんと貧しい結果か！　たとえいくらかでも教養があり、たとえいくらかでも判断力のある読者ならこう言うだろう。たとえば、ドナウ川は黒海へ、ヴォルガ川はカスピ海へ注ぐ、スピッツベルゲンの気候は寒い、スマトラ島の気候は熱い、等々、低俗なまでに疑いようもない根拠を簡単に述べることで十分であった、と。読み書きできる人たち向けの書物でこの類いのことを証明するのは、失礼である。

まったくそのとおりである。この類いの真理を証明し説明するのは失礼である。しかし、これらの真理から導かれる帰結が否定されるときや、あるいは、なんらかの自明の真理を忘れたか、知らないだけで頭にこびりついているなんらかの乱暴な思想が、さも無敵の反論であるかのように得意になって、あなた方に何百回もくりかえされるとき、あなた方はどうするだろうか？

たとえば、あなた方が「共同体的土地所有はロシアで保持されるべきである」と言う。――あなた方に、勝ちほこった勢いで反論がくる。「しかし、共同体的所有は原初的形態であって、私的土地所有がその後に現われ、だからこれが土地所有関係のより高度な形態である」と。――とんでもない、反論者諸氏、とんでもない、名高い学者先生。まさに共同体的所有が原初的形態だからこそ、だからこそ、土地関係発展のより高度な時期は、この形態なしには始まらないと考えるべきである。

共同体的所有の反対論者たちがいかに強くその原初性にすがっていたかは、すでにこの論文のはじめに述べた。いまではかれらは、なんと奇妙なふるまいをしたものか気づき、かれらが共同体的所有の反証になると想像したまさにその特徴が、これをきわめて強力に立証していることを知ったものと推測できる。しかし、かれらの哲学的反論の武器庫はまだ尽きていない。かれらは同じように強力につぎのような思想にも頼っている。「共同体的所有の将来がどうあろうと、それが、私的所有の形態をとる時期よりも高度な発展の時期に固有の、土地所有関係の形態をなすのが正しいとしても、それでも私的所有が、共同体的所有の二つの時期のあいだの発展の中間的契機であることに疑いはない。第一から第三に、第二をへずに移行することはできない。だから、共同体的所有のロシアの信奉者たちが、それがロシアで保持されうると考えるのは空しい。ロシアは、必然的な中間の環である私的土地所有の時期をへなければならない」。

共同体的所有を反証する特徴としての原初性にかんするかれらの常套句のあとには、いつもこの三段論法がつづいた。この論法はまた、われわれに反対する無敵の論拠として現われた。この論拠にすがった人たちは、それがどの程度まで事実と常識に合致しているか、いまや自分で判断できる。

共同体的所有に反対する、一般哲学的原理の無理解、忘却、または無知からくる偏見の問題はこれくらいにして、つぎには、人間の物質的活動、すなわち生産、労働とその一般法則にかかわる共通の真理の無理解、忘却、または無知から生じる偏見について述べよう。いままでは哲学者ぶった賢者たちの理解力について語ってきた。つぎには経済学者ぶった賢者たちの同じような能力を語ることになろう。[15]

あなた方が、読者よ、もし幸運にも幼い子どもに読み書きを教えたことがなかったとしても、いまわれらが論文に、あなた方、普通の知識をもった人のためにではなく、シェリングは、ヘーゲルは、アダム・スミスは、と細かに研究した賢者たちのために書かれたこの論文に目を通せば、——あなた方が教区小学校の教員でなかったとしても、この論文に目を通せば、このあわれな働き手の義務がいかに骨の折れる、大変なことか感じることができよう。われらが論文を読んで感ずるような恐るべき退屈さを体験するのはめったになかったことに、あなた方は同感だろう。この論文の性格全体はこういう公式で表わせる。

be — a ba, be — a ba, baba.

もういちどくりかえそう。これは何？——b. では、これは？——a. つぎは何？——ba. では、これは？——同じb. これは？——同じa. つぎは何？——同じba. では、つぎは？ 二つ並べると？——baba.

もういちどくりかえそう。

be — a ba, be — a ba, baba.

もういちどくりかえそう……等々。

あなた方には退屈だった——が、あなた方は半時間で論文に目を通したではないか。それを書いたわれわれにとってどうだったか考えてみてほしい。われわれはそれに丸三日かかった。

しかし、あわれな働き手である教区の教員が、自分の骨の折れる仕事に高潔かつ偉大な意味があるとの思想によって自分の力を支えているように、われわれも、これまで述べてきた自明の理が世界にたいするあらゆる考え方を解明するためにいかに重要な意義をもっているかを思いうかべながら自分を元気づけてきた。同じ類いのほかの自明の理は、さらに十ほどもある。

　そらヘーゲルだ、そら書物に書かれた知恵だ、
　ここに全哲学の意味がある。(16)

われわれの第一の自明の理――これを軽々しく判断してはならぬ。形式の永遠の交替、すなわち、一定の内容ないし志向によって、同じ志向の強化、同じ内容のより高い発展の結果生じる形式の永遠の拒絶――この偉大な、永遠の、普遍的な法則を見いだした者、それをあらゆる現象に適用することに習熟した者――おお、かれはなんと静かに、他人があわてふためく機会を呼びよせることか！　詩人につづいてくりかえす。

　Ich hab' mein' Sach' auf Nichts gestellt,(17)
　Und mein gehört die ganze Welt.
　［わたしは無から自分の仕事を立ち上げた、
　そして、全世界はわたしのものだ。］

かれはわが生涯を終えつつあることを嘆きはせず、こう述べる。「なるようになれ。それでも最後には、わが町にも祭りは来る〔いつかこちらにもいい日がめぐってくる〕！」

そして、第二の原理——おお、第二の原理は、おそらく第一より興味深かろう。いわゆる有機的発展について、現在わが国ではあれこれの制度が成り立たないことについて、われわれの未熟さと準備のなさについて、これらの風説はすべて、[18] この原理を理解している者にとってなんと滑稽なことか。ほかの人たちが手に入れたものはすべて、われわれに用意された遺産である。鉄道の発明にとりくんだのはわれわれではない。——それを利用するのはわれわれである。[19] どこの国民であれ自国のためにやったことでも、良いことはすべて、その四分の三は自ずとわれわれ自身のためにもなっている。[20]

われわれを苦しめるのは時間の手、
　われわれを疲れさせるのは労働、
偶然が全能であり、人生は儚い、——
　だが、人生からいちど摑んだものは
　運命もわれわれから奪いとることはできない。[21]

Критика философских предубеждений против общинного владения (1858)

註

（1）この論文は『同時代人』（一八五八年第七十二巻十二号）に掲載された。農奴制廃止をめざす闘争のさなかに発表された本論文「共同体的所有に反対する哲学的偏見の批判」で、チェルヌイシェフスキーは、哲学的立場から共同体的土地所有の正当性を論証している。同じ問題にかんしてその後に書かれた「経済活動と立法」と「迷信と論理規則」でもそうであるが、この論文でチェルヌイシェフスキーは、共同体的所有の反対論者たちを激しく非難し、反対論者たちの論拠が成り立たないことを証明する。私的所有をきびしく批判するチェルヌイシェフスキーは、普遍的発展にかんする弁証法的法則から出発して、社会の発展が、土地だけではなく、生産手段一般についても、最高の所有形態としての共同体的所有をもって完遂されることを証明しようとする。

この論文は、I・V・ヴェルナツキーの論文「土地所有について」への回答として書かれたものであり、概ねすべての自由主義派や地主派のジャーナリストたちが共同体的土地所有にかんし一八五七―一八五八年におこなった発言、ツァーリ政府の農民改革準備のための施策に論及している。

（2）I・V・ヴェルナツキーは、雑誌『経済指標』（一八五七―一八六一年、一八五九年から『経済・政治・産業指標』）の発行者かつ編集人、俗流経済学者、十九世紀五〇―六〇年代のブルジョワ・イデオローグ、革命的民主主義の明確な論敵である。

（3）『同時代人』と『経済指標』、自由主義派や地主派の雑誌や新聞との、共同体的土地所有をめぐる論争は、一八五七年にチェルヌイシェフスキーの提起によって始まった。口火を切ったのは、チェルヌイシェフスキーの論文「一八五七年二月の雑誌短評」と「一八五七年四月の雑誌短評（スラヴ派と共同体の問題）」であり、そのなかでかれは自由主義派の論壇にたいし、社会生活の緊要の問題ではなく、空理空論をもてあそんでいると批判した。チェルヌイシェフスキーは、D・ストルコフがロシアの農業改革の問題にたいする狭量な自由主義的見解を展開した論文「成功した農業のもっとも主要な諸条件の試論」（一八五七年）を掲載したとして『経済指標』を攻撃した。

『経済指標』は一八五七年に、I・V・ヴェルナツキーの論文「土地所有について」でこれに答えた。チェルヌイシェフスキーは一八五七年六月、論文「ハクストハウゼン研究」を書き、八月から十月にかけては「土地所有について」をもってかれに反論した。

こうしてすでに、政府における農民改革の「秘密準備」期にチェルヌイシェフスキーは、共同体的土地所有にかんする「抽象的な論争」の外見をとって、『同時代人』誌上で専制、地主と自由主義派に反対する論陣をはった。チェルヌイシェフスキーは一八五七年には、「共同体にかんする問題」を「実践的に重要なこと」とし、「農村関係の改革にかんする」問題、すなわち農民問題を誌上、世論の討議にうったえた。農民問題をめぐっては、ロシアのその後の社会的、経済的および政治的発展の二つの道――革命か改良か――について激しい論争が起こった。論争には『ロシア報知』、『ロシア談話』、『アテナイオン』、『祖国雑記』、その他数多くの雑誌、新聞がくわわった。

チェルヌイシェフスキーは、一八五八年十二月になって「哲学的偏見の批判」で共同体的土地所有の問題にかんし自由主義派の論壇に答えたという意味で、それまで「沈黙していた」。かれはその後の論争の経過のなかで、一八五九年には他の二つの論文「経済活動と立法」と「迷信と論理規則」を発表した。

(4) 論争のはじめ、すなわち一八五七年二月と四月の「雑誌短評」でチェルヌイシェフスキーは問題を、もっと一般的なかたちでは一八五六年五月の「雑誌短評」でも提起した。そのさいかれの念頭にあったのは「文壇の諸党派」、すなわち学者、歴史家、経済学者、文芸批評家、文学者、政論家、『ロシア報知』『ロシア談話』その他の雑誌同人たちであった。とはいえ、これら党派へのかれの「敬意」にかんする発言は、後者の代表者、たとえば、歴史家のM・S・ソロヴィヨフ、自由主義経済学者のI・バブスト、スラヴ主義政論家のIu・F・サマーリン、自由主義政論家で批評家のN・パヴロフとV・I・ラマンスキーにのみ向けられたもので、かれらの誌上での農奴制反対の主張を、かれは支持していた。

自由主義的な「諸党派」の大多数、『ロシア報知』、『経済指標』、『ロシア談話』、『祖国雑記』、その他の雑誌は一八五七―一八五八年、農民問題にかんするチェルヌイシェフスキーの革命的＝民主主義的要求に反対する統一戦線を組んでいた。しかし、この状況はチェルヌイシェフスキーを「当惑させることにはならなかった」。かれは、農民問題にかんする自身のプログラムと、自由主義的な西欧派やスラヴ派の見解とのあいだに、はっきりした境界線を引いていた。

(5) チェルヌイシェフスキーは、おそらく、自由主義派活動家のK・D・カヴェーリン、Ia・A・ソロヴィヨフ、バプスト、パヴロフ、サマーリン、その他何人かを念頭においている。チェルヌイシェフスキーから見て「権威のある」という程度は、かれらが農民問題にかんして真っ向から対立する立場にありながらも、なぜかれを攻撃しなかったのか、かれが驚きをあらわしたことから察しがつく。

「かれに好意を示した」人のなかで、かれの念頭にあったのはおそらく、N・トゥピツィン(E・F・コルシ)とM・N・ユリイーンであろう。かれらは、チェルヌイシェフスキーに反対する『ロシア報知』の編集部論文「ロシアの農村共同体」(一八五八年九月、第一冊)への反論を『アテナイオン』(一八五八年第四十、四四号)に掲載した。

(6) 『同時代人』一八五七年九号と十一号掲載の自身の論文「土地所有について」をさす。

(7) 念頭にあるのは、俗流ブルジョワ政治経済学派のJ＝B・セイ、バスティア、その他である。チェルヌイシェフスキーは、『経済指標』、『ロシア報知』、その他ロシアの自由主義的雑誌が経済理論と政治の論拠とするこの学派の代表者が書いた

「何百冊ものつまらないフランスの政治経済学の本」について述べている。

（8）現に『地主雑誌』、『ロシア談話』、その他の雑誌は一八五七—一八五八年、革命を予防し、農民の支払いを連帯責任で保証する手段としての共同体的土地所有の保持を唱えた。かれらのこの「譲歩」をチェルヌイシェフスキーは抜け目なく、自分の手柄にしている。

（9）レーニンは『「人民の友」とはなにか』（一八九四年）のなかで、チェルヌイシェフスキーが農民改革にたいしどのような態度をとったかを問い、「自分の意見を公然と発表できなかったかれは、沈黙しはしたが、準備中の農民改革を、婉曲な言い回しでつぎのように特徴づけた」と述べ、「わたしが、食料を保管する……」から「消え失せてしまうがいい」までを引用し、つづけてこう付言する。「同時代の現実にたいするチェルヌイシェフスキーの深刻な、卓越した理解、農民の支払いがなにであるかの理解、ロシアの社会諸階級の敵対性にたいする理解を鮮明に示している箇所を太字にしておく。かれが、このような純然たる革命思想を、検閲制度のもとにある出版物のなかで叙述した手並みに注目することも、また重要である」。

（10）実際にはチェルヌイシェフスキーは、共同体的土地所有にかんする自分の著述を恥じておらず、一八五六—一八五八年に農民問題を提起したさいにあたかもかれがあえてしたかのような「無分別」や「愚かさ」を悔やんではいない。それどころかかれは、論敵にたいする自分の理論的勝利を誇らしげに語っている。「古びた、かつ不遜な偏見を揺さぶることの好きな人間」のこの誇りが、「哲学的偏見の批判」にはひじょうに強力に感じられる。

チェルヌイシェフスキーは農民問題をつねに一貫して、自らの革命的民主主義の見地から解決し、かれには「自己悔恨」をするなんらの現実的な動機はなかった。この著述の内容や、率直な説明から明らかなように、この「自己悔恨」には、お世辞に類する、皮肉っぽい意味しかない。うその誇張（「うその比喩」）は、検閲下でのかれの文言上の「効果的な手法」の一つであって、その手法をかれは、ほかの著述でもしばしば使っている。

（11）チェルヌイシェフスキーはおそらく、四〇年代にT・N・グラノフスキーがモスクワ大学でおこなった世界史の講義のことをさしている。

（12）『コスモス（宇宙）』は、ドイツの地理学者、博物学者アレクサンダー・フンボルトの全五巻からなる大著。

（13）校正刷りでは「N・ド＝ベゾブラゾフ氏」と名指していたのを、以下「スーズダリ系の末裔」等の表現に言いかえた。ベゾブラゾフは、ペテルブルグ郡の貴族団長、政論家、農奴制擁護の戦闘的なイデオローグである。

(14)一八四〇年代に保護関税制度反対の改革をすすめたR・コブデンとR・ピールをチェルヌイシェフスキーは、フランスとロシアの俗流経済学者と対比して「実際に注目すべき人たち」と称している。しかし、コブデンとピールの改革のいくらかの進歩性は認めるが、チェルヌイシェフスキーは別の側面をも見ていた。論文「政論家としてのチチェーリン氏」のなかでかれは、「イギリスの経済制度について議会がおこなった改革」のうち、「もっとも肝心な改革は、イギリス庶民の経済要求のいくつかの、臆病で、中途半端で、時としてばかばかしい償いにある」と指摘している。チェルヌイシェフスキーがこれらの改革に否定的な態度をとったのは、それらがイギリスのその先の植民地侵略につながっていたからでもある。かれはまた、これらの改革が、勤労者の「影響」によって引き起こされたこと、勤労者にはこれらの改革の問題を自主的に解決する必要があることを指摘した。

(15)その後に書く労作「経済活動と立法」のことを述べている。

(16)ハインリヒ・ハイネの詩「学説」。

(17)ゲーテの詩「Vanitas! Vanitatum vanitas!」〔ただし二行目の mein はチェルヌイシュフスキーの原文では mir になっている〕。

(18)以下は、検閲を考慮して手稿で削除されている。「あれこれの悪が避けられないこと、他人が飲んだ苦杯をわれわれが千年も舐めなければならないことについて(の風説)。他人が飲んだものをわれわれも飲むのか? 他人の経験がわれわれに教えた。他人の協力が、われわれがもっと美味しく、より健康にもよい新しい飲み物をつくれるよう助けてくれる。すべては、他人の経験上、悪と思えた」。

(19)以下は、手稿で削除されている。「中世の制度と戦って死んだのはわれわれではない。けれども、それが他で倒れるとき、われわれのところでも支えられないだろう。われわれはヨーロッパで生きているのだから。それで十分ではないか」。

(20)このあとに、以下が手稿で削除されている「ただ必要なことは、何が、どのようになされたかを知り、その効用を理解することであり、そうすれば、すべては容易になるであろう」。

(21)N・A・ネクラーソフの詩「新年」から。チェルヌイシェフスキーは、この詩から一行「一瞬のためにわたしたちは生きている……」を抜かした。

ローマ滅亡の原因について（モンテスキューをまねて）

（『フランス文明史——西ローマ帝国滅亡以後』フランス・アカデミー会員ギゾーの著作[1]第一部、M・スタシュレヴィチ監訳、サンクトペテルブルグ、一八六一年）

ギゾーの有名な著書のロシア語訳出版は、大いに称讃すべき有益なことではあるが、われわれはこれを論評はしない。あまりにも知られており、だから、この本の価値を並べたてるのは無益である。欠点はどうか？　しかし、ギゾーの見解の主要な欠点は、かれ固有の欠点ではまったくない。あなた方はかれから、いたるところで、つぎのようなことを読みとるだろう。古代世界はそのさき進歩する力がなく、それゆえ、その崩壊は人類にとって救いであり、それは内部の致命的な病によって滅亡したこと。蛮族は、人類の幸福に不可欠だった新たな、より高度な要素をもたらしたこと。蛮族をもとに生まれたローマ教皇の権力がその時代には救いであったこと。当時、修道院のおかげがあってこそ保護された文明のもっとも有益な担い手は修道会であったこと。封建制はこれこれの欠陥はあるが、しかし、無条件に非難されるべきではないこと。中世一般は、ヴォルテールが百科全書派たちとともに主張したほどには悪くなかったこと、等々、等々。これらの考えが正しいなら、ギゾーは、地球が太陽のまわりを回転していること——これはごくありふれた意見である——を信じているから褒められるのと同じように、こうした考えの持ち主だから褒められるべきである。これらの考えが誤りであっても、だからといってかれを非難することはできない。人間は個人的には、だれもがかれと同じように考え、おこなっているならば、なんら非難されない。支配的な見解のみごとな叙述、ときにはそれを裏づける、ひじょうに適切な研究だけは、ギゾー自身のものである。かれを褒めざるをえない理由はあれこれある。しかし、このみごとな叙述について論文を書くのではないのだし、雑誌を中世史のある個別的な問題にかんする専門的研究の分析だけで埋めるわけにはいかない。したがって、ギゾーの主要な傾向について多くを語る必要はない。

しかし、歴史概念の支配的な傾向といっても、数多くのニュアンスがある。そのなかのどのニュアンスを好むかに著述家の個性があらわれ、そこにかれの個人的な価値あるいは欠陥がある。問題のこの側面には、われわれは『ヨーロッパ文明史』のロシア語訳を書評したさいに論及した(2)。この書は、『フランス文明史』の序説の役割を果たしている。だから、いまはこれにかんする長広舌の必要はない。

しかし、われわれは、ギゾーの著書についてここでは何も言いたくないにしても、この書物が論じているテーマそのものには触れようと思う。人は『同時代人』誌を、真面目さ、博識に欠けているとがめる。——だが、ここで、われわれが確固たるものであること、すなわち、このうえなく味気ない、退屈なものでありうることを示し(われわれをとがめる人たちは確固たるものを、そういう意味に受けとっている)、そのことについて論文を書こう、スエズ運河やエーレスンド海峡の通行税のほうが面白いテーマではあろうが。あなた方はわれわれと、たとえば、民族大移動のこと、ヘルール族やフランク人のサリー族のこと、西ゴート族やアレマン族のこと、ガイセリックやシゲベルトのことについて論じてくれないだろうか。お望みか、お望みでないか、これら興味ある種族や人物と、それに劣らず興味あるマクシミヌスやマクシミアヌス、マクセンティウスとの関係にかんする、つぎに述べる論説に耳を傾けてくれないだろうか。

新しい世界の歴史は、蛮族によるローマ帝国属州の占領という事実をもって始まる。普通の考えに沿って、この事実が歴史の進歩に何かひじょうに突拍子もない働きかけをしたと論じられており、それなしにはすべてが消えてなくなったであろうとさえ主張されている。これだけが滅びつつあった世界を救ったのだ、と。ローマ世界は、自らの内実をもはやすっかり枯渇させ、新しいもの、より良きものをなんら自ら発展させることはできなかった——普通にいえば、死んでしまった。現在の問題についても、さまざまなばかげた世迷い言は、この考え方からきている。話が古代ローマ帝国についてだけなら、われわれにとって無念や害毒が少なくて済む。しかし、困ったことに、現代の民族、とくに半蛮族的な民族の実生活にとっての重大な問題についても、まったく同様に論じられている。「西欧は、自らの時代を終え、自らの生きる力を失った。ヨーロッパの民族は、進歩の事業をつづけることができない。世界は、これらの民族の没落によって、新しい、生気ある種族との交代によって復活しなければならない」。あなた方はその論拠をたずねる。論拠はただ一つ、千五百年前にローマ世界にそれが起きたこと。進歩しつづけるには、新しい、生気ある種族が過去の民族に交代する必要があった。こうした論証のあとに歓喜と自讃がはじまる。「ついに、われわれは世界をよみがえらせ、歴史に新しい、このうえなくすばらしい要素をもたらそうとしている。われわれはじつにあっぱれ！ さあ、いまではなく、明日には人類に善行をほどこすだろう」。この意見が自惚れからきているかぎり、口論しても無駄である。自惚れは、どんなに口で言っても正せない。自分の価値を正当に自覚するのは、実際に人びとのなかに、かれらに正当な評価をもたらす価値が生ずるときだけである。人間は決まって自分を自慢したくなるようにできている。分別があっては自慢できない。それがないから自慢する。真の功績をおさめてはじめて、その点で思慮深くなる。しかし、自惚れ的な見解も、論拠があるようにひけらかしているかぎり、学問的な判断によって膨れあがって固められているかぎり、それにたいし反論することに成果がなくはない。自惚れはそれでも、その見解のくだらなさが明確に立証されると、いくぶん用心深く、控えめになるものである。そこでわれわれは、ローマ属州の占領をつうじて人類の進歩に架空の救世主的助力をしたという蛮族の役割を検討しよう。

ひじょうによくあることだが、ある事柄について論じるさい、あるあまりよくないこと、すなわち事柄の本質を忘れがちである。たとえば、戦争は戦う双方を破壊するという一事を忘れて、なんとどこかの戦争の有益な結果ばかりを吹聴していることか。破壊はたいしてよいことでも、ためになることでもない。蛮族がその征服によって進歩を助けたかのような、蛮族によるローマ属州侵攻がもたらす恩恵についてのよくある解釈も、これと同じ欠陥をもっている。それでは、いったい進歩とは何か、蛮族とは何かを考えてみよう。進歩は知的発展にもとづいており、その根本的な側面は、すなわち知識の成果と発展にある。最良の知識が実生活のさまざまな側面に活用されて、これらの側面にも進歩が見られる。たとえば、数学が発展し、それから応用力学も発展する。応用力学の発展から、あらゆる量産、技能、等々が完成されていく。化学が発展する。それから生産技術が発展し、生産技術の発展から、あらゆる技術的事業が改良されていく。歴史上の知識は精査される。それにより、人びとが自分たちの社会生活をきずく妨げになる誤った考え方が減少し、生活は以前より順調にきずかれていく。結局、あらゆる知的労働は、人間の知能を発展させ、読むことを学び、読書を習慣とし好みとする人が国に多くなればなるほど、読み書きができ、教養の高い人が国に多くなればなるほど、どんな事業であれ、事業をきちんとこなす力量のある人の数が国にますます多くなり、——すなわち、国の生活のあらゆる側面の進展もますます改善される。つまり、進歩の基本的な力は学問であり、進歩の成果は、知識の完成の度合いや普及の度合いに相応している。まさしく、進歩とは何か——知識の成果である。では蛮族とは何か？まだ無知のもっとも深みに陥っている人間であり、野獣と知能がいくらか発達した人間との中間にあり、発達した人間よりも野獣にやや近い人間である。いくらかでも知恵のある人間が、動物的な状態からまだ脱していない人間にとって代わられるとき、進歩にとって、すなわち知識にとって、どういう効果がありうるのか？もし権力が、いくらかでも発達した者たちの手から、はてしなく無知で未熟な無学者たちの手に渡るとすれば、知識の進歩にとって、どういう効果がありうるのか？　社会生活にとって、善し悪しは別として、しかしそれでも人間的な、たとえいくらかでも理性的な何ものかを含んだ制度が、もし動物的な風習にとって代わられるとすれば、どういう効用がありうるのか？

「ローマ世界はその生命力を失った」と人は言う。ここでもまた、事柄の本質が忘れられている。何についてそう言われるのか？　ローマ帝国の住民について。はたしてその人びとが人間の本性を失ったというのか？　それとも、はたして、なにか特殊なきっかけでローマ帝国の人びとはすべて白痴として生まれたか？　はたしてかれらが、人間の知能や人間の素質をもって生まれてくるのを止めたというのか？　なんとばかばかしい！　社会が人びとから成っているかぎり、そこには人間本性の特質すべてがある。個々の人間の有機体はその生命を終えるが、それぞれの新たに生まれた人間とともに、新たな生気あふれる力をもった新しい有機体が出現し、世代が代わるごとに民族の力はよみがえる。二十年たつと、二十歳の青年は四十歳の中年となって、青年らしい新鮮な感覚を失い、恋に夢中になったり、ばかな真似はしたりしなくなる。これはかつてピョートルに起こったこと、それが二十年たち、新しく二十歳になった青年イヴァンがいま二十年前のピョートルと同じように、もっとも新鮮な感覚をもち、恋に夢中になり、ばかな真似をする。さらに二十年たち、イヴァンは四十歳。かれも感覚の新鮮さを失った。四十歳の健康な労働者だったピョートルは、いまは六十歳の老人となり、以前のように忙しく元気に働くことはできない。しかし、代わりにイヴァンがいて、イヴァンのすぐそばには、新しい二十歳の青年アンドレイが成長しており、かれはいま二十年前のイヴァン、四十年前のピョートルとまったく同じに感覚の新鮮さをもっている。社会勢力の構成における交替とはどのようなものか？　二十年前にも、四十代、二十代の者のほかに、六十代の老人もいたではないか。四十年まえにも、二十代の青年のほかに、四十代の中年や六十代の老人がいたではないか？　どうして社会勢力が衰微することがありえようか？　人間の生誕が止まないかぎり、どうして社会の生新さや若さが減退することがありえようか？――思うに、赤ん坊が生まれるかぎり、社会には授乳や歯の萌出があり、赤ん坊が児童となるかぎり、社会には甲高い子どもの笑い声とともに子どもの遊びがあり、児童が青年に成長するかぎり、社会には青年らしい向こう見ずな熱狂や青年らしい純粋な愛をともなう、崇高な、青年らしい志向がある。はたしてあなた方は、かつては老人特有の疲れや冷静さをみせる老人たちが社会にいなかったなどと考えるだろうか？　修辞学はすばらしい。――ときには、なぜばかげた言い回しをしないのか？――ときには、効果をあげるためにそれが必要なこともある。しかし、常識や事実をすっかり忘れるほど、たえず修辞術に惑わされてはならない。人はそれぞれ年老いていく。社会のなかで生新な力と疲弊した力の比率は永久に一様である。どうか生理学に逆らわないでほしい。愚かな人間ばかりの、あるいは胃袋のない民族とか、あるいは老人だけか、若者だけの民族があるなどと断言しないでほしい。これら四つのどのフレーズも等しくナンセンスである。なんの必要があって自分を馬鹿か嘘つきに見せるのか。「いいえ、お言葉ですが、あなたは、われわれの言うことをよく理解しなかった。われわれが言ったのは、社会における力の量のことではなく、社会生活の形態がひじょうに悪くなったということだけである。人間の力にとって自由な場がなかった。これらの形態からの出口がなかった。社会にこれらの形態をつくりかえ、そこから新しい、より広大な形態をつくりだす力がなかった」。そうなのか？　あなた方の考えは、たしかにいま述べたとおりなのか？　あなた方が主張するのはそのことなのか？　以前、われわれは、あなた方の見解をそんなふうには述べなかったのではないか？　もうたくさんだ。ほんとうにあなた方は、すでに見捨てられたナンセンスとは別のことを述べているのか、そのナンセンスをもっと巧妙な、別のかたちで言い表わしているだけではないのか？　かつて十分あった力が、どうして社会に不足しているのか？　つまり、社会における力の量が減ったのか？　あなた自身、それがナンセンスであることを認めたではないか。「いいえ、あなたは反論するが、あなたがまた違って曲解したのだ。われわれは、社会における力の量が減ったというのではなく、これらの力がはたらくうえでの障害が、かつてよりひどくなったと言っている。形態があまりにも根をはりすぎている。自由な場を獲得するには、社会にはそれらを変える必要があろう。形態があまりにも硬直しすぎて、社会がそれらを壊すことができない」。すまないが、あなた方の言葉を曲解しているのはわたしではなく、あなた方自身が、自分の言っていることを理解していない。あなた方は自分の考えを述べて、「そら、このとおり、まさしくこれがわれわれの考えてもいること」と言う。あなた方にこの考えをよく見究めるよう求めると、あなた方は「そのとおり、これがそのことを意味している」と言う。――ところが、あなた方はまた白を切る。「いいえ、われわれが考えたのはそのことではなく、別のことです」。本当のことを言うと、あなた方はばかげたことを考えて、それを言葉にしただけで、その意味などよく考えてもいない。「木は鉄から育つ」――とんでもない、どんな鉄から？――「いいえ、われわれが言いたかったのは、そんなことではない。木は鉄鉱石から育つと言いたかった」――いや、鉄鉱石から木は育たない。――「あなたはまた違って曲解している。鉄鉱石からと言ったのではなく、鉄鉱石も産出される土壌から育つ、と」。では、それは、鉱石をなす土くれから育つというのか？「もちろん、われわれは、鉄鉱石は木の生育にかかわっていないと言いたかった。われわれがただ言いたかったのは、木は土壌に育ち、土壌のなかには鉄もある、ということであった」。あなた方は言いたいことについて、こんなふうに考えていたのだろう。木の生育のことなら、鉄のことは口にせず、鉄のことなら、木がどう育つかは口にしまい、と。そうでなければあなた方はたんにめちゃくちゃ言っていることになる。

たとえば、あなた方がこだわったこの最後の形態について見よう。「根をはった形態が社会を絞めつけていた。それらをのり越えなければならない」――これはいったい何を意味するのか？　つまり、社会には進化する力があり、進化の必要があった。ところが、あなた方は、社会には進化する能力がなかったという点から始めた。では、どうして社会は、力をもっていながらそれが不可能だったのか？――「社会には進化する能力があった。しかし障害があまりにも強力だった。社会は根をはった力をつくりかえることができなかった」。では、どうできなかったのか？　だれの力によってこれらの形態はつくられたのか？　社会の力によってではないのか。社会のなかの力の量は減らなかった。社会はどうして、かつて強力だったのに無力になったのか？　はたして、つくるより壊すほうが困難だというのか？　とんでもない、あなた方は、家を建てる石工がそれをとり壊せない、椅子をつくる家具職人、錨をつくる鍛冶屋がそれを壊せない、と言う。「なんとまあ、あなたはちゃんと解釈しない。われわれが言うのは、社会に力が不足していたというのではなく、形態が根をはりすぎていたことである」。この「根をはった」とは何のことか？　これまた、鉄から育った木についてのメタファーなのか？　形態は――事実である。事実は、それを生みだした力の不断の支えがあってはじめて存在する。事実が消えてなくなるには、力でいきなりそれを破壊しようとしても、それはかなり無理である。力が事実を支えることを止めれば、それは自ずと消えていく。「根をはった！」は――メタファーであり、木へのなぞらえである。木をよく見なさい。木ははたしていつも根をはっているか。――根をはってはいるが、ある時期までで、その後は老化しはじめ、倒れ、根絶える。そのためには、とくに暴風も洪水も要しない。この木を支えていた植物の力がそれを見放しはじめるだけで、土壌からの新鮮な液汁がその木に愛をこめて滲みこむのをとりやめ、別の何かに向きをかえるだけで十分である。根づきにたとえるあなた方のメタファーを引用するならば、こうなる。社会は――社会生活の形態を育てる土壌であり、それらの形態はこの土壌の新鮮な液汁によって育つ。それらはこの新鮮な液汁を吸収するあいだは成育し、根をはる。新鮮な液汁がこれらの形態に引きよせられ流れこむのを止めたときには、別の何かに液汁が引きよせられるようになったときには、根の深さがどうあれ、根をはった形態は衰弱し、根絶えはじめ、それに代わって新しい形態が生まれ、その後また同じことが起きる。――「しかし、土壌が衰えたとき、新鮮な液汁がないときは？」なるほど、分かった。またも、あなた方の場合、木は「鉄から育つ」だ。またも、社会には新鮮な力はない、という古い歌だ。あなた方はたぶん、これはナンセンスであること、衰弱していくのは個々の人であって、社会ではなく、社会における新鮮な力の量はけっしてなくならないどころか、減りもしないことをすでに認めたはずである。それとも、根とか木、土壌についてのメタファーがよほどお気に入りか？　このメタファーでも分析してみたら、メタファーそれ自体があなた方のナンセンスさを暴くことになるだろう。はたして土壌は、植物でおおわれるから、しかも植物がますます茂るから、衰えるのだろうか？　実際は逆かもしれない。落ちる葉、腐る根が土壌を肥やし、自由な場をもっと広げる。ことしの植生は、翌年にはもっとよくなるだろう。いまの植生がその前にあったからである。ここに、草木のない、やっと顕微鏡で見られるほどの苔におおわれた岩山があるとしよう。この苔の生命によって、植生のいっそうすぐれた土壌の層が形成される。しだいに草がはえ、低木がつづき、ついには森となる。森が大きく育てば育つほど、植物の層はますます深くなり、いっそう広々とした森に育ち、森はいっそう多くの新鮮な液汁を、限りなく良くなっていく土壌のなかにたたえる。ここに、社会生活をえがくメタファーがある。それ自体は、力がすっかり衰微しきることはない。逆に、その力が長く持続すればするほど、たえず完成していく形態でそれを持続するための新鮮な力の量はますます豊かになる。しかし、あなた方を当惑させるのは、進歩がときとしてある国では、ある民族では絶えるという例である。あなた方は、その原因が何であるかを知らないで、むやみにその罪を社会そのものに擦《なす》りつけている。そうだ、根づき、生育、等々についての、あなた方の好きなメタファーにでも立ちもどってみるがよい。あなた方がそのなかに修辞的なフレーズだけを探そうとはぜず、自然の法則の働きを察知するために事実を究明するのであれば、メタファーはあなた方が事態を理解する助けとなろう。はたして森はときには消え失せないのか？　はたして植物の力の長きにわたる発展の結果は、最下等の哀れな形態に変わらないのか？　はたして、みごとな森があった場所に、ときにはほんのわずかな雑草も、あるいは腐った木株のようなものも現われないのか？　どうしてまあ、何が原因でそんなことがあるのか、土壌の疲弊からか？——いや、あなた方が知っているように、これは、森そのものとその内的生命にまったく関係のない外的事実から起こる。雷雨がきて、森に落雷し、森は燃える。森に何の罪があったのか？　森を育てた土壌の罪か？　しかし、もちろん、もしあなた方が、単純な、ありふれた説明で満足したくなければ、ことの経過を、森の焼失は、あなた方の解釈では、その生命が選びとった形態の結果であるといった詭弁でこじつけることはできる。そして、あなた方は、焼失した森は、内的欠陥ゆえに自ら生育しつづけることはできなかったと証明もできる。ほんとうに、どうして落雷が森を焼くことができたのか？　もちろん、森には乾燥した地面に倒れた木がたくさんあったし、木には枯れかかった、あるいは枯れてしまった枝がたくさんくっついており、もうすっかり丸ごと枯れはて死んではいるが、根に支えられて生きつづけているように見える木もたくさんあったから焼失したのである。つまり、あなた方流に言えば、森はやはりもう死んだのか？　もうこれでたくさんだ！　森が大きくなりはじめたときから、同じことがあった。太古の昔から、森には倒木がたくさんあったし、枯れ木も多かった。でも、そのすぐそばで新しい木々が育ち、森は大きくなってきたではないか！

メタファーはひじょうにしばしば、大方の人にとって事態のあらゆる直感的理解の代わりをする。「開花」「根づき」「枯渇」が――大方の歴史家にとってもそうである。これらの言葉によって、歴史の進展にかんするすべての概念が本質的に規定される。だから、われわれがこのメタファーを掘りさげたのは、ほとんどどの歴史書にも述べられているものよりも、より自然で確かなものの見方をメタファーからさえも引きだすべきことを示すためであった。たとえば、中世史が始まるその史実に戻ってみよう。ギゾーからチマエフ氏〔M・M・チマエフ、一七九六―一八五八年〕まで、どの本を開いてもどこにも同じことが書かれている。

「古代世界の生命は終わり、その原理は完全に成熟し、そして尽きた。古代世界は崩壊し、死滅した。それに代わって、歴史的進歩の継承のためには、生新な力をもった新しい民族が現われなければならなかった」。われわれは意図的に開花、枯渇、土壌、等々についての植物のメタファーを用いなかったのではない。——話がこうしたメタファーでいっぱいなのは、通常よくある。では、土壌が衰え、新しい土壌が必要だとか、森が自ら死絶するとか、まさに文字どおりに同じメタファーがなければ何だというのか？　もしあなた方が、レトリックにまどわされず、ある民族にほかの民族との交替を命ずる（老いぼれた、あるいは死にかかった役人にかえて、職務を果たすに清新な能力をもったほかの役人が任命されるように）といった、学問的には否定された考え方を歴史にもちこまず、——もしあなた方が、自然の法則に矛盾する、いかにも物知らずの仮説にたよらず、事態を素直に、ありのままに考察するならば、あなた方は別な解釈をそれに見いだすだろう。というよりも、あなた方が見いだすのではなく、解釈が自ずと出てくる。それを探すまでもなく、ことは簡単である。ほとんど説明するまでもなく、ことは明白である。あなた方がそれの主要な特徴をつかむことに気づかってさえいればよい。

われわれは、ごく簡潔に概観するだけで、そのごく主要な事実だけをとりあげる。それぞれの事実にとってのもっとも強力なある原因だけを引証するもので、だから、概観は不十分なものであろう。主要な原因のほかに、それに類する別の原因もあったし、主要な事実のほかに、それに類する別の、ひじょうに重要な事実もあった。しかし、もし読者が、われわれの概観を細部によって補充する必要があると思っても、われわれがそれら細部の相対的な重要性を重んじていないとは考えないでほしい。われわれがめざしていたのは、指摘して有益なことのすべてではなく、完全に必要なことだけを指摘することである。

ローマがイタリア中部に現われ、しだいに強くなりつつあったころ、イタリア本土のほとんど全地域は粗暴な蛮族に侵されていた。面積から言ってけっして広くはない、いくつかの地区は、多少なりとも独立した、文明がある程度の段階に達していたか、ギリシアから文明化した住民を受けいれていた。これらの都市から文明がローマに浸透し、しだいにイタリア中部における文明の主要な中心地となっていった。ローマが文明によって得た軍事組織の優位のおかげで、どのような事態がおとずれたか（文明は、あまり発達していない民族のもとでは、なによりも先に軍事目的に向かい、軍事力の面で文明化しつつある民族は通常、生活のほかの面で文明化するよりも急速に成果をおさめる)、――ローマの権力がポー川にまで広がったときのイタリアに、われわれは何を見るか？　当時その先に「遠方」ガリアがはじまっていた。一つの都市とその周辺にほとんどが集中していた小さな部族が、多数の人口を擁した広大な領土を支配していた。そのなかでいくらか文明化していたのは、ごく少数の、狭い地域にすぎなかった。部族はここを中心に、攻略した土地の重要拠点に数多くの植民地を建設していった。イタリアの住民は、これらの苗床によって、早くに文明を受けいれた区域の助けを受け、しだいに文明化された。事態の進行がある高さに達したときには（紀元前の二〇〇年から一五〇年）、ひじょうに多数からなる文明化された大群が出現しており、ドナウ川までの南西ヨーロッパ、ギリシア本土から北方の南東ヨーロッパ、地中海の東と南の沿岸地域、アジアとアフリカに住む蛮族、半蛮族は、数のうえで単独ではこの大群を上回らなかった。あるいは少数だった。たとえば、リグリア人あるいはヘルウェティイ族、ベルガエ人あるいはイリュリア人は、五万か十万の軍隊を出撃させることができたが、ローマ人もまた五万かそれ以上の軍隊をもって反撃することができた。ペルガモンのポントス、シリアあるいはアルメニアの半蛮族的なある支配者は、五万ないし十五万の軍隊を出動させることができ、ローマ人はそれにたいし十万か八万を派遣することができた。しかし、ローマの軍隊は完全な常備軍であって、蛮族あるいは半蛮族には常備軍はまったくないか、あるいはわずかで、戦闘集団は、武装は粗悪で、ろくに訓練もうけていない民兵からなっていた。一言でいえば、イギリス人とさまざまな東インドの国々との紛争においてと、軍隊の人数の違いが少ないだけで、同じことであった。こうして、ローマ人は、イギリス人が東インドを攻略したように、つぎつぎ民族を平定して（マケドニアも半蛮族的な国であったし、ローマ人に分捕られたギリシアは、文化水準は高かったが、領土の広さでも人口数でも大きくはなかった）、広大な土地をひじょうに急速に攻略していった。人口は一億ないし一億五千万人に達し、十万から十五万平方マイルにおよぶ国家が出現した。その領土と人口の五分の四はまったくの蛮族であり、残りの部分のうち多くは半蛮族的であり、イタリアだけがすでにかなり文明化されており、文明化されたほんのわずかな小さな土地が、すでに東にあった。——散在する植民地を有する、ちっぽけなギリシアである。このことはだれもが知っている。では、たずねるが、このことからどういう状況が生まれるべきだったのか？　蛮族や半蛮族は、いまの東インドの住民のように、少しずつ文明化された。——稲妻のような速さでは進まなかったが、そこに驚くべきこと、あるいは絶望すべきことがあるのだろうか？　人口が西欧の何分の一かの、ここロシアでは、およそ四百年のあいだ（ピョートル大帝からではなく、イヴァン三世から）、比較するまでもなく人口の多い西欧の住民の強力な知的影響のもとにある。だからまだ、われわれは自分たちの達成を自慢するわけにはいかないし、どこまで進んだか、だれも分からない。しかし、そこで、何が滅び、どういう土壌が衰えるのか？　まさにその当時も同じである。イベリア半島、ガリア、ブリタニア、ゲルマニアの南端、現在のトルコ、ロシアのヨーロッパおよびアジア部分と南部、莫大な人口をもつ北アフリカは、ギリシアとイタリアからの影響を受けて徐々に文明化していった。こうして四百ないし五百年がすぎた。これらすべての国々はかなり大きな進歩をとげたが、もちろん、かれらの教化者たるローマ人やギリシア人の水準には達していなかった。

はじめ、これらの広大な国々が、まだあまりにも遅れていたときは、進歩が広がる起点となった二つの中心地の小さな文明国は、容易に自国の統治を保持していた。東インドにおいてイギリス人が、ひとたび征服された民族からの覇権の危機に、かなり長いあいだ遇わなかったように。しかし、われわれが指摘したように、文明化しはじめた民族で、なによりも早く発展するのは軍事部門である。征服された民族には、戦闘能力の向上とともに、独立の思想がめざめはじめた。多少なりとも民族的性格をおび、地方の常備軍に支えられた反乱がはじまった。——シリア人の軍団が蜂起する。スペイン人の軍団が蜂起する。ガリア人の軍団が蜂起する。——一言でいえば、ベンガル軍の最近の蜂起に似た事実が生じはじめたのである。(4) こうした状況のもとでローマ人が、征服した国々を、とりわけまず軍事と財政の部門を優先させるように統治せざるをえなくなったのは、驚くまでもない。はじめは、ローマの権力を固めるためだったが、その後は、離反の企てを防止し、抑圧するために必要であった。イギリス人の東インド統治も、これとまったく同じである。軍隊と、軍隊を維持する資金、――できるだけ大きな軍隊を国に維持することと、軍隊を維持するために、できるだけ多くの資金を国に集めること、――東インドにおけるイギリス人も、それ以外のことを考える暇はほとんどなかった。ローマ人にとっても、属州については これとまったく同じであった。

ここでたずねるが、はたして東インドの力はイギリスの覇権によって衰退するのか？　はたして東インドは、現状のままでは向上しないのか？　もちろん、状況はまだひじょうに悪い。民族はまだきわめて無知であり、生活は貧しく、税は重く、役所には専横がはびこっている。では、はたしてイギリス支配以前はもっと良かったのか？　逆に、はるかに悪かった。いまでは、それでも年々良くなっている。道路ができ、野蛮な風習はしだいに根絶され、読み書きできる人の数が、東インド人のあいだで増えている。すでにかれらの多くは、ヨーロッパ人並みの書物を著わし、その多くは、法律や法秩序にかんするヨーロッパ的概念をとりいれている。はたしてこれが、――絶望的なことの成り行きなのか？　状況はひじょうに悪いが、良くなっている。文明化はまだひじょうに微弱だが、成長している。早かれ遅かれどうなっていくか？　イギリス人に質せば、こう言うだろう。東インドは文明化している。かれらがわれわれの指導を必要としないほどに文明化するときには、東インドはイギリスから独立する。われわれが自発的に東インドから退くか、われわれを追いだすか、それは、まえもって正確に語ることはできない。おそらく、ある部分は自発的明け渡し、ある部分は強いられた撤退であろう。東インドが一つの国家のままでいるか、いくつかの国家に分裂するか、このことも、前もって正確に語ることはできない。おそらく、住民がいくつかの大きな種族に分かれているから、いくつかの国家になるだろう。とはいえ、万事がおそらく、そんなに早く進むわけではあるまい。インド人はいまなお、そのために必要な文明の水準からあまりにもほど遠いのだから。これはイギリス人自身が言うことである。かれらが東インドにかんして予見していることが、すでにローマの属州では的中しはじめていた。民族独立の回復をめざす長く空しい企ては、当時まだ属州の文明はあまりにも立ちおくれていて空しく終わったが、その後に、ローマ帝国はひじょうにはっきりと四つの地域に分裂しはじめた。一つの中心はガリア、もう一つはイタリア、第三はギリシア、第四は小アジアである。そこで何が致命的であったか？　それどころか逆に、どの教科書にも、カール大帝の王国の崩壊は、国民がなした偉業の結果であり、証しであり、その後の進歩の基礎となり、保証となったと述べられているではないか。同じことが、ローマ帝国のなかでもはじまった。およそディオクレティアヌスの時代の、連邦のような四人の国王による帝国の統治、あるいは、帝国の四つの道[5]〔管区〕への分割は、カール大帝王国の崩壊とまったく同じ進歩の事実であった。いずれの事実も一様に示すとおり、征服された民族は蜂起して、かれらと、かつてのかれらの征服者との、以前のはかりしれない隔たりはもはやなくなるまでになった。その開きを見ると、西暦三、四世紀のローマ人は、九世紀のフランク人よりも文明においてはるかに高く、したがって、西暦の最初の三世紀間に属州が成しとげた成果は、中世史の前半にかれらが成しとげたことよりもはるかに重要であった。

ローマ帝国における形態の窮屈さはどうしようもなく、属州におけるローマ人の略奪は限りがなかったといわれる。実際に、属州総督、のちに帝国長官の専断と収奪はきわめてひどく、統治の形態はきわめて耐えがたいものであった。しかし、ローマ帝国の状態がどんなに悪かろうと、蛮族に征服されると、くらべようもなく悪くなった。ローマの民法や刑法は重要な価値をもっていたが、蛮族に征服されると、強欲で残忍な未開の人びとの専横、無分別な気まぐれが法律と化した。かりに、ローマの属州総督あるいは長官がむごい仕打ちをし、ひじょうに凶暴な処刑をしたとしよう。しかし、かれやかれの補佐役たちは、残酷で強圧的な行為にたいしては、そのように処するものと考えていた。だから、かれらがそのように対処するのは、考えあってのことであった。かれらは少なくとも、虐殺や略奪は悪いと知っていたし、不公正なことをしても直接的な益にならないような多くの場合には、公正であったし、きびしくはしなかった。征服者たる蛮族はそうではなかった。征服者は、児童が蠅をたたくように、何の必要もなく、ただ退屈しのぎに人びとを殺害した。かれには、それをするために、自らが正しいと認めていた道から外れるという必要はなかった。かれには、ためらいも、危惧もなかったし、不快に思う感覚もなかった。ものを不快に感ずるには、人間を悪事に反発させ、それに打ち勝つ、それなりに特別な、かなり強力な動機が必要である。いや、かれは、殺しても奪っても、なにも悪いことはしていなかった。かれは、われわれがワインを一杯飲むとか、トランプ遊びをするくらいの感覚でそれをおこなった。六ないし七世紀に生きることは、三世紀よりも、くらべようもなく悪かった。

統治の形態だけではないが、三世紀のほうが、その二百ないし五百年後よりも窮屈さは少なかった――これらの形態はローマ帝国においてすでに改善されるところであった。イタリアにくらべて属州の発展度があまりにも低いことが、迫害のおこる原因であった。属州の文明化が進むに従って、その住民が無権利におかれる主たる源が弱まっていった。ローマの市民権が徐々に州から州へ認められていき、ついには、ローマ帝国全土に広まったことを、われわれは知っている。もちろん、はじめは、この権利はほとんど紙上のものにすぎず、属州の住民たちの権利を主張する準備は足りず、自分を人間と自覚することに慣れていなかった。しかし、つねにそういうものである。つねにそうであるように、属州は少しずつ自らの権利行使に慣れ、よりよきものを欲するようになった。世論が生まれ、ローマ帝国の終わり近くには、世論はすでに力を得ていて、それに従わずに定めた方策は無効とされたほどである。政府自体、事案に参画させるための選挙的な要素を呼びかける必要性に気づいた。都市と農村の統治は少しずつ社会そのものの手に移され、ローマ帝国の末期には、属州議会といった制度の創設にかんする皇帝布告が発せられるようになった。言うまでもなく、これらの譲歩は、たんに形式的なものにすぎず、事実は皇帝の統治が全権をにぎったままであったが、はじめは、つねにそういうものである。してみれば、政治制度の形態は、すでに属州の市民生活に展望をひらく方向に変わりはじめたのである。

さらに、大衆の法的地位にも進歩が見られる。大衆は、属州が征服されたさいには奴隷状態にあった。奴隷状態はかなり急速に緩和され、農奴の状態に変わり、農奴たちはしだいに権利を拡大しはじめた。

このように、文明化された生活のあらゆる部面においてローマ帝国は前進していった。属州での啓蒙は普及した。民族は独立の達成をめざし、選出された人物が統治に参画するようになり、大衆の権利は拡大された。

いったい、力の衰退を示す徴候は何にあらわれるか？　内部の衰弱による死の前兆は何にあらわれるか？　逆に、よりよい形態の、いっそう充実した生命の芽生えがいたるところに見られるではないか。

蛮族が侵入して、存在していたほとんどすべてのよりよいものが駆逐され、ローマ世界は数百年も後戻りする。それは、残忍なウェルキンゲトリクスたちがガリアを支配し、キンブリ族やテウトネス族がヨーロッパをさまよっていた時代であり、あるいは、もっと遠くは、マケドニアに未開の人びとが入植してきた時代、小アジアがスキタイ人によって荒らされた時代、その前は、ギリシア人がトロイにやってきた時代である。十七世紀以前ではなく、おそらく十八世紀の半ばになってようやくヨーロッパ大陸は、ふたたび三世紀末、四世紀はじめに到達した状況に回復する。進歩は千年以上も、蛮族による西ローマ帝国の滅亡によって止められていた。

しかし、ローマ帝国にたいする蛮族の勝利そのものがローマ帝国の破綻を証明したと言われる。もしローマ世界の内的力が衰えなかったならば、これらの弱い未開の人びとの襲来を容易に撃退したろうに、と。

では、いったい、この「容易に」[6]とか、この「弱い」とはどういうことか？　ローマ共和国の内的力は、マリウスの時代あたりは、もちろん精力的に開花した（あなた方のメタファーを用いるならば）最中にあった。ところがどうか？　キンブリ族とテウトネス族は、兵隊のひじょうに多いローマ軍をいくつか駆逐し、ローマは、その三百年前に占領され、そのあと五百年をへて占領されたように[7]、またも蛮族に危機一髪で占領されるところであった。それとも、ローマ人にとってアウグストゥス時代の西ゲルマニアの部族たちを敗走させるのは容易だったか？　ところで、ローマ人はそこでだれと戦ったのか？　ライン川からアムール川まで、勇猛な未開の人びとがはびこっていた無限空間のほんの西のはずれの狭い地方だけで、少数の未開部族とだけ戦っていたにすぎない。これらの民族がすべて西に向かって進んだ、と想像してみよう。ローマ人をめがけ移動したのは、昔のようにライン川沿いの遊牧民だけではなかった――これらの部族はいまでは、中部と東部のゲルマニアの奥地から、ヨーロッパ・ロシアから、トルキスタンから、モンゴルの草原から文明世界に向けつぎつぎに波打ち押しよせていた無数の強欲な大群のごくわずかな前衛部隊をなしているにすぎない。その第一波が打ちよせる――打ちかえされたが、文明化された広大な沿岸地帯を廃墟でおおった。あとに第二、第三の波がつづく。押しよせる波はますます高く、激しくなり、遠くにまで広がっていく。そのように幾世代にもわたってつづき、やがて最後には、これら残忍な大群の流入によっていくどか滅ぼされなかったような地域は、片隅たりとも文明世界には残らなかった。ローマをゆるがせたのは、蛮族人口の、おそらく百分の一でしかないキンブリ族やテウトネス族であった。ローマ帝国がこの遊牧民に一気に制圧された事実は、帝国の力の衰退をものがたるものだろうか？

　遊牧する未開の人びとと文明化した民族との力関係をはっきりさせる必要がある。文明化した民族が未開の地方――そこの遊牧民たちは大挙して文明国に押しかけるなど考えもしていない――を征服するため常備軍を派遣するとき、蛮族の地方は常備軍に攻略される。マケドニア王のアレクサンドロスやローマ人の遠征がそうであった。しかし、防御の戦いでは遊牧民は、広大な荒野のなかでかなり小さな部族に分散しているために弱くても、これらの遊牧部族が草原の奥地から、同族の未開の地をへて文明国に攻めてくるときは、事態はまったく別である。疾駆する軍勢は進むごとに、途上で出会う部族を巻きこみ、あるいは前方へ駆りたて、大きくなる。未開の人びとの力は、かれらが膨れあがる軍勢に統合することで、かれらが略奪への野望に燃えあがることで、みるみる伸長していく。かれらの攻撃は、防備よりもはるかに脅威的である。

「かりにゴート族、ヴァンダル族、フン族、その他無数の部族や蛮族の兵団が大軍をなして進撃し、その強襲にはアウグストゥス軍団も、スッラ軍団も、マリウス軍団も、両スキピオ軍団も持ちこたええなかったとしよう。しかし、その後は、かなり弱い蛮族の一団が、どこに行っても反撃にあうことなく国中を横行した、そうした例もまた無数にあったのではないか？　四世紀末にすでにそういう例があり、五世紀にはひじょうにたくさんあった。ほら、古代世界が滅びゆき、力つき、老いさらばえた証拠もある」。言うまでもなく、古代世界は、ついには衰えもし、力もつき、あげくのはてに死滅しもする。このことをだれが疑うか？　ここで問題なのは、それがなぜ弱まり、なぜ滅びるのか、についてである。人が大きなこん棒でいくども殴られる。地に倒れて息もたえだえ、――もちろん、いまでは、か弱い手で、たとえ木片ででも訳なくかれを打ちのめすことができる。かれは反撃してこない。やがて虫けらどもがかれに食いつくだろうが、かれは、虫けらをつぶすために指を動かしもしない。どうしてかれは弱らずにいられようか、どうしてかれは死なずにいられようか？　かれは弱かったのだとか、体内の異常から死んだのだとだけは、どうか言わないでほしい。アンタイオスがヘーラクレースに持ちあげられて絞め殺されたとき、小びとたちはかれの巨体をおおっぴらに揶揄《からか》うことができたではないか。あなた方流に言えば、いったいアンタイオスは病弱なからだだったのか、それとも老衰から病弱になったのか？

古代世界は何によって滅ぼされたか？　はっきり言おう。もっぱらライン川からアムール川にいたるあらゆる遊牧部族が襲った波浪によってである。洪水による国の滅亡、それ以上でも以下でもない。その死にはいかなる内的必然性もなかった。逆に、生命ははつらつとし、進歩は止まることはなかった。

ローマ帝国の滅亡は、――ヘルクラネウムやポンペイの壊滅のような、いまはゾイデル海の波が洗っている地方の壊滅のような、地質上のカタストロフィーである。このような、外的な破壊力による物体の破滅、事業の破滅の事例は、事業がどんなに順調だろうと、物体がどんなに生命に満ちていようと、日々生活のどこかで出合い、歴史のなかでは数限りなく出合う。古代文明世界全体の滅亡のようなこれほど巨大な規模での破滅は、われわれの知る歴史ではいちども起きなかっただけである。これらのカタストロフィーに道理があるとか、有益だとかは言うまい。馬が人間のこめかみを蹄鉄でけりあげた。かれは死んだ。そこにどんな道理があり、死のどんな内的原因があるのか？ リスボンは地震で破壊された。ポルトガル文明の長所に、それとも欠点にその罪があるのか？ 砂漠の熱風が吹きあげ、サハラ砂漠をゆく隊商は砂に埋まった。――らくだや馬が悪く、人びとは愚かで、商品はよくなかったなどと言いださないでほしい。自然現象や動物、あるいは、動物の状態から脱していない人間に見られる自然の力の盲目的な戯れである。あなた方は、ティリーの軍がどうやってマクデブルクを略奪したかをうたったゲーテの詩をおぼえているだろう。

「マクデブルク、マクデブルクよ！ 美しい娘たちが暮らす町、――娘たちも女たちも美しい町。そこでは、すべてのものが咲きほこっている。そこへティリーは進む。花咲く草原をへ、花咲く園をへ、そこへティリーは進む。その近くにティリーは止まった。――「わが町を救うのはだれ、わが家を救うのはだれ！ 行って、わが愛する人、あいつと戦って」――「ぼくらをどんなに脅そうと、あいつなんか怖れない。きみの赤い唇に口づけする。あいつなんか怖くない」」――この詩の終わりは、あなた方がよく知っている。マクデブルクの守り手たちは打ちのめされ、町は奪われ、娘は逃げる。傭兵は娘を引きとめる。(8)

では、事実に道理があることを証明してもらおう。若者は臆病者ではなかったか、娘は男たらしではなかったか、そのためかれらは死んだのではないか、ティリーは進歩に役立っているのではないのか、かれはマクデブルクに新しい、よりよい生活の要素をもたらしているのではないか？　そのとおり、実際にマクデブルクには同業や同職の組合組織の体制があり、おそらくティリーは、産業の自由の発展をたすけ、ティリーがいなければ、アダム・スミスやコブデンはきっと現われなかった。マクデブルクの災難は、たぶん産業の進歩に必要なものであった！　何とありきたりなことを！　負けたほうに罪があり、殺されたもの自身に死の原因がある。いや、それだけでは判断できない。世の中にはさまざまなことがある。正しいものが勝つし、罪あるものも勝つ。病人は死ぬし、健康なものも死ぬ。――さまざまである。

なんと多くの善良な人びとの生命が萎え、
なんと多くの低俗な人びとを運命は赦す！
偉大なパトロクロスは亡く、
卑しむべきテルシーテースは生きている！(9)

ローマ帝国の属州自体の住民のなかに、われわれは、古代世界の滅亡を人類にとって必要、あるいは有益なこととみなす、いかなる根拠もまったく見いださない。古代世界はその力をなくした、さらに発展することのできない限界にいたったかとか、人類にさらなる進歩の可能性を切り開くにはそれを滅亡させる必要があったかのような、ありふれた意見には、われわれは、極端なナンセンス、事実との完全な矛盾を見るばかりである。しかし、古代世界に向けられたこの乱暴な側面のほかに、支配的な意見には、ローマの属州を侵略した部族たちを大いにおだてる別の側面がある。古代世界が生気を失い、進歩にたいし無力であったのに対し、蛮族はなにか特別に生気のある要素にすぐれ、発展する活力があることをおわかりだろうか、蛮族が生命の樹液をもたらしたことをおわかりだろうか、等々といった具合で

──詩的な比喩で終わる同じ木のメタファーが展開される。「ナイル川の濁った水は、エジプトを浸し、もっとも肥沃した泥土の層でおおう」。見よ、詩は、〔ロシア語の〕ニル〔ナイル川〕とイル〔泥土〕と韻まで踏んで、どこまでも広がっていく。すばらしい！ ただ、ナイル川とも、その肥沃な泥土とも類似点はまったく何もない。訊かせてほしいのは、なぜ蛮族たちには、進歩への力が特別にあったのか、どのような新しい生気ある要素をかれらは歴史にもたらしたのか、である。

通常、「個性の原理」と答える。古代世界では個性は国家にのみ込まれ、人間は公民のなかに消えたようである。逆に蛮族では、個人の自由が、あらゆる社会的な絆よりも上だった。ここでは社会生活の二つの時期──といっても、両者とも多くのほかの時期とともに古代世界の歴史に存在していた──が、ただただ対置されているだけである。すべての未開の遊牧民のあいだでは、たとえば、北アメリカのネイティヴ・アメリカン、カルムイク人には、不変の、かつ公正に機能するような社会制度はない。族長が権力をふるうのは特別のときだけで、普段は眠っている。部族の集会も同じで、特別のときだけ集まり、個々人のあいだの日常のことは、たがいに好き勝手に処理される。もし、そのうちのだれかが族長ないし集会に保護を求めても、ほかの面々がこの権力に従うか、従わないかは、各自で判断する。要するに、通常の事のなりゆきは、──まったくの好き放題だが、この権力が行動を起こすや、族長ないし集会のたえざる抑圧とこのうえない専横がはじまる。もっとも、この権力に逆らって、そうしたければ、だれでも戦いを挑むことになる。同じことは、ゲルマニア人にもあった。フィリッポスよりもずっと昔に、マケドニア人にもあった。古代世界を構成したすべての種族が、それぞれ未開の状態にあったときには、そうであった。そこにある特別のこととは何か？ そこにある特別によいこととは何か？ あるいは、社会のそうした状態のなかに自由の確かな胚芽が含まれてはいないのか？ いささかもない。族長が権力をふりまわさないのは、各人には富がわずかだからにすぎない。かれは裕福であるし、つまらぬことに気をつかうのはうんざりである。だれかが仲裁をたのんでかれをゆり動かすまでは、眠っている。社会の成員のなかに、族長の関心をひくような富が現われると、かれはただちに眠るのをやめ、いつもの暴君となる。かれが暴君となるのは、部族が軍隊的気質をもっているから容易である。かれは軍の指揮官であり、軍の指揮官の権力は際限を知らず、部族そのものが、こうした権力を認めるようになっている。奔放なモンゴル人とチンギス＝カンやティムール、奔放なフン人とアッティラ、奔放なフランク人とクローヴィス、奔放な海賊たちとその徒党の頭目――これはみな同じである。すなわち、盗賊たちによくあるように、頭目が首をはねないうちは、各人すべて思いのままである。そこに進歩のどんな萌芽があるのか、われわれには理解できない。逆に、こうした気質は、たんなるアナーキーと専制の混合物でしかないと思われる。

実際はこうだった。ローマの属州を征服すると、征服者たる部族のだれもが、征服された住民であろうと、自分の仲間であろうと、思いつくまま、暴虐をはたらき、強奪し、だれかが殺さなければ切り殺す。頭目はといえば、かれに捕えられた者すべての首をはねる。

蛮族たちがもたらした秩序に、この特殊性以外にほかのなんらの特殊性も、われわれには見いだせない。この特殊性は、ルーシに侵攻したペチェネグ人やクマン人、タタール人にも見られる。もっとも、わが国には、タタールの秩序がロシアにとってひじょうに有益だったと唱える歴史学の学派がある。しかし、ナポレオン、そのあとムハンマド・アリーが駆逐したエジプトのマムルークについて、トルコのイエニチェリ軍団について、モロッコ、チュニジア、アルジェリアの強奪者集団とそのデイとかベイの称号をもった団長(10)（ゴートやブルグント、アレマン、フランクの軍団とその首領たちにそっくり相当する）について、かれらが略奪をくりかえした地方に進歩の新しい要素をもたらし、ボスニア、ヘルツェゴビナ、エジプト等々の住民を進歩の道に導いたなどと、だれも言わないだろう。

しかし、何世紀かつづいた略奪から、ついに出てきたのが封建制ではないか。――これこそが、蛮族が文明化した地方にもたらした特殊な要素なのである。それがどんなに特殊なものであれ、ローマ帝国最悪の時代の制度にくらべ、そこにどのような進歩があるか？　それでもある種の法秩序があり、いくらかは守られていた。封建制は、制度化された略奪の以上でも以下でもなく、規則を盾にした内紛でしかない。いまではとっくにだれもが認めるように、封建制には発展への力になるものはまったくなかったし、それまでの強奪的専制の限りないアナーキーの和らげられた形態にすぎない。文明にとって障害でしかないこの形態から、文明が得ることのできるものは何もなかった。文明は封建的な制度からすべてを、それらを打ち負かすことができるやいなや、すべて決定的に排除した。もっとも、六、七世紀にくらべると、封建制は進歩だったが、身代金をとった昔のイタリアの強奪者が、それ以前の、いっさい身代金もとらずに殺してしまう強奪者にくらべて進歩だったという意味でしかない。それでは、西欧の封建制において特殊なもの、独自のものとは何か？　それが出現したのは、自由な人びとが収入の一部を定期的に献納して、別の強奪者たちからの庇護を受けるために、強力な近隣領主のもとに従属することからである。しかし、はげしい混乱の時代にはどこの地方でも、自由な人びとが強力な人びとに従属したのはまったく同じであり、たとえばわが国でも僭称者たちの動乱時代にはそうであった。この形態から、従属的な領主たちとその宗主としての地方最有力の領主との関係、地域の領主たちとその宗主としての地方の領主との関係が出現したのであるが、やはり何ら特殊なものは見られない。東インドにおける強力なラージャたちと帝王、小ラージャたちと大ラージャとの関係もまったく同じであった。アワド〔ネパールに接する北東インドの地域〕はどこか、十二世紀のどこかザクセンとかブルゴーニュと瓜二つだった。『シャー・ナーメ（王書）』を披《ひら》いてみるがよい。昔のペルシア王国も同じだと分かる。ある地方のロスタム公は、[11] ハインリヒ獅子公とまったく同じような従属的な家臣たちをもち、シャー・カイカーウスにたいしては、ザクセン領主とドイツ皇帝、シャンパーニュ伯爵とフランス国王と同じ関係にある。これらとすっかり同じ関係にあったのは、古代ギリシア時代の小アジアの都市の、いわゆる僭主たちとペルシア国王である。封建制に類する形態は、まったくの野蛮な状態から、いくらかは法的な秩序のいくらか低い段階への移行期にある、ほとんどすべての国に出現したというのは、いまや周知の事実である。古代世界は、西暦紀元のはるか以前に、より完全な形態に、もっとよく言えば、より野蛮ではない形態にまですでに達していた。

ようやくわれわれは中世史の終わりに達した——それは封建制が中央集権化された官僚政治、ないしはそれに類するものに代わられることで終わりをとげる。だが、この中央集権化された官僚政治が封建制を完全に支配しえたのは、十七世紀より前ではなかった。ローマ帝国ではこの形態がすでに三世紀に支配しており、つまり、蛮族が突き落としたもとの高さまでにせよ、歴史がもりかえすにはまる十四世紀が費やされたのである。さてここで、蛮族によるローマ属州の侵略が与えた好ましい影響について考えてみるがよい。このできごとの有益性は、人類の先進的な部分が野蛮の奈落の底に突き落とされ、そこからまた、十四世紀にわたる途方もない努力の末に以前の状態にまでかろうじてはい上がることができたという点にあった。

さて、テーマを大きく変えよう。古代世界にさらなる進歩をとげる能力があったか、なかったのか、蛮族たちの介入が文明化した地方の運命に有益であったか、破滅的であったかについての、あれこれの考え方は、われわれには関係ない。これについては、専門家たちが研究書を書くにまかせておけばよい。われわれに関心があるのは、まったく別の問題であって、言うまでもなく、かりに古くさい昔の問題にたいする誤った見解を摘発することが、いくつかの現実的な問題にかんする自画自讃的な、かつ幸いにも空疎な考え方を洗い直すうえでたいして重要な役割をはたさなかったとしたら、われわれは、そんな古くさい昔のことで騒ぐこともなかったであろう。われわれはスラヴ派のことを言っているのではない。論争しなければならなくなったのがかれらだけであれば、論争することはなかったろう。なぜなら、かれらは少数だし、スラヴ主義が生まれたその根源的な傾向に自分自身も無縁でないことに気づかず、安易にかれらをあざ笑うのが好きな連中に、あまりにしばしば出会うからである。スラヴ主義は——わが社会のおそらくは大部分に存在し、残念ながら公衆すべての思想に影響を与えている人たちの多くにさえ垣間見られる感情の、首尾一貫した、成熟した形態にすぎない。「われわれは、文明世界の生活を刷新し、それ自身では作りだしえない、より高度な要素を生活にもたらすことを使命としている」〔ゲルツェンの言葉〕。このもっとも熱烈な西欧主義者をよく見ると、かれはこの面では、じつはしばしばスラヴ主義者である。

われわれは少しも西欧の現状に魅了されてはいない。だが、それにしても西欧にとっては、われわれから借りるようなものは何もなかろう。かりにわれわれのところに族長制（未開）時代から、先進的な国民がめざしてきた生活条件の一つにいくらか合致するある原理が保たれてきたとしても、西欧は、われわれとはまったく無関係にこの原理の実現に向かって進むであろう。新しい経済上の傾向は、ハクストハウゼン男爵がわが国の共同体的土地所有の慣習についてドイツ人に語った[12]そのずっと以前から、フランスやイギリスでは見かけられた。フランス人やイギリス人は、わが国のこの慣習をドイツ人から[13]もっと後になって——たぶん、ついきのうか、おとといに知ったばかりである。かれらの思想家たちは、わが国の慣習についての知識を借りないまま真理を見いだしたのである。かれらは自らの理論を組み立てたときでさえ、ロシアのある種族には共同体的土地所有が保持されていたことなど思ってもみなかった。西欧ではかれらの思想はこんにちまで、わが国の慣習との関係などまったくなしに広まってきたし、いまもそうである。西欧における新しい理論の信奉者のだれにとっても、それが新しい理論の論拠となったことはない。それはちょうど、つり橋がヨーロッパで発明され普及していて、それとはまったく無関係にこれにいくらか似た物が、中国人か、それとも東アジアの別の民族のところか思い出せないが、古くからあったことと同じである。すなわち、ロープを峡谷の端から向こうの端に投げかけ、ロープのうえに板を敷いたものである。ヨーロッパの技術者たちは、つり橋ができて、その効用を証明してみせたとき、こうした事実の存在など思いもよらず、中国かどこか東アジアからの助けなどまったくなしに、このような橋を普及させていったのである。ヨーロッパの技術と応用の進歩に中国人がどうかかわりをもったか？　人類の文明、あるいは西欧がかれらに負ったもの、今後負うものは何であるか？　反対にかれらは、わけの分からない蒙昧な状態からまともな文明に移行するさい、西欧から、かれらの旧来のアジア的状態では似たものが何ひとつなかった事物について、ついでに、かれらのところにも似たものがあったつり橋の建造も学ぶであろう。原理は実際に同じであるとしよう。しかし、その原理によって生みだされる事物が至る形態はけっして同じではない。中国人には、ヨーロッパ文明の助けなしに、文明社会の必要を満足させるような、実際に堅固で便利なつり橋をつくるまでには至らなかったに違いない。アジア的状態のかれらに存在する形態は、いくらか発展した社会にとっては不満足なものではないか。中国人のロープの橋は、何がいいのか？　それがいいのは、昔も今もアジア的状態にある中国人には、もっと完全な形態のものをつくることはできなかったし、そんなロープの橋でもなかったら、いっそう不便であったろうからである。つまり、中国人にとってこれらの橋は、さしあたって有用、ひじょうに有用でさえあり、たぶん有益かつ救いともなったし、いまもそうである。しかし、中国人にとってだけそうであり、ヨーロッパにはなんらの効用ももたらさなかったし、いまもこれからももたらすことはない。それらはヨーロッパにはまったく必要がなく、まったく不満足なものである。中国人にとっては、前にも述べたように、ひじょうに有用である。しかも、アジア的状態にあって、かれらに最良の橋のある最良の交通手段をもつ能力のないいま、有用であるというだけではない。おそらく、ありふれたこの事実が、かれらがヨーロッパの学問によって最良の交通手段を手にいれることができるときには、かれらがいっそうの進歩をとげるうえでも有用であろう。中国の高官たちがにわかに、開明的なヨーロッパ人に、スティーブンソンとかロバート・オーウェンのような真の改革者になれるわけがない。かれらの頭のなかには長いあいだ、あらゆる真にヨーロッパ的なものへの嫌悪をともなうアジア的旧習が居座っていよう。しっかりした技術者なら、ヨーロッパ人にこんなふうにも言うだろう。「それがどうだというのだ。もちろんつり橋は、純粋に民族的な、われわれ中国人の創作である。もちろんそこには、ヨーロッパ的なもの、中国人の秩序にとって堕落的、破滅的なものは何もない」。そして中国の民衆も、ロープの橋に慣れていなければ、鉄のつり橋の便利さや堅固さを信じることも容易ではなかろう。ところがいまでは、鉄のつり橋があらゆる面で安全であること、中国人の秩序に合っているし、そこを歩くも乗り物で行くもまったく怖くないことは、だれもが知っていよう。つまり、中国人が、かれらの国で新しい工学技術が容易に成功をおさめることができるのは、現在あるロープの橋に負うところが多いだろう。

さて、この種の歴史と同じことが、わが国の慣習的な土地所有についてもいえる。ここでヨーロッパには、何のためであれ、借りるものは何もない。ヨーロッパには、頭に自分の知能があり、知能はわれわれよりもはるかに進んでいて、われわれから学ぶことは何もなく、われわれの助けは、かれらには必要ない。わが国に慣習上存在するものは、かれらのより進んだ要求、より完成された技術にとっては不満足である。われわれ自身にとってこの慣習は、さしあたりひじょうに良く、われわれにもっと良い制度が必要になるときには、旧来の慣習が存在することでその導入は著しく容易になる。旧来の慣習は、われわれにそのとき必要になる秩序に原理上似ているし、この新しい秩序に適切な、幅広い根拠を与えるからである。

もっとも熱心な夢想家たちは、共同体的土地所有のほかには、わが国の社会的および個人的慣習のなかに、老いさらばえたヨーロッパをわが国の生新な助力によってよみがえらせると予言しながらも、そのためのただの一つの制度、ないしは制度の胚芽さえも見いだせなかった。われわれがここで述べているのは、もちろんスラヴ派のことではない。スラヴ派には、わが国のがらくたにはなんら見向きもせず、わが国のがらくたはすべて、瀕死のヨーロッパを生き返らせるために格別に役立つ、すぐれたものであるというほど独特なものの見方がある。ある者はこう断言する。どんな侮辱にも黙って耐えるわが民族の習性はひじょうによいし、西欧は、この称讃すべき特質に欠けているから死滅するのだ、われわれからこうした従順さを学ぶことで救われるだろう、と。別の者はこう思いつく。われわれは酒を飲み、遊び興じることはよくできる、西欧はわれわれから、ロシアのとんでもないどんちゃん騒ぎ、つまり安酒場でなぐり合ったり、居酒屋でグラスをたたき割ったりするのを学ぶべきであり、そうすれば、まさしくこうすることで死から救われる、と。三人目は、民衆の生活に深く目をこらし、家の灶《かまど》から、つまり煙突のない農家の煖炉の粘土から、別の宝物をもちだす、すなわち夫が妻をなぐる、父親が息子をなぐる（反対に、父親が老いぼれると、息子が父親をなぐる）、嫁とりする者と嫁にいく者の同意などおかまいなしに、両親の命令で娘を嫁にやり、息子を結婚させる、これらの家族関係は、西欧にとって理想とされるべきであり、それらによってかれらは救われる、と。四人目は、わが国のきびしい冬の長さを自慢して、こんなことを考えだす。西欧は酷寒がないから衰弱した、と。しかし、これはどうしようもなく、とうてい救いがたいことは、その人もきっぱり認めるだろう。われわれが述べているのは、こうした人たちのことではない。かれらは少数だし、かれらとは論争するまでもない。われわれは、変わり者ではなく、人間らしい常識に沿ってものごとを判断する人たちについて述べている。かれらは、共同体的土地所有のほかには、わが国から先進的な国々に普及すれば有益なもの、われわれがかれらの蘇生を助けることのできそうなものは何も見ていない。この慣習をわが国から学ぶことは、ヨーロッパにとってはもうおそく、その必要はない。というのは、ヨーロッパ自体、いかなる新しい秩序がかれらに必要か、いかにそれらを打ち立てるか、いかなる方法で実施するか、われわれよりもはるかによく理解しているからである。つまり、もうわれわれには、ヨーロッパをよみがえらせるものは、まったく何もない。

　このことでわれわれがあくせくすることは何もない。いかなる蘇生の専門家もヨーロッパには必要ない。ヨーロッパは、自分の知能で判断できるし、自分の力でしたいことができるし、かれらには、なすべきすべてをおこなうに十分な自力がある。

あるいはあなた方はこう言いだすだろう。ヨーロッパは老いさらばえ、力が弱っている、生命を終えた、等々。――つまり、あなた方はまた、偽りが明らかになった木の同じメタファーに、まったく反することを証明した古代世界の同じ例に、戻ることになる。――あなた方はそこに戻るのか？　もういちど話をしよう。

「長く歴史生活をしてきた老いた国々は、自らを衰退させる……」。そう、十分にわれわれはもうその続きは聞いた。はじめに、せめて古代世界について、簡略にするために、せめてその西半分、西ローマ帝国について考えてみるがよい。もっと簡略にするために、たんにその北部、ローマ帝国の西欧部分だけについて述べてみよう。この部分は、イタリア、南西ゲルマニア、ドイツのライン川沿い、ベルギー、オランダ、イギリス、フランス、イベリア半島からなっていた。これらすべての国々のうち西ローマ世界崩壊前に、長い歴史生活をもったのはどの国々か？――ただ一国、イタリアだけである。残りのすべての国々は、紀元のはじめにはまだまったくの未開、野蛮、すなわち、あなた方の用語でいえば、若々しく、生新で、純潔であった。それらはまず、この純潔さと清新さから抜けだしはじめた。われわれは、それらが徐々に文明化していったのを見てきた。われわれは、それらの成果を讃えさえしたし、それらのなかに、さらなる進歩の保証を見いだしもした。しかし、われわれにはよいと思えたことが、あなた方に言わせれば致命的だとすれば、なにをかいわんやである。かれらにもたらされたこの破滅は大したものではなく、文明の毒素にかれらは大して感染しなかったのだから。三世紀末、四世紀半ば、それらはなおもまだ半未開の国々であった。土着の住民大衆は、まだひじょうに無知、あなた方流にいえば、生新の状態にあった。歴史生活にこの大衆は、まだ少しも参加していなかった。教養ある階級はまだごく少数で、かれらも歴史生活に参加しはじめたばかりで、自主独立についての最初の漠然とした思想に、ようやくめざめはじめたところであった。つまり、長きにわたる歴史生活が、国が進化する能力を増大するどころか、減少させるのであれば、――すなわち、あなた方のメタファーでいえば、土壌が肥えるのではなく、そこに成長する森のためにやせていき、森が大きくなればなるほど、土地の生新な水気が失われていくとすれば、——このように常識とは反対にものを考えるとすれば、結局あなた方の理屈では、イベリア半島、ガリア、ブリタニア、ライン川沿いのドイツの地域は、ひじょうに生気にあふれ、ひじょうに進歩への力に満ちた国々であったが、同時に蛮族たちが、これらの国々に生まれつつあった文明を破壊したことになる。では、西欧を見てみよう。文明が民族の力の生新さを奪うものならば、歴史生活への参加が進化への能力を弱めるものならば、西欧の住民は現実にこれらの点で、とっくに衰弱しているはずではないか？

西欧の教育程度はひじょうに高い。だからといって、しかし、ドイツでも、イギリスでも、フランスでも、はたして人民大衆はこんにちでもまだ無知のどん底に沈んではいないか？　安心なさい。大衆は魔法使いや魔女を信じているし、まだ完全に異教的性格の無数の迷信的な物語にあふれている。大衆のなかに、あなた方によれば未開に相当する力の際立った生新さを認めるには、はたしてこれではあなた方に不足なのだろうか？

もっとも先進的な国々における大衆の最新の状態が十分に確証しているように、大衆はこれまでほとんど歴史生活を生きてはこなかったし、あなた方のお好きな若い国々が眠っていたように、いまなお何世紀にもわたって幼児のように眠りつづけてきた。あなた方は、われわれにはまったく明白なこの結論を認めないが、歴史に照らしてみるがよい。歴史はあなた方に、封建時代は、もっぱら領主と騎士だけの歴史生活の時代であったことを端的に語っている。はじめはこれらの実名のもとに、のちには上層階級とか貴族階級の名のもとに、かれらだけが国の運命を左右したのである。かれらの欲するままに制度をつくり、戦争をし、裁判をし、統治をし、ほかの身分のものにはまったく何も許さず、自分の思いどおりに過ごしていた。封建制はいつ終わったのか？　フランスでは前世紀の終わりに、つまり——そんなに以前ではなかった。イギリスでは——意見はさまざまである。ある説では、まだつづいているといい、ほかの説によれば、一八四六年の穀物法廃止をもって終わったという。また別の説では、それより早く、一八三二年の議会改革をもってといい、そのほか、さらに以前に十七世紀の終わりか半ば、ステュアート朝の第二次ないし第一次転覆のさいに終わったという説もある。もっとも遠くにさかのぼっても、二百年はたっていない。ドイツでは封建制の支配は、今世紀はじめ、ナポレオンの征服とシュタインの改革をもって終わった[14]。それは西部と北部ドイツに限られ、南部ドイツとオーストリアでは――一八四八年であった。われわれが記した時代までは、これら三つの先進国のうちどの国も、住民大衆ばかりか、中層階級の側からも、歴史生活への強力な参加はなかった。つまり、ひきつづく歴史生活によって住民大衆の力ばかりか中層階級の力も、まだ枯渇していなかった。ご存知のとおり、中層階級は歴史的なできごとの遂行に、自分たちの必要による社会秩序の構築にとりかかったばかりである。ドイツでもイギリスでも、そしてフランスでさえ、だれもが知っているように、封建制から保持されている要素、すなわち軍隊と官僚制は、依然としてひじょうに強力である。

農業にかんするまともな著述家たちの意見によれば、土地は合理的に耕作されればされるほど沃土となる。おそらくあなた方は、放置されたままの、三年もすれば、どこも使いものにならなくなり、耕地を新たな場所に移すことになるような農地だけを見て、歴史生活が国の力を衰えさせると考えるのだろう。だから、たとえあなた方の考え方に同意するにしても、先進的な各国の人口のほんの一部がその力を消失することはありえたと言えるだけで、国民全体をみれば、歴史の舞台にまさに登場しようとしたばかりであると言うべきである。ただ国民の前衛、中層階級だけがすでに歴史の舞台で活動をし、といってもほとんど活動しはじめたばかりであり、主たる大衆はまだ事にとりかかりもせず、その一塊の隊列がまだ歴史的活動の領域に近づきつつあるにすぎない。

早まって、あまりにも早まって、あなた方は西欧の諸国民の老衰についてしゃべった。かれらはまだ生きはじめたばかりだというのに。

しかし、われわれが見たように、ローマ帝国の属州においても歴史生活は、同様に、ようやく始まったところである。西欧の生活もこれと同じカタストロフィーに遭わないと、だれがわれわれに保証するだろうか？[15]

このようなカタストロフィーが起きないという保証になるのは、地理学、統計学、技術学、そして兵学である。文明世界と蛮族や半蛮族の世界との関係は、いまや土地の広さや人口数からいっても、かつての時代とは同じではない。ローマ帝国は莫大な版図をもっており、現在の西欧全体の空間に匹敵した。しかし、そのもっとも広大な部分は、文明化がはじまったばかりの地域からなっていた。そこでの啓蒙の水準は、かれら独自の力によるというよりは、まだイタリアやギリシアの影響によって高められた。おそらく、かなり短期間に――二世紀、三世紀をへて――かれらは自立してやっていける力を獲得した。しかし、蛮族の来襲が始まったときには、イタリアやギリシアの種族の知能水準にとどまっていた。イタリアは、土地の広さはおよそ五千地理マイル〔地球の赤道に沿って一分の角度に相当するものとする距離の単位、一地理マイルは六〇八七・〇八フィート〕、ギリシアはその島々や小アジア沿海の狭い地帯をあわせておよそ二、三千地理マイルの広さであり、この両国は、教育がすでにあって、国内の権勢によって発展させせられるような力になるまで文明が到達していた唯一の国であった。このように、当時の文明世界は二つの小さな地域に限られており、それだけが本質的に重要な部分、中心地でもあり、それに残りの広大な空間が隣接して、これらの中心から生命をさずかっていたのである。いまはそうではない。西欧には、あれこれの点でほかより文明の進んだ国々がある。しかし、もっとも進歩していない国といえども、半蛮族呼ばわりできるような国はもはやない。スペインとかポメラニア、あるいはトランシルヴァニアといった国もやはり――文明国である。イタリアとギリシア以外のローマ帝国の、すべての地域にあったような状態と同じ類いのものは、いまでは西欧のほんの一部の、ごく小さな片隅に――サルデーニャ島、部分的にはコルシカ島に見られるだけである。しかし、コルシカもサルデーニャも、三世紀のガリアの状態とは、ほかのローマ属州は言うまでもなく、くらべものにならないほど未開からは隔たっている。これら属州の当時の状態は、いまの東インド、またはジャワ島、ヨーロッパの近くではアルジェリアに見られるものと対比できよう。その地方の文明化の要素は、主として他種族の新来者たちに集中している。土着民のかなり多くもこうした文明を受けいれ、その数は増えていくが、それでも土着の一般大衆はまだまったく野蛮のままである。もし文明世界がいまは、東インドを領有するイギリスだけとして、そして、イギリスがどこか東インドの果てにあると想像するならば、これは、ローマ帝国の状態とそっくりである。半未開の地の広大な空間に接し、この地の文明が未発達のために不運が重なって弱まっているこの小さな片隅が、中央アジア全域からの未開の遊牧民の来襲に持ちこたえられるかを保証するのは、無論、難しかろう。このように、第一の相違は、新しい文明によって獲得された基盤の広大さと堅固さである。文明化された土地の空間が拡大するにつれて、蛮族の流れが文明化された地域をめざすにあたって出発点とするような地域の空間は狭められた。(16)さらに驚くべき変化は人口数の関係である。もし中国、日本、東インド——それらの民族が、もちろん西欧に侵攻してくる恐れはもうない——を除けば、それ以外の古い世界は、西欧ほどの人口をすでにもっていない。働き手の数を力とみなすならば、力の優位はもはや西欧の側にある。数限りない未開の人びとへの生死をかけた抵抗がイタリアとギリシアの住民にのみ限られていた千五百年前はそうではなかった。最後に、技術学と兵学は、いまやまったく別の状況にある。蛮族もローマの軍隊も、もっとも強力な武器は刀剣であり、それは半蛮族の国々でも鍛造できた。出撃の命運が、いまでも直刀と銃剣によって決せられるとすれば、勝利もありうると考えられる。勝利は、火薬の発明、小銃や大砲の出現とともに困難になった。しかし、古い小銃、古い大砲があまりにも雑な出来であった時期には、ドースト・ムハンマドとかいうアフガニスタン人が、ヨーロッパのそれに劣らない兵器や鋳造の工場を自分のところに建てることができた。いまはそうはいかない。ベンガル軍が反乱をおこしたとき、イギリス人は、戦闘にかかる出費や苦労に関する予期せぬ見通しに、もちろんひじょうに驚いたが、結論として、きわめて理にかなった言い方でこう付け加えた。「われわれはもっともすぐれた武器をこれらセポイ〔東インド会社のインド人傭兵〕に供給したが、かれらは自分の小銃を修理できないし、そのための弾薬筒もつくれない。かれらがわれわれの武器庫から奪った弾薬筒を使い果たすと、かれらはわれわれにたいしてほとんど無防備に等しくなる。なぜなら、かれらが修理もできる小銃や、かれらが作れる弾薬筒をもってわれわれと戦うことは、かれらにはできないからである(17)」。

О причинах падения Рима (1861)

註

（1）論文「ローマ滅亡の原因について」は、はじめ『同時代人』（一八六一年第八十七巻第五号）に発表された。

論文の内容から明かなように、表題はローマ滅亡の原因についてであるが、それはたんなる口実で、西欧は進歩する力がないとか、西欧の革命に展望がないといった見解を批判するためであった。ここでなによりも念頭にあるのはゲルツェン、とくに、かれの論文「ロシア民族と社会主義」である。

ゲルツェンはそこで、西欧は、「ローマは永遠であり、蛮族の世界に始まりつつある動きはとるにたりないもの」と、その滅亡の前夜に唱えたローマの状態に似ている、と書いた。このローマの運命が、ゲルツェンの言によれば「おそるべき大異変に近づきつつある」ヨーロッパを脅している。「政治的・宗教的革命は自らの無力さの重荷のもとで力つきはてている」。ゲルツェンはつづける。「それらの革命は大事業を完成させたが、自らの任務は果たさなかった……。それらは心に希望の火をともしたが、希望を実現することはできなかった」。他方ロシアには、ロシア人民のおびえ、ツァーリ権力への恐怖にもかかわらず、前進への、社会主義へのすべての基盤がある。そこには、ゲルツェンが農村共産主義と呼ぶ共同体が保持されていたからである。ロシア人民にとっての幸運は、「かれらがあらゆる政治的な動きの外に、また疑いもなく共同体を掘りくずしたであろう、そしていまや自らが社会主義において自己否定にいたったヨーロッパ文明の外にとり残されていたことである」。

チェルヌイシェフスキーは、西欧の社会主義をめざす運動の非力、ロシア農民の生まれながらの社会主義にかんするゲルツェンのこのテーゼに反対して論文「ローマ滅亡の原因について」を執筆した。ただし、この論文に含まれている、ローマ帝国が滅亡したのは蛮族が侵攻したからで、その社会政治構造が崩壊したせいではない、という主張は、同じ問題にかんするチェルヌイシェフスキーの他での発言と矛盾するし、この論文の論争的性格によるものと指摘しておかねばならない。

表題にある「モンテスキューをまねて」は、付けたしの副題にすぎない。モンテスキューは著書『ローマ人盛衰原因論』で支配階級の腐敗をローマ滅亡の原因とみなし、ローマに将来発展の能力ありや、なしかの問題は立てていない。

（2）ギゾー著『ヨーロッパ文明史』ロシア語訳のチェルヌイシェフスキーの書評「ローマ帝国の滅亡からフランス革命までのヨーロッパ文明史」をさす。

（3）ガイセリック（四二七―四七七年）は、四五〇年にローマを略奪し、高価な芸術の財宝をもち去ったゲルマン種族のヴァンダル族の王。シゲベルト（一〇三五頃―一一一二年）は、中世の年代記作者、修道士、三八一年から一一一一年までの全世界の編年史である『年代記』の著者である。

（4）イギリスの植民地支配にたいする一八五七年のインド人民蜂起をさす。

（5）現在の西欧の国々の領土に住んでいた未開種族の脅威からローマ帝国を守るために、ローマ皇帝ディオクレティアヌスは四つの道を十二の管区（ダイオシス）に分割した。

（6）紀元前二世紀ないし一世紀。

（7）ゲルマニアの二つの種族――キンブリ族とテウトネス族はローマ人につぎつぎ敗北をもたらしたが、紀元前一〇二―一〇一年にマリウスが、かれらのローマ襲撃を撃退した。ガリア人の来襲とローマの火災は紀元前三八六年であった。カルタゴの将軍ハンニバルがローマに近づいたのは紀元前二一六年、ローマがオドアケルに掌握されたのは四七六年であった。

（8）ゲーテの詩「マクデブルクの崩壊」から。ティリー伯ヨハン・セルクラエス（一五五九―一六三二年）は、ドイツの将軍。マクデブルクは、一六三一年にかれの兵士たちによって焼かれた。

（9）シラーの詩「勝利者の祝宴」（V・A・ジュコフスキー訳）から。〔なお、一行目の「善良な」は、ジュコフスキーの実

際の訳では「勇健な」となっている。〕

(10) マムルークは、捕らわれて奴隷となった身分の出身で、十三世紀に編成されたエジプトの軍人。時とともにかれらは、ローマの親衛隊に類する大きな役割をもち、旧王朝を倒し、スルタンの座にのぼった。一八一一年にかれらの王朝は、エジプトの大守、ムハンマド・アリーに滅ぼされた。デイは、親衛隊やさまざまな強奪者集団の首領。ベイは、トルコの軍事や文民政権の称号。

(11) ロスタム、シャー・カイカーウスは、タジク人作家フェルドウスィーの叙事詩「シャー・ナーメ」のシャー(国王)。ハインリヒ獅子公(一一二九—一一九五年)はバイエルン公であり、ザクセン公であった。

(12) ここで語られているのは、ドイツのハクストハウゼン男爵の著書『ロシアの国内事情、国民生活、とりわけ農村制度の研究』である。著者はプロイセン・ユンカーの貴族的＝君主制的立場からロシアの農村共同体の意義を、専制権力の砦として評価している。

(13) 西欧の空想的社会主義者たちを示唆する。

(14) ハインリヒ・フリードリヒ・フォン・シュタイン(一七五七—一八三一年)はプロイセンの官僚、プロイセンの農奴解放改革の主導者の一人。農業における資本主義発展の、いわゆるプロイセンの道の端緒を開いた。シュタイン改革(一八〇七年)の核心は、農民は人格上の農奴的隷属からは解放されたが、大部分の土地は地主の所有に残しておくという点にあった。

(15) 校正刷りでは、さらにつづく。「かりに、カタストロフィーが進歩にとって有益でないとしよう。しかし、ローマ帝国を破壊した蛮族は進歩のためには尽くさなかったではないか。われわれに分かるわけもないが、おそらく、新しい蛮族、あるいはどこかの半蛮族は、西欧に生きいきした要素をもたらすことを自慢するにせよ、しないにせよ、西欧を同じ運命にさらす」。

(16) 校正刷りでは、さらにつづく。「当時、この空間の西端はライン川であったが、いまでははるか東方にまで延びた」。

(17) 校正刷りでは、論文は別の結びになっている。「この考察はかなり、文明の進歩が先進的位置を占めていないすべての国々にあてはまる。最新の兵学は、先進的な国民と戦うには、先進的な国々でしか作れないような装備を求めている。半未開の土地では、先進的な国々と戦うのに必要な武器を製造する製作所や工場は建てられない。ひじょうに高度に発達した文明が国にあってこそ数多くのすぐれた機械工場が存在しうるのであり、そうしたところだけに、ウーリッジの工廠が可能なのではないか。

それはさておき、こんにちの文明は広まり、現在のフン族やヴァンダル族も文明世界には無力というほどに強まった。いまや、かれらがより早く文明化するのを期待できる。秩序ある、啓蒙された隣人をもつことは——となりに半蛮人たちがいるよりも、いっそう心地よく、有益なことである。しかし、高慢であろうと、高慢でなかろうと、文明に新しい要素をもたらす意図をもとうと、もっと現実的な、専制をしき略奪をする意図をもとうと、未開ないしは半未開の、民族ないしは種族は、もはや、ヨーロッパの文明をどうすることもできないし、その助けを借りて自分たちの発展につくすほかには何もできない」。

地主領農民へ、同情者からの挨拶（1）

諸君は待っていた、ツァーリが諸君に自由〔農奴解放令〕を与えることを。そして自由がツァーリから諸君に発せられた。

ツァーリが諸君に与えた自由がよいものかどうかは、いまや諸君自身が知っている。

ここで多くを語ることはない。これから二年は、すべて以前のままである。賦役も変わらない。諸君にたいする権力も、かつてと同じく、地主に残される（2）。賦役がなく貢租があったところでは、貢租はいままでどおりか、それ以上に大きくなるだろう。二年間だとツァーリは言う。二年間に土地の名義を書きかえ、分与するとツァーリは言う。二年どころか！　五年、十年とこの事業をひきのばす。そのあとは？　ごらん、きっと同じことがさらに七年。違いがあっても、迫害を受けた場合に地主を訴えでる役所があれこれ設けられることくらいだろう。「地主を訴えよ」、この言葉がどういうことか、諸君自身が知っていよう。訴えることは以前もできたが、訴えて得るものは多かったか？　ただただ訴人は巻き上げられ、そして破産させられ、そして鞭打たれるだけであり、勇気のあるほかの者たちは、兵隊にとられ、シベリアか、囚人部隊に流される。訴えての得といえば、こんなことくらいだった。山羊が狼と争って残ったのはしっぽが一本だけ、とはよく知られている。そんなことがこれまでにあり、狼がいる――つまり地主とそれに役人が残るあいだは、これからもそんなことがあるに違いない（3）。では、そんな狼たちをいなくさせるには、どうしたらいいかは、すべてあとで話すことになる。いま話すのは、諸君にどういう新しい制度を導入することが必要かという話ではなく、ツァーリが諸君に与えたのはどういう制度かということであり、つまり、こんどの制度は諸君にとってけっしてよいものではなく、ツァーリの公布、それから勅令によって定められる制度はこれまでとまったく同じ、ということである。呼び名が変わって、言葉のうえでのみ違うように見えるだけだ。かつて諸君は農奴とか地主領農民と呼ばれ、いまや期限つき義務負担農民〔一時的義務負担農民のこと〕と呼ばれるようになるが[4]、じつは、変わりはあまりないか、まったくないかである。こんな言葉が考えだされたのだ！　期限つき義務負担——なんとばかげたことよ！　どんな畜生が、こんな言葉をかれらの頭のなかにぶち込みやがったのだ！　われわれの言い方では、自由な人間、それがすべて、と言わねばならない。呼び方だけではなく、実際に自由な人間になるのだ。ほんとうに自由な人間はどのようであるか。どんなふうにすれば諸君は自由な人間になれるか。そのことについては、すべてあとで書くとしよう。いまはツァーリの勅令がよいのかどうかについて話す。

こういうわけだ。二年間待て、——ツァーリは言う。土地が分与されるまで。実際には土地が分与されるのに、五年、あるいは丸十年かかる。さらに七年、これまでどおりの農奴の境遇のまま暮らせ。ところが実際には、ふたたび七年ではなく、十七年、あるいは二十年かかる。見てのとおり、すべてが遅れにおくれていくからだ。つまりは、諸君は昔のままに、地主の奴隷身分のままこれらの全歳月を、二年、さらに七年、ということは——九年暮らせ、勅令にも書かれているように。ところが実際には、遅れにおくれて二十年、あるいは三十年、あるいはもっとかかるだろう。その期間ずっと囚われの百姓のまま、どこにも出られない。つまり、まだ自由な人間にはなれない、期限つき義務負担のまま、つまり同じ農奴のままである。諸君に自由は待ってもすぐにはやってこない。——小さい子どもは、髭のはえるまで、あるいは生きながらえて白髪になるまでも。ツァーリが制度を定めてそれがおとずれるまでは。

では、自由がやってくるまで、諸君の土地はどうなるか？　ほら、こうなろう。土地が区分されはじめ、諸君のこれまでの土地の切り取りが命じられると、ある村ではいままでの四分の一を、ほかの村では三分の一を、また別の村では半分そっくり、ところによってはもっと多く土地が切り取られることになる。しかもこれは、地主たちの詐欺も、かれらにたいする測量士の見逃しもなしの、ツァーリの勅令の指示そのものなのだ。もっとも、測量士たちは地主を見逃すことなしに事をおこなわない。というのも、その代わり地主たちはかれらに金銭を与えるのだから。その結果、かれらが諸君に残す土地は以前の半分以下になる。二デシャチーナの農地に一チャグロ〔作業単位〕の貢租・賦役が課せられていたところでは、一デシャチーナ以下が残される。そして一デシャチーナ、またはそれ以下にたいして百姓は、以前ならほぼ二デシャチーナ分にあたる賦役をさせられ、以前ならほぼ二デシャチーナ分にあたる貢租を払うことになる(5)。

では、どうやって半分の土地で百姓が暮らせるのか？　つまりは、地主に頼みに行かねばならなくなる。ツァーリの勅令では食べるにこと欠く、もう少し農地を増やして、と。すると領主は言う。それなら追加賦役を負え、または追加貢租を納めよ。そして百姓に存分に吹っかける。百姓には逃げることはできず、かといって、区分して残された土地だけで暮らすこともできない。そこで、百姓は結局、地主が要求するすべてに同意することになる。そして結局、地主は百姓に、いま以上に重い賦役を負わすか、いま以上に重い貢租をとりたてる。

追加分をとるのは、はたして耕地にたいしてだけか？　いや、きみは草地にたいしても地主にさしだすことになる。なぜなら、草刈り場も百姓はツァーリの勅令ですべて奪いとられるのだから。それに森にたいしても地主は百姓たちから手に入れる。なぜなら、全村で森林は奪いとられるのだから。勅令には、森林は地主の財産であり、百姓は、落ち枝も地主に代金を支払わずに拾ってはならないと記されている。どこかの川か湖で魚をとったら、その代金を地主がもらうことになる。そうだ、きみがかかわるものすべて、すべてにたいして地主は百姓に、賦役あるいは貢租の追加を要求するようになる。地主はとことん百姓から奪いとる。つまりは、ツァーリの勅令によって地主たちはみなを貧乏人にしていく。

それだけではない。屋敷を移すことは？　それも地主しだいなのだから。移動を命じる、――一年どころか十年先まで荒廃する。小川から井戸へ、腐った水へ、虱《しらみ》だらけの水へ移す。良質の土地から塩分の多い土へ、あるいは砂地へ、あるいは沼地へ。ほら菜園も、いやはや麻畑も、ほら良質の放牧地も、すべて影も形もなくなってしまう。どれほどの民衆が、その沼で、その腐った水で、つぎつぎ死んでいくことか！　それよりもっと赤ん坊が哀れだ、年端もいかない者が。蠅のようにその汚れた土地で、その汚れた水で死ぬ。ああ、なんと痛ましいことか！　先祖の墓場――それと別れを告げるのは、どんなに辛いことか？

ツァーリの勅令で地主が新しい場所への移住を命じると、百姓はたまったものではない。地主が百姓たちを移住させなければ、かれらはつまり、まぎれもなく、まったくの地主の奴隷の状態である。地主は万事につけてこうである。百姓が地主の足元にひれふしてこう泣きわめく。「お父上、実のお父さま、なんなりと言ってください。なんでもいたします。すっかりあなたの奴隷です！」すると地主は、「そうした賦役に従うのも、そうした貢租を納めるのもいやなら、おれの望みどおりに屋敷を移せ」と、この一言である。それで、この言葉どおりになんだってすることになる。

地主はさらにこう言う。おまえはこの日、おれのために働いた。このことは計算に入れない。おまえの働きは悪かった。あしたはその分働いてつぐなえ。それで、きみはやって来るだろう。これについてもツァーリの勅令によって地主に権力が与えられているのだ。

これはすべて、百姓たちが、期限つき義務負担農民と呼ばれているあいだ、つまり証明書で約定されたように九年間、実際はもっと長く、二十年、それとも三十年間、どのように生きていくことになるか、という話である。

では、その後はどうなるか、つまり、いつ百姓に地主から離れる許しが出るのか？　たぶん、それは口にすることではなかろう。ツァーリの勅令に従ってまだ長いあいだ、それを待つことになるのだから。もし諸君が知りたければ、この遠い先についてもよく考えてみることはできよう。

期限つき義務負担の期限がくると、きみは自由に地主から離れられる。それは勅令でそういう約束になっている。そこにはただ、もう一つ付け加えられている。きみが出ていくなら、きみの土地は地主の所有のままである、と。地主は、もしそうしたければ、土地を取りあげてきみを追い出すことができる。なぜなら、きみに分けられた土地は、やはりきみのものではなくて、地主のものだったのだから。地主がきみに与えたのは、それを耕す許可、あるいは、そこの干し草を刈る許可だけだった。きみが期限つき義務負担農民と呼ばれていたあいだは、地主はきみを土地から追い出すことはできなかった。きみが期限つき義務負担農民と呼ばれなくなったとき、かれはきみを土地から追い出すことかできる。勅令には、追い出せると、そんなあけすけには述べられていないが、そういうことになる。そこには、百姓は、期限つき義務負担の期間が終了したときには去ることができる、と書かれている。どういうことになるか、諸君で考えてもみよ。地主の奴は、百姓たちの土地を奪おうとしている。かれは百姓たちを押さえて搾りとり、出ていって土地はかれに残させるよう圧迫する。それはつまり、はっきり言って、地主は百姓たちの土地を奪い、百姓を追い出すことができる、ということである。

いつ諸君を期限つき義務負担農民と呼ぶのを止めるか、その時期についてである。そう呼んでいるあいだは、地主は百姓全員をいちどに追い出すことはできず、別々にしかできない。きょうはイヴァン、あすはシードル、あさってはカルプ、と順番に。しかし、それも同じことである。

では、百姓は、かれの生業が破たんしたときには、どこへ行けばいいのか？　モスクワへ、あるいはピーテル〔ペテルブルグ〕へ、それとも工場へか？　どこもいっぱいで、もう人は要らない。住むところもない。つまり、世の中を、大都市を、そして工場をわたり歩いても、やはりもとの村にもどってくる。百姓たちははじめのうちは試してみようとする。だが、最初の人たちがどこにも日々の糧を得られなかったのを見たあとでは、試すのをやめ、これまで暮らしていた近場にひきかえし、そこに留まろうとする。村にもどった百姓は、生業も土地もなく、雇われ農夫になるしか、することも、身のおきどころもない。雇われてみる。快く雇農として暮らせるのか？　いまは、さほどつらくはなかろうが、そうなると、いまの雇農の暮らしよりも、もっとずっと悪くなるだろう。なぜ悪くなるか、ことは明白である。みんなが土地を取りあげられて追いだされ、いたるところで何百何千という民衆がぶらぶらして、雇農にやとってくれと地主にたのむことになろう。つまり、百姓たちの暮らしは地主の意のままということになり、かれらは、いま雇農が主人と掛け合っているようにはできなくなる。一片のパンでもありがたくなる。さもないと、自分の腹のなかは空っぽ、家族が雨露しのぐところもない。とうにそんなことになっている忌まわしい土地がある。いいかい、そんなところで百姓たちがどのように暮らしているか。諸君のところのいまの百姓家はみすぼらしいが、そこではそんなものではない。掘っ立て小屋や家畜小屋で暮らしている。でなければ大きな納屋に、一つの納屋は十家族でぎっしり、向かいの家畜の群れそっくりである。まともなパンは食べていない。ありとあらゆるくず物ばかり食べている。われわれはひもじい年にはそうであるが、かれらはいつまでもそうなのだ。わがロシア帝国には、リガやレーヴェリ〔現在のタリン〕、ミタヴァ〔現在のイェルガヴァ〕の都市があるような、忌まわしい土地がある。そこの民衆もまたキリスト教徒であり、かれらの信仰もまた篤い。その土地が忌まわしいのは、信仰の点ではなく、そこの民衆の暮らしぶりの点である。もし百姓がよい暮らしをしているとすれば、よい土地であり、暮らしが悪ければ、忌まわしい土地なのだ。

　ツァーリの布告によって、勅令によって事はどこへ運ばれようとしているのか。自由にではなく、地主たちが諸君を永久の隷属状態に、いまよりもずっとずっと悪い奴隷状態へと導くほうに向かっている。ツァーリは知らなかったのか、自分がどういうことをしているかを？　諸君、考えてもみよ、これを判ずるのは難しいことだろうか？　ということは、かれは知っていた。では、諸君はかれに何を期待すべきか、よく考えてみるがよい。かれは諸君を中傷した。かれは諸君を惑わせた。諸君はかれから、諸君が必要とする自由を待ちおおせない。なぜ、かれからは待ちおおせないかも判断がつく。

かれ自身はいったい、同じ地主ではないとするならば、何者なのか？　御料地農民たちは、いったいだれのものなのか？　かれらはかれの農奴農民ではないか。それに、諸君を農奴として地主にひきわたしてきたのも、すべてのツァーリたちだ。あまりに昔のことなので、もう記憶にはない者もいるし、そう昔ではないので、祖父たちがおぼえている者もいる。いまのツァーリの曾祖母エカチェリーナは、自由農民を農奴としてひきわたした。そのエカチェリーナをお母上とあがめるような愚か者がまだいる。お母上はご立派で、わが子を奴隷にした。

諸君は地主たちの農奴、地主たちはツァーリの召使、かれはかれらの上に立つ地主である。つまり、かれも、かれらも同じなのだ。いいか、犬は犬を食わない。だからこそ、ツァーリは地主の側についている。かれが諸君に自由を与えるかのように布告や勅令を発したのは、もっぱら惑わすためであった。なぜそうしたか、それはこんなわけである。フランス人にも、イギリス人にも、農奴の国民はいない。かれらはかれにそれとなく、おまえのところには奴隷の国民がいるそうだが、とあてこすった。かれは、かれらにたいし恥ずかしかった。そこで、かれは、かれらの目をくらませようとして、見栄のためにそれをした。欺瞞のためにしたのだ。

かれは諸君に自由を与えた、というらしいじゃないか！　はたして、ほんとうにそんな自由があるのか！　それがどんなか知りたいものだ。

フランス人には自由があり、かれらに差別はない。人は自分の土地を耕すか、他人を雇って自分の土地を耕している。持つ土地が多い者は豊かで、少ない者は貧しい。身分に差別はまったくなく、豊かな地主も貧しい地主も、すべて同じである、——地主としてすべて同じである。万人の上に一つのお上、万人のために一つの裁き、万人に一つの罰。

イギリス人には自由があり、かれらは自由で、兵役の義務もない。兵役に就きたければ、わが国で地主が士官学校生にでも将校にでも望めば就けるのと、まったく同じである。望まない者に強制はない。軍務はかれらに有利であり、軍人の俸給は高い。つまり、必要とされる数の人が自発的に軍務につく。さらに、フランス人にも、イギリス人にも、こんな自由がある。人頭税はない。諸君には、兵役の義務もなく、人頭税もない王国がありうるとは、たぶん思いもよるまい。かれらにはそれがある。そんなふうにできたからには、つまり、賢い人びとなのだ。

さらに、かれらの国には、こんな自由が。身分証明書がない。だれもが行きたいところへ行く。住みたいところに住む。それには、だれの許可も要らない。

さらに、かれらの国には、こんな自由が。公正な裁判。裁判官がだれかから金銭をとるなんて、かれらの国では聞いたことがない。かれらは、わが国では裁判官が金銭をとると聞いても信じない。そのとおり、かれらの国では、そんな裁判官は一日も席にとどまれず、即刻かれを牢獄に閉じこめてしまうだろう。

さらになお、かれらの国にはこんな自由が。共同体《ミール》のほか、きみの上に立つだれにも、何ものをも支配する権力はない。かれらの国ですべてが共同体によって支配されている。わが国には、郡警察の署長だの、書記だのがいる。だが、かれらの国にはそれはない。その代わりいるのは、共同体なしには何ごともなしえないが、すべてについて共同体に報告すべき長がいる。長の上の共同体はすべてにたいし権力をもち、共同体以外に長にたいし何者も権力はなく、長は何者にも恐れをもたない。恐れをもつのは共同体にたいしてである。陸軍大佐であれ、将軍であれ、かれらの国ではみな同じである——長にはぺこぺこして、すべて長の言うことは聞かねばならない。もし将軍が、それがだれであれ、長にたいしほんの少しでも過失を犯したならば、長に背いたならば、その長は陸軍大佐か、将軍かを牢獄にいれる。

――かれらの国では、長の前にすべてが平等である。きみがただの百姓でも、きみが地主でも、きみが将軍でも、すべて平等であり、きみにたいしては指揮をとり、長にたいしては全共同体が指揮をとり、共同体にたいしてはだれも指揮をとることはできない。共同体とは国民のことを意味し、かれらの国では国民がすべてにたいし頭目だからである。何ごとも国民が命ずるようになる。かれらの国では、王《ツァーリ》も国民にたいして権力をもたず、国民が王にたいして権力をもつ。なぜなら、かれらの国では、王は全国民の長を意味していて、この国民が、つまりこの長にたいして、王にたいして指揮をとっているからである。王がよい王で、国民の声を聞くならば、かれに国民から褒美が与えられる。少しでも王が国民に反することをすれば、かれにこう言うだろう。王、きみはもはやわれわれの上に立つ王ではない。きみはわれわれの意に沿わず、われわれはきみを替える。きみは、われわれからなるべく遠くに、どこへなりと行きたまえ。行かぬなら、われわれはきみを牢獄につなぎ、反抗のかどできみを裁くことになるだろう、と。それで、王はどこへなりと行く。国民に反抗できないからである。かれらがかれを送り出すとき路銀をわたすのは、憐みからである。キリストのために、見知らぬ地で餓死しないよう、一人半コペイカか一コペイカずつ持ちよらせた。善良な国民は、ひたすら厳格な国民でもあり、王にたいし見て見ぬふりをするのは好きではない。かれに代えて、もし望めば、別の王を選ぶが、望まなければ選ばない。意中に適切な人物がいなければ選ばない。当時はたんに国民の長が一定の期間、一年間か、二年間か、あるいは四年間か、国民がかれに与える期間だけ選ばれている。スイス人と呼ばれる国民や、アメリカ人と呼ばれる別の国民においては、そう定められている。フランス人やイギリス人は、いまのところ自国に王をおいている。言っておかねばならないのは、国民の長が世襲としてではなく存在し、期間で選ばれ、王とは呼ばれず、たんに国民の長と呼ばれ、かれらの呼び方で外国風に大統領と呼ばれるとき、そのときが国民の暮らしはよくなり、豊かになるということである。イギリス人やフランス人のように、王がいてもよい暮らしができるのは、つまり、王が何ごとも国民に従い、国民ぬきには何ごともできなくなっており、国民が王をきびしく監視し、王に何か悪いことを見つけるとすぐ、国民がかれを替えるし、イギリス人やフランス人がするように、王をその土地から追い払ってしまう場合に限られる。(6)

ところで、どんな自由が実際にこの世にあるというのか。国民がすべてにとっての頭目となり、あらゆるお偉方が共同体に従うような、裁判が公正で、万人に平等であり、だれも百姓に乱暴をはたらくことのできないような、身分証明書は不要で、人頭税のないような、そして兵役義務のないような。これが自由であり、そうあるべきだ。それがなければ、つまりは自由がなく、すべて言葉だけのだましでしかない。

では、どのようにして、われわれロシア人が、自由人になれるのか？　この事業はやりとげることができる。きわめて困難なことではない。必要なのは、ただ百姓どうしが心を一つにすること、そして熟達すること、そして力を蓄えることだけである。

さて、諸君、地主領農民は、つまりロシアの農民の半数である。あとの半数は国有地農民と御料地農民。かれらにも自由はない。諸君はかれらと申し合わせ、先に書いたように、かれらにはどういう自由があるべきかを、かれらに説明してほしい。兵役義務が、人頭税が、身分証明書がなく、地区の者たちが、かれらの上に立つ、ろくでなし役人がいない、共同体がすべてにとっての頭目となるような、そうした自由である。そこで、われわれから、われわれ同情者から、かれらに挨拶をおくりたい。諸君にたいしてと同様、かれらにもわれわれは、良いことだけを望んでいる。

国有地農民と御料地農民へのかれらの同情者からの挨拶。

これは兵士も同じである――兵士もまた百姓の出身、諸君の兄弟なのだから。兵士の上にすべてが、現秩序すべてがなりたっている――兵士には現秩序を守ることでどんな益があるのか？　かれの暮らしは、それほど満ち足りているか？　俸給はいいか？　いまわが国の兵士たちは忌々しい暮らしである。

徴兵にとられて、兵士はそれぞれ自由に退役したいと望んでいる。そこで諸君、先にかれらについて書いたような真実をすべてかれらに語ってほしい。百姓が自由になるとき、兵士にもそれぞれ自由がおとずれる。望めば兵士をつづける。望まなければ、さっぱり退役せよ。けれども、兵士には、帰って生業や何らかの技能を得るための金がない。そこで退役のさい、そのための金が支給される、一人百ルーブリ銀貨。自分の意思で兵役にとどまる者は、年に五十ルーブリ銀貨の給金である。それにはなんの強制もない。望んで——とどまる。望んで——退役する。諸君、かれら兵士にこう言ってほしい。諸君、兄弟なる兵士たち、われわれが自由を獲得するときには、われわれに味方せよ。諸君にも自由が与えられることになるのだから。退役を望む者すべてに自由な退役、そして、わが兄弟たる百姓が自由を獲得するのを助けた褒賞に百ルーブリ銀貨。つまり、諸君にも自らにも善行をすることになるのだ。われわれからの挨拶をかれらに伝えてほしい。

ロシア兵士たちへのかれらの同情者からの挨拶。

さらに、われわれから挨拶を送るのは、善良な将校たちへである。なぜなら、そうした将校もいるし、数少なくないからである。[7] 兵士たちが、国民に味方すると信じられるそうした将校を見つけ出せるようかに。そうした将校から兵士たちは、いかにして自由を獲得すべきかについて聞いておいてほしい。[8]

さらになお、兄弟たちよ、兵士に請いなさい。かれらが諸君に、軍務においてどのように秩序を維持するのかを教えるように。つま先をまっすぐ伸ばして兵士らしく歩調を合わせるのに、諸君に大した訓練は必要ない。そんなことせずともよい。諸君が学ぶべきは、肩をひしとよせあい、命令どおりに動き、ささいなことを恐れないことであり、何ごとにも勇気そして沈着な判断、つまり冷静さをもつことである。諸君が知るべきは、つぎのこと。突き進み、肩をよせあい、命令に従っているうちは——大した損害はこうむらない。ただ、大いに危険なのは、諸君がおびえて尻込みしはじめ、ついにうしろへ逃げだしそうになるときである。——そのときはまずい。前進しているあいだは、砲火による損害は少ない。百発のうち命中するのは一発くらいで、あとはすべて通り抜けていくではないか。銃弾についても同じことを言わねばならない。砲声がさかんにとどろいても、損害は少ない。

加えて、できる人は、銃を、どんな武器でも、用意せよ。(9)

［さて、それはこういうことなのだ。すべての百姓は、いざというときに一丸となるよう、たがいに一致団結しなければならない。ときがまだ来ないあいだは、力をだいじにし、いたずらに自ら困った状態に陥らないようにしなければならない。つまり、冷静さを失わない、いかなる素振りも見せないことである。諺にいうように、戦場の一人は戦士ではない。ほかの村々でまだ準備ができていないときに、一つの村で騒ぎを起こしたところで、何の意味があろうか。それはただ、ことを壊し、自滅させるだけだ。すべての人の準備がととのったときに、つまり、いたるところで支援の準備がととのったときに、そのときこそ、ことを始めよ。それまでは腕力に訴えるな、おだやかなかたちでやれ。ことの本質が理解できるように仲間の百姓たちのあいだに伝えて、けしかけるのだ。諸君のあいだで一つにまとまったとき、みんなで一斉に始めるときだとの指令が発せられる。そのときがいつ来るか、われわれには分かるし、通知をする。わが国には、すべての場所に自分たちの仲間がおり、いたるところから、人びとがどんな状態か知らせがくる。われわれは、準備がまだ完了していないことも知っている。準備ができたら、われわれにも分かるだろう。まさにそのときに、ロシアの人たちよ、すばらしい事業を始めるときであり、すばらしい事業が、あらゆる場所で一斉にはじまる、という通知を送る。なぜなら、そのときは、いたるところで民衆は準備がととのい、一致団結し、一か所たりとも立ちおくれがないからである。そのときには、自由の獲得は容易であろう。そのときまで、ことの準備をし、その準備がきみのところで進んでいることをあからさまにしないように。］

このわれわれの手紙を読み合い、たがいに配り合ってほしい。仲間の百姓や兵士以外には、だれにも隠してほしい。この手紙は、百姓たちのため、そして兵士たちのために書いたもので、その他のだれのためにも書いたものではないのだから。つまり、諸君、農民と兵士以外には、だれもこの手紙のことを知るべきではない。

元気でいてください。われわれからの知らせを待っていてください。諸君は、そのときがくるまで自分をだいじにしていてください。諸君は、そのときがきたら、われわれからの指示なしにはいないだろう。

この手紙は、光栄あるスウェーデン王国の光栄あるクリスチャニア〔オスロの旧称〕の町で印刷された。ロシアの国ではツァーリは真実を印刷することを許さないからである。われわれはみなロシア人であり、諸君のなかにいる。ただそのときまで明らかにされない。なぜなら、自分をだいじにすることを諸君に求めるように、すばらしい事業のために自分をだいじにするからである。すばらしい事業にとりかかるときがきたら、そのときに明らかになる。

Барским крестьянам от их доброжелателей поклон（1861）

註

（1） 檄文「地主領農民へ、同情者の挨拶」が書かれたのは一八六一年はじめと推測される。

チェルヌイシェフスキーの手書き原稿が残っていないため、チェルヌイシェフスキーの執筆について疑問があった。しかし、チェルヌイシェフスキー執筆についてのこの唯一の異論も（取り調べにおいて、かれが自分の執筆ではないとまったく不可解な否定をした点を考慮しなければ）、チェルヌイシェフスキーの革命運動に参加したN・V・シェルグノーフ、A・スレプツォフの証言によって論駁されている。シェルグノーフは『過去の声』誌に掲載された回想記（一九一八年第四―五号）で、モスクワに秘密印刷所があることをV・コストマロフ（チェルヌイシェフスキー事件の主要な「証人」で、裏切り者であることが分かった）から教えられ、『同時代人』のメンバーがそれを聞いて、一連の宣伝ビラをそこで印刷することに決めたことを伝えている。そのさいシェルグノーフは「おなじ冬、すなわち一八六一年に、わたしは檄文「兵士たちへ」を、チェルヌイシェフスキーは「民衆へ」を書いた」と記している。シェルグノーフは、チェルヌイシェフスキーの檄文の題名を忘れていたかも知れず、檄文「地主領農民へ」を除き、ほかの檄文は見つからなかった。チェルヌイシェフスキーが書いたというスレプツォフの主張は、M・レムケによって自身のゲルツェンの著作への註のなかで述べられている。〔この檄文は、全集第七巻のテクストをもとに訳出したが、補遺の第十六巻の巻末に、これを「不正確な印刷」として掲載された修正版によって追加・補正した。〕

（2） 一八六一年二月十九日の「農奴解放令」によれば、農民は身分解放後二年間、義務を負い、かれらが「解放」まで働いていたように地主のために働かねばならなかった。その間は、ツァーリの布告において「新たな制度の発見へのしかるべき準備」をおこなう必要からと理由づけ、地主へのきびしい服従が農民に命じられていた。チェルヌイシェフスキーによる「二月十九日令」のこの評価は、別の箇所でもくりかえされている。

（3） 「農奴解放令」によれば、改革をおこない、その経過を監視するために、地方貴族から政府によって任命される調停吏制度がつくられた。調停吏には、いわゆる「解放約定証書」の作成がゆだねられた。それによって農民分与地や二年の期間満了までの義務の規模、農民愁訴の審議が定められた。改革の中途半端な性格は、身分隷属の廃止と同時に、「農奴解放令」によって地主たちの行政上の権力が保持されたという点にもあらわれた。

（4） 一時的義務負担農民の立場は、「農奴解放令」によって、買い戻し金を完全に支払ってのち、解放約定証書が作成されてから土地（屋敷つき、および野外分与地）が農民の所有に移るまでの全期間をつうじて変わらない。地主たちは農民に完全な所有物として土地をひきわたす義務はないのだから、一時的義務負担の立場は、事実上、地主の恣意しだいで、永久につづくこともありえた。この状態は、一八八三年になってやっと法律上廃止された。そのときに、農民が利用するために地主からわたされた分与地全体が、「農奴解放令」によって完全に買い戻しの所有物に移ったことが宣言された。農民たちは、総額約九億ルーブリの買い戻し基本額のほかに、地主への支払いを引きうけた国家に、さらに約二十億ルーブリの手数料を支払わねばならなかった。〔チェルヌイシェフスキーが用いている「期限つき義務負担」という用語については、「宛名のない手紙」第一信の註（9）も参照。〕

（5） 地主がどのように農民を身ぐるみ剝ぐかについて述べている。

（6）檄文の執筆者は、ブルジョワ民主主義を「ほんものの自由」とはみなしておらず、スイスやアメリカ、フランスの政治制度に照らしてツァーリ専制の反動的本質をより鋭く際立たせるために、それを専制と対置している。

（7）クリミア戦争に敗北した影響で、ロシア帝国軍には進歩的な、さらには革命的な気分の将校があらわれた。そのうちの何人かは、急進派結社の「大ロシア人」、「土地と自由」のメンバーとなり、その他、ポーランド蜂起に参加した者もいた。

（8）つぎの二節は、全集第七巻の本文から脱落し、十六巻の追補で正されている。

（9）［　］で囲ったつぎの段落は、手稿では、だれかによって横線でぬりつぶされている。

宛名のない手紙(1)

第一信　二月五日　サンクト・ペテルブルグ

拝啓　貴殿へ！

あなたは私どもにご不満をおもちです。それはどうぞご随意に。だれも感情は抑えられませんし、私どももあなたにお認めいただこうと思ってはいません。私どもには、きっとあなたもおもちの、ロシア人民のためになるという別の目的があります。ですから、たがいの仕事にたいする真の感謝は、あなたは私どもにではなく、私どももあなたにではなく期待すべきです。両者の仕事の裁き手は、ごく少数のあなたのお仲間と、あなた方のそれよりはるかに数の多い、私どもの仲間の外《そと》にいます。数が多いとはいえ、それでも、その幸福のために私どもとあなたとが協力したいと望んでいた、何千万もの人びとのほんの一部にすぎません。この裁き手が事態をわきまえ、あなたと私どもの仕事に評価をくだすことができれば、あなたと私どものあいだで弁明しあう必要もないのです。

残念ながら、そうしたことはありません。裁き手はあなたのお名前こそ知っていますが、あなたの一連のお考えやお立場にはまったく無関心ですし、あなたの思想も、あなたの行動の動機もまったく知りません。裁き手は私どもの名前も知りません。貴殿、こうした事態が欺瞞的であることはご承知おきください。その人のために働いているのに、働く者たちを理解しない人のために働くのは――働く者にとってはたいへん不快ですし、仕事の成功には不利です。何かの事業が利益をもたらすと考えても、対象となる人たちの共感が不十分なため実現されずじまいになることはご存知です。あなたは、ご立派な事業のたびごとにそのことを経験なさってきました。私どもも同じことをたびたび経験しています。それは嘆かわしいし、しまいには腹が立ちます。あなたは、疑い深く、怒りっぽくおなりです。ご自分の失敗をその本当の原因から解明しようとなさらない。ご自分と、あなたが尽くしているはずの人たちとのあいだで考えが十分に相通じないのが原因です。この原因を認めるのは、あなたがとっておられる行動様式ではどれ一つとしてうまくいく見込みはないだけに、あまりにも辛いことでしょう。この本当の原因を認めたくなくて、とるにたりない、たまたまの事情をあげて失敗のつまらない弁明をしようとしておられます（事情を変えるのは、自分の行動様式を改めるより容易です。〔この句は哲学三巻選集になく、全集第十巻にあり〕）。こうして、あなたはご自分の失敗を私どもに押しつけておられる。私どものなかには、自分たちの失敗をあなたのせいにする者もいます。私どものこれら一部の者や、あるいはあなたが、自らの失敗をこのように弁明するのなら、それは結構なことです！　そうであれば、事の成功を妨げる表面的な障害を取り除くことで、問題はごくたやすく解決されるはずです。しかし悲しいかな、あなたに反対する[2]私どもの行動も、私どもに反対するあなたの行動も、なんの役にも立ちません。人民は無関心のままです。人民の利益についてのあなたのご配慮や、あるいは私どもの苦労が、あなたか私どもだけが舞台にとどまったところで、どのような結果をもたらすことができるでしょうか？

あなたは人民におっしゃいます。きみはあんなふうに進むべし、と。私どもはかれらにこう言います。きみはこんなふうに進むべし、と。しかし、人民はほとんどが転寝《うたたね》をしています。めざめた数少ない人たちは、こう答えます。人民にああしろ、こうしろとの呼びかけはずっと前から聞こえていて、人民はそれを何度も聴こうとしたが、呼びかけからの得はなかった、と。モスクワをポーランド人から救いだせとの召集がありました。——人民は出かけ救いだしたが、以前にはなかったような、ポーランド人のもとでもありえなかったような悪い状況になりました。そのあとで人民は、小ロシアを救えと命ぜられました。人民は救いましたが、人民も小ロシア自体も、それでよくはなりませんでした。ヨーロッパにのり込めと命ぜられて、人民はスウェーデン人に勝利し、バルト海の港々とともに勝ちとったのは、兵役の義務と農奴制の確認だけでした。それからまた、新たな召集で人民は何度もトルコ人に打ち勝ち、リトアニアを占領し、ポーランドを崩壊させましたが、それでもやはりなんの得にもなりませんでした。人民にナポレオンを攻撃させました。人民は自国をヨーロッパの首位につけましたが、人民自身はこれまでどおりの状態でした。その後の召集からえた利益もこのような始末です。新たな召集がどんなものであれ、人民はもはや何のためにそれに応じるでしょうか？ 人民は新たな召集に、以前の召集からとは違った別の利益を期待してはいません[3]。

人民のこの不信は、あなたや私ども、現在の人びとのせいでしょうか？ 人民の考え方の現在の傾向は、あなたや私どもより以前の出来事の長い経過によってきずかれたものです。そのことをよく考えてみましょう。

真理は、あなたにも私どもにも等しく苦いものです。人民は、自分にたいしだれか他人様がしてくれる配慮から、なにか自分に実際に有利なことが起きるとは考えていません。私どもはみな、自分をなんらかの名声——権力の名声とか、あれこれの特権階層の名声とか——によって人民と区別しており、私どもはみな、人民が欲する対象とは異なる、なんらかの特殊な利害——外交上であれ軍事上であれその威力への関心とか、国内問題の処理への関心とか、わが富への関心とか、啓蒙への関心とか——を前提としていますが、——私どもはみな、人民の考え方のそうした傾向からどんな結末が出てくるか漠然と予感しています。人びとは、「自分の得になることは、ほかのだれにも当てにできない」と気づいたら、かならず、そして速やかに、自分の事は自分自身で事にかかからなければと結論をだします。人民とは別の、すべての人びとや社会層は、この予想される結末を恐れます。(4) この結末を免れたいと思うのは、あなただけではなく、私どもも同じです。というのも、私どものあいだでも、私どもの利害もこの結末によって損なわれる、なかでも、これこそ完全に純粋、無私であるがゆえに私どもの願いのただ一つの対象に掲げがちである利害、すなわち啓蒙への利害までもが損なわれる、といった考えが広まっているからです。私どもはこんなふうに考えます。人民は無学であり、荒っぽい偏見にとらわれ、自分たちの粗野な習慣をなくそうとするものには何にたいしても盲目的な憎悪をいだいている。ドイツ人風の衣服を身につけた人びとのあいだにはなんの区別をつけず、かれらにたいして一様に同じふるまいをするようになる。人民は私どもの学問も、詩も、芸術も大切にしない。私どもの文明すべてを滅ぼすようになる、と。

ですから、私どもも、いっさいの援助をふり捨て、自分たちで自分たちの事業にとりかかろうとする、予想される人民の企てには反対です。自分と自分の利害がどうなるかという恐怖は、事態のどういう成り行きが人民自身にとってより有益かなど考えたくもないほど、私どもを困惑させます。私どもは、私どもを怖がらせる結末を防ぐためなら、すべてを――自由へのわが愛も、人民へのわが愛も忘れるつもりです。(5)

こうした心情に駆られ、あなたにとっても、私どもにとっても等しく危険な結末を防ぐことのできる方法についてのわたしの考えを、貴殿、あなたに述べさせていただきます。

そのために、わたしは何をすべきか分かっています。

わたしは人民に背くのです。

背くというのは、人民にとってより、わたしにとってより大切なこと――啓蒙への個人的な危惧に駆られて、ロシア民族の紛糾した状態をあなたと私どもの努力によって解決しようとすることが、人民にとって有益かどうか、逆に、むしろ私どもに頼らず自分たちで国家的事業にとりくむほうが、私どもが人民のことで奔走しつづけるよりも、かれらには利益が大きいのではないか、ということはもう考えないからです。このさい、わたしは、自分の利益を考えると、だれとも知れない他人の配慮からは、わが事として自主的に行動したときのような利益は得られないとの確信は抑えておきます。そうです、わたしが背いているのは、自分の確信と自分の人民にです。これは卑劣なことです。しかし、すでにたくさん卑劣な行為をよぎなくされたので、私どもには一つ増えてもなんでもないのです[6]。

じつは、わたしは、それはまったく余計なことで、わたしがそのために人民に背くという空しい目的は達成されないままであろうと予感しています。だれも事態の進行を変えることはできません。それを望んでも手段をもっていない人もいれば、手段があっても望まない人もいます。

どうしてわたしは、あなたにも自分にも役立たないことを知っていながら、人民の裏切り者になるのでしょうか？　沈黙をつづけているほうがよくはないでしょうか？　そう、きっとそうでしょう。しかし、言葉の力を当てにする浅ましい著述家的習性が、わたしの頭を曇らせるのです。世事の分別の観点からすればどんな弁明も空しいことはひじょうに明白ですが、わたしはその観点に従うことができないでいます。わたしがこの観点に立つとすぐ、ありふれたわが著述家的思考がわたしを狂わせるのです。「事の説明がつけば！　それは解決するだろうに！」まさにそれゆえにわたしは二年以上も沈黙していました[7]。それはひとえに、言葉をもって空気をふるわすことができなかったからで、ご覧のとおり、それが再開できると思えた瞬間からこの空しい苦労をまたはじめているのです。

わたしはどうしてそう思えたのでしょうか？　どの雑誌、どの新聞をのぞいても、私どもの弁明が必要であることを感じさせるような兆候があらゆるところに見られます。これらの兆候がまやかしであることはほぼ間違いありません[8]。しかし、説明をすることによってよい結果を得たいとの執念が、著述家たちにはあまりにも強いので、わたしはそこに引き寄せられるのです。

このように引き寄せられるのは、それほどの経験のあとでは、許されないことです。しかし、わたしは、貴殿、あなたが実際に説明をお望みになるような、実際にそうであった事実を何度も目にしながら、その哀れな滑稽さを見て見ぬふりをしようとつとめてきました。そのうちのいくつかをあげます。いまは期限つき義務負担といわれるかつての地主領農民は、解放約定証書を受けとっていません。(9) 義務的労働の継続を指示されていますが、それは不可能と分かりました。地主とその土地に暮らす期限つき義務負担農民との自由意志による合意の指示も不可能になりました。前提とされた決定事案が実施不能となって八方ふさがりに陥った地主たちは苦情を言い、一年たらず前にはあえて言わなかった要求をもち出しています。国家としては全体的な金詰まりが起こり、強まっています。為替相場は下落しています。それは、紙幣にくらべ硬貨の価値が上昇することと同じ意味ですし、あるいは、ルーブリ紙幣の価値の下落を意味します。ロシア国民の国内生活のこれらの事実だけですでに十分で、わたしには、ほかの多くの重要なその事実にも、(10) それ以外の、ロシア国民と、いまではそれと一体をなしている他国民の生活との関係にかんする、それに劣らず重要な現象(11)にも触れる必要はありません。

貴殿、わたしがそうある栄に浴するあなたの恭順このうえないしもべを、このようなご説明へと促した心に偽りなきことの証しをお受けくださいさい、等々。

註

（1）論文「宛名のない手紙」は、チェルヌイシェフスキーが『同時代人』一八六二年第二号掲載を予定していたが、検閲によって禁止となり、一八七四年になって『フペリョード（前進）』誌上ではじめて発表された。同誌はチューリッヒでP・L・ラヴロフによって刊行されていた。

「宛名のない手紙」でチェルヌイシェフスキーは、一八六一年二月十九日の改革の農奴制的性格を突きつめて明確に語っている。アレクサンドル二世を念頭に「貴殿へ」というかたちをとって発表されやすくし、実際には、ロシア人民に向けて農民改革の意味と性格を説明した。「手紙」は、檄文「地主領農民へ、同情者からの挨拶」と同じ目的をもつ。マルクスは「宛名のない手紙」を知って、ダニエルソンをつうじチェルヌイシェフスキーの手稿を受けとり、ほぼ全文をドイツ語に翻訳した（『マルクス・エンゲルス・アルヒーフ』第十一巻、一九四八年）。この版〔哲学三巻選集〕は、検閲修正済みのテクストをもとにした。

（2）チェルヌイシェフスキーは、一八六二年の初めには人民はまだ革命を成しとげる準備にいたってはいないが、人民のなかにすでに革命的意識がめざめはじめていることは認めていた。この意識は、かれの意見によれば、地主とツァーリ体制にたいする農民大衆の闘いそのものの進行、革命的啓蒙、革命的民主主義勢力による農民の組織化をつうじてさらに成熟していくであろう。農民の騒乱と蜂起は革命的情勢を発展させる（「社会を一つの方向にむかってどんどん」動かしていく）と、チェルヌイシェフスキーはここに記している。

（3）ナポレオン侵攻にたいし祖国の民族的独立を守りぬいた農民階級にたいする貴族階級と専制の打算的、収奪者的政治を指摘している。「外部からの破壊者」がロシア国民によって「轡《くつわ》をかまされた」ことの進歩的な歴史的意義をチェルヌイシェフスキーは論文「迷信と論理規則」で強調した。

（4）「予想される結末」とは、農民の人民革命をさす。

（5）農民革命にたいする自身の「恐怖」についてのチェルヌイシェフスキーの言葉は、もっぱら検閲下での方便である。自由に書けるところでは（たとえば「日記」では）、かれは再三、革命はかれを怯えさせはしないとか、斧をもった百姓がかれを驚かすことはない、等々と語った。ここでもチェルヌイシェフスキーは、人民革命への賛意を明確に述べている（「人民は、私どもに頼らず国民的事業にとりくむ」「どんな他人の配慮も、わが事として自主的に行動したときほどの利益はもたらさない」）。チェルヌイシェフスキーとかれの革命的民主主義陣営は、一八六三年春の全ロシア蜂起に自らの希望を託しつつ計画的、系統的に革命の準備をした。

（6）口先だけの「人民への背信」を言いながら、チェルヌイシェフスキーは、かれ特有の検閲下での文体で辛辣に、ツァーリ政府を、農奴制擁護者を、人民の利益を再三裏切った自由主義者を皮肉っている。

（7）農民問題にかんするこれ以前の最後の論文は、『同時代人』一八五九年十月号に発表された「農民問題解決のための資料」である。チェルヌイシェフスキーは、一八六〇—一八六二年には検閲による禁止処分を受けて農民問題にかんする専門論文を発表できなかったことを述べている。しかしかれは、ほかのテーマの著作でしばしば農民問題に触れ、ツァーリ体制と農奴制の根絶は不可欠であることを書いてきた。たとえば、「論争の精華」、「発見と発明の試み」など。

（8） 地主と農民のあいだの改革後の土地関係や、政治上および市民生活上の改革を印刷物において論ずることをツァーリ政府が「許可」した問題をとりあげている。これらの譲歩を当時、自由主義派は、出版の自由が広がり、ロシアにおける改革の問題についてツァーリ政府が世論を聞こうとしている「兆候」として評価していた。

チェルヌイシェフスキーが、検閲の重圧のいくらかの緩和と関連した執筆状況改善の兆候が欺瞞であるとみなしたことの正しさが、のちに明らかになった。

（9） 用語上、不正確である。一八六一年二月十九日の「農奴解放令」および詔書によれば、「農奴身分出身であるものの、地主との義務的土地関係にある農民は、一時義務農民と呼ばれる」のであって、一八五八—一八六〇年の公文書や雑誌で命名されていたような、そしてチェルヌイシェフスキーがここでも、「地主領農民」への檄文でも名づけているような、「期限つき義務負担」ではない。

（10） 一八六一年の農民運動、学生運動と、ツァーリの軍隊によるその制圧をさす。

（11） チェルヌイシェフスキーはここで、一八六一年二月二十五日と二十七日、四月八日と十月十四日のツァーリズムにたいするポーランドの民族解放と革命的民主主義の運動を述べている。

第二信　二月六日

　ロシア国民の国内生活における困難については、第一信の終わりに触れましたが、それらの根源が、いわゆる農民問題であることは、貴殿、あなた(1)のお仲間ばかりではなく、私どもでも多くが認めるところです。あなたが最初にこの問題に注目されたのが間違いでなかったことは、貴殿、わたしがあなたに証明するまでもありません。しかし、あなたのいくつかのお言葉から、なぜこれがかくも重要なこととしてあなたの目にとまったのかをご説明するのは余計なことではないと、あえて思った次第です。人はしばしば各自の行動と外的動機との関係に気づかず、その不明ゆえに自分の行動の性格についても誤ることがありえます。人にはその生活の事実が自分の意思から生まれたように思えるのですが、その事実は、自分とはかかわりのない外的状況から起こっているのです。

　ロシアが農民問題にとりくむことになった必然性は、最近のわが国の戦争の経過から来ています。国民のあいだに、フランス皇帝が農奴制の廃止を要求し、農奴解放を決議した秘密条項が加えられたときにはじめて和平条約の調印に同意したとの噂が伝わりました。貴殿、あなたがこの、わが国民すべてが真実と思い違いをしている噂をご存知かどうか、わたしは知りません。しかし、もしこの噂があなたのところへ届いていれば、あなたは、この奇妙な風説がまったくの誤りであることをわたし以上によくご存知だったはずです。とはいえ、それを一般民衆の無知と騙されやすさのせいだけにするとすれば間違いです。そのせいで起こったことは、出来事の必然的な連関の本能的な予感が乱暴なかたちで人民のあいだに溢れ出たというにすぎません。そのかたちのばかばかしさは、貴殿、あなたにだけでなく、国際関係について見識のある者ならだれにも明らかです。しかし、私どもにとってあまりにも滑稽な姿であらわれた予感は真実でした。それは、クリミア戦争が農民の解放を避けられないものにしたと人民に語るものでした。これら二つの事実の連関はこうです。戦争の敗北は、社会の全階層にたいし戦争前までの社会秩序が破綻したことを見せつけました。その威力でロシア軍の勝利を保障してくれるものと思われた武力を、貴殿、あなたに数えあげるまでもありません。当時ロシアがもっていた手段の膨大さは、わたしよりも、あなたのほうがよくご存知です。わが軍隊の兵員の多さも計り知れません。その勇敢さは疑いなしです。当時のわが国の貨幣制度、信用制度にたいする、揺るぎない、あえていえば盲目的ともいえる、のんきな信用のもとでは、そして、わが国の徴税制度のもとでは、おそらく資金不足はありえなかったでしょう。ですからロシア社会は、戦争の初期に、私どもがコンスタンティノープルを占領し、トルコ帝国を打ち破るものと予想したときには、想定できる範囲をいささかも超えていませんでした。戦争がまったく別の方向をたどったとき、この幻滅の原因は、わが国力を運用するメカニズムの不適切以外には考えられませんでした。不満足な体制を変える必要性が明るみに出てきました。当時もっとも目立ったその特徴とされたのが農奴制でした。もちろんそれは、これまでのすべての秩序が拠ってたつ原理の一つの部分的な適用にすぎません。しかし、この部分的な事実と一般原理との内的連関は、わが社会の大方の人びとには当時まだ理解されていませんでした。ですから、過去の秩序の一般原理はそのままに残され、すべての改革勢力は、その表面的にもっとも目立ったものに反対したのです。

この世論の趨勢がもっとも的外れな、一貫性を欠くものであったことは、貴殿、あなたに申しあげねばなりません。農奴制は、もちろん、さまざまな悪用の可能性を内に含んでおり、あなたがひじょうによくご存知のように、残酷な、あるいは強欲な、あるいは恥知らずな暴力といった事例が、農奴制から生じています。しかし、それら数々あるとはいえ、農奴制のかつての擁護論者たちの弁には同意せざるをえませんが、すべてこれらの許しがたい法律違反は概して異例なことで、ほとんどの地主はけっして邪悪ではなく、法律によって、もしくは法律の影響下で定着した慣習によって農民にたいして与えられた権利を犯した者もいないというものです。農奴制の法的本質は、農奴身分の農民にとって重苦しく、国家にとって有害なものです。でも、それはわが国の体制の全秩序に見合っていました。ですから、秩序それ自体には、農奴制を廃止する力はありえませんでした。ところが、社会は、古い秩序の力をもって農奴制を廃止しようとしたのです。

いまではだれもが認めるこの誤りが示しているのは、社会に農奴制の廃止を試みさせようとしている原因が、これまでの生活基盤についてのはっきりと明確な考え方を社会のなかに喚起させるには力及んでいないということです。まさにそうです。貴殿、あなたはわたしよりよくご存知のとおり、クリミア戦争は、失敗もし、負担も強いられましたが、ロシアに重すぎる打撃を与えたわけではありません。敵軍は、ロシアの主要な住民たちから遠く離れた二つの辺境でわが国境に迫っただけでした。敵との接触が強く感じられるものだったと言えるのは、黒海地方の一辺境だけでした。なぜなら、ペテルブルグ近郊での同盟軍の艦隊の駐留、スヴェアボルグ〔スオメンリンナ〕の砲撃、フィンランド沿岸での小規模の上陸は、重大な攻撃とはみなされず、私どもにとって深刻な不安というよりは、むしろ嘲笑の種になっていたからです。しかし、大ロシア住民にとってクリミア、タガンログ、ケルチは、いったい何なのでしょうか？　これは、昔からのロシア人はあまり考えたこともない遠く離れた植民地です。そのうえ、土地柄のせいもあり、知らない土地でもあり、もしかするといくぶんかはフランス皇帝の目算もあって、この辺境でも敵軍は沿岸から数ヴェルスタ以上には侵入しませんでした。私どもにたいする敵の勝利そのものは、古い秩序によって組織された軍事力の最終的壊滅ではなかったのです。わが陸軍は退却しましたが、逃走はしておりません。衰弱しましたが、壊滅しておらず、依然として、敵に敬意をいだかせるだけの強固さと威力を保っていました。私どもにあっても、古い秩序への敬意が消えうせたわけではなく、それもわずかに揺らぎはしましたが、失われはしませんでした。

私どもに改革への関心を起こさせた印象の深さは、この程度のものでした。とるにたりませんし、表面的なものでした。英仏人（私どもは当時、同盟軍をこう呼んでいました）が私どもの衣服に小さな綻びをつくり、ただそれを繕わねばと、私どもははじめて考えました[2]。しかし、綻びをかがりはじめると、私どもは、手をつけなければならないすべての箇所の材料がぼろぼろであることにしだいに気づきました。そしていま、貴殿、私どもは〔あなたは――全集第十巻〕、社会全体が足の先から頭の先まで新しい衣服に着替えなければと言いはじめているのを目にしています〔ご覧になっています――全集第十巻〕。繕うことを社会は望んでいません[3]。要するに、わが社会は、農奴制の廃止に関心をもち、たいへん重大な事業にとりかかりました。浅はかな思いつきで、先の見通しもなくとりかかりました。パリ講和条約[4]の締結で外交条約の改変が何でもなく済んだくらいだから、従来の国内取り決めを少しばかり改変すれば、この難問もなんとかなる、と考えていました。ところが国内問題は、国外問題のようにはいきませんでした。この問題については、不本意ながら、わが社会はことの重大さを学ぶことになりました。社会は多くのことを考えなければならなくなり、貴殿、あなたはいま、初めはひじょうに狭い領域にとどまっていた改造の事業が拡大していくのを、ご覧になっています。

そして、奇妙なことに、貴殿、意識して大声で、まったく別のことを言っている人びとの、思わず知らずに口にするほとんど無意味なつぶやきが、ときとしてもっともなことがあるものです。いまあなたも思い出されるでしょうが、農民問題が起きたそもそもの初めのころ、いまでは明るみに出た貴族階級の運動を予言する蒙昧な噂がもちあがったことがあります[5]。

農民問題のそもそもの初めに現われたこの運動についての噂は、この問題に触れる社会関係の性格そのものを踏まえないで、現在では変化した以前の関係における貴族階級の以前の行動だけをもとに、将来の出来事について判断した人たちには、くだらない、ばかげたことに思えました。かれらは、貴族階級は現存権力との問題ではつねに臆病であり、もっぱら権力にへつらって利益をえようとしていると見ていましたし、だから、農奴制の廃止から生じる問題についても精を出さないだろうと予想していました。かれらは、貴族たちを自分の特権にひじょうに執着していると見ていましたから、それが市民的要求を提起できるとは期待していませんでした。教養ある人はほとんどすべてが、貴族階級は市民的活動に無力とみなしていました。しかし、かれらが忘れていたのは、臆病者に勇気を与え、これまで自分だけの、けちな打算以外になにも考えたことのなかった人びとに政治的な知恵をさずける、出来事の論理的な力を考慮にいれることでした。わたしは、あなたのいくつかのお言葉から察して、貴殿、あなたもこの思い違いをしておられた、とあえて考えます。(6) といって、あなたをおとがめできません。なぜなら、あなたとともに、私ども、ほとんどすべての先進的な人たちも誤りをおかしていたのですから。それでも、いまでは誤りは事実によって明らかにされ、経験に学んだ人たちみながいまや、いらだった農奴たちのくだらない雑談とかれらには思えた噂の実現に、そもそもの初めから期待をかけなければならなかったことを理解できています。

実際には、農民問題の始まりのころは、どのような事態だったでしょうか？　この問題には、おもに四つの要素がありました。それまで官僚制的性格をもっていた権力、農奴制廃止の必要をみとめる、あらゆる身分の開明的な人たち、金銭的利害への警戒からこの問題が長引くことを望む地主たち、最後に、この法制に苦しめられていた農奴たち。これら四つの要素のほかに、残り半数の住民——国家に属する農民、下層市民、商人、聖職者と、封地をもたない大部分の役人たちがおりました。この役人たちは、官僚制からの利益には大してあずかっていませんでした。これらすべての階層のうちから、地主からもそうですが、一部の人たち——もっとも開明的な人たち——が、以前に私どもが「教養人派」と名づけ、近年は自由主義派と呼ばれるようになった一つの党派をつくりました。しかし、ここで私どもが申しあげるのは、自分の身分上の考え方を多少でも超えて社会問題を多少でも考えていたこれら個々の人物についてではありません。私どもがここで申しあげるのは、自分の身分とか、利己的な打算しか知らなかった、農民や貴族以外のすべての身分の大衆のことです。この大衆についていえば、農奴制問題が激化しはじめたときには、問題の局外者でした。社会問題を支持する意図はなく、自然な人間的感情としてその廃止に同情するつもりでいましたが、社会問題での経験がないため、自分自身の利害関係によってそれへの参加をよぎなくされることにまだ気づいてはいませんでした。このことは、いまようやく大衆に分かりはじめたばかりです。貴殿、あなたのお許しをえて、わたしはあとで、残りの階層に属するこの大衆が農民問題に参加せざるをえなくなる必然性と、大衆の必然的な参加が事態の進行に与える影響についで述べさせていただきます。いまはただ、はじめはほかの社会的要素は参加していなかったとだけ断り、私どもは、当初から参加していた四つの要素のあいだの初期の関係の考察にとりかかります。

註

（1）チェルヌイシェフスキーは、一八五七年十一月二十日のヴィリナ〔現ヴィリニュス〕総督への勅書をさしている。このなかでツァーリは農民革命を警戒し、農奴制廃止の不可避性をさとり、この問題での貴族の主導性発揮を見せかけようと試みた。

（2）クリミア戦争での軍事的敗北によって衰退し、地主にたいする農民〈暴動〉におじけづいたツァーリ政府は、一八六一年に農奴制の廃止をよぎなくされた。

（3）リベラル派改良主義を摘発したチェルヌイシェフスキーのこの検閲下の思想をマルクスは、「つぎはぎでは駄目である」と説明している（前掲『アルヒーフ』）。

（4）パリ講和条約――一八五六年二月十八日締結、クリミア戦争（一八五三―一八五六年）が終わる。

（5）ここで示唆されているのは、郡管理改革の原則にかんする一八五八年五月の内務大臣回章に貴族階級が不満という噂である。この原則を貴族階級は、地方自治を政府行政に従属させる企みとみなした。それに、一八五九年二月のトヴェリ県貴族委員会の、国内における地方行政の自由主義的改革が必要とした決議をさす。

（6）チェルヌイシェフスキーがここでさしているのは、アレクサンドル二世が一八五八年八月十日から十月二十日までロシアを巡幸したさい、各県の貴族代表にあてた、専制と貴族には「［農民問題にかんする］行動において不一致があってはならない」との声明と、その後も出されたこうした声明である。

第三信　二月十三日

六日間、自分の雑誌のこまごました仕事で忙しく、わたしにとりまして細大あれこれの個人的などんな用件よりもはるかに重要な問題についての、貴殿、あなたとの対話から離れていました。私どもの生活はまあこんなふうで、何週間も何か月も、自分がなによりも大切にしている問題について考える暇を十五分も見いだせないありさまです。多忙を申しあげるのは、わたしの言い足りなさを、貴殿、あなたに弁明するためだけではありません。わたしは、貴殿、あなたにとってもこの多忙が、よく言っておられるところからも分かるように、私どものとりくんでいる問題に十分に立ちいってこられなかったことの理由だと存じます[1]。実際に、貴殿、あなたのお立場と私どもとは違いますが、多忙という点では違いは少なく、だれもがこの点ではほとんど同じように過ごしています。あなたには莫大な収入があり、わたしは――どうにか普通の、ほかの人びとは――ひじょうに乏しい収入です。あなたはたいへん豊かな、わたしはまあまあの、ほかはまったく惨めな暮らしです。あなたはいたるところで多大の尊敬をもって迎えられ、わたしは――ほどほどに、ほかは――軽蔑されっぱなしです。とはいえ、多忙という点では、時間をいえば人みなほとんど同じです。あなたも、わたしも、ほかのすべての人びとも、避けることもできず、役にも立たない、つまらない会話に、社会的な問題とはなんの関係もない家庭内のできごとに、何かに必要というわけでもないのに拒みきれない娯楽に、たいへんな時間を割いています。劇場をはしごし、ある者はトランプ遊びにふけり、ある者は軽い読みものを読み、ある者は社交界に出入りする――一言でいえば、それぞれ勝手に、それぞれ何かと時間を無駄につぶしています。つまらない、どうでもいい、しかし欠かせないこれらすべてことのために、だいじな仕事に残された時間は、ごくわずかです。それでもやはり、だいじな仕事には、あっという間のことで、何かが得られるというほどではありませんが、日々急を要する気苦労があるものです。このように時間は飛ぶように過ぎていき、実際にだいじな問題にとりかからねばと思うときには、その準備をする暇も、それを考量する暇もなく、ほとんど当てずっぽうに始め、その先は一か八かで、自分は、この当てずっぽうなやり方では、予期する成果は得られないことに気づきません。私どものこの日常の生活から出てくる言い訳を、自らすすんでそっくりあなたに当てはめることを、そして、どうか、貴殿、同じ理由から、同じようにご寛容に、わたしの書信の至らなさをご覧くださることをお願いいたします。

本当ですとも。わたしは、わが国の状態をあなたにご説明申しあげるのが自分に課された重要な責務と考えながらも、かろうじて、時折、大急ぎでしかあなたとお話しできないことを、自分こそ残念に思います。しかし、わたしにも、あなたにも、しっかりした任務を果たすための時間があまりにも少ないいまは、いたしかたありません。

あなたにあてた前回の手紙の結びに、そもそもの初めから農奴制問題に関与した社会の四つの要素の性格と相互の関係からして、事態がどこへ向かうのか予知しなければならなかったと書きました。私どもがあげた四つの要素とは、権力、開明的な人たち、または自由主義派、貴族階級、農奴たちです。農奴制問題が最初に起こったさいの、これらそれぞれの役割について考えてみます。

農奴制は権力によってつくられ、広められました。貴族階級にたよるのが権力の常則でした。その貴族階級は、わが国にそれ自体としてではなく、またほかの多くの国でもそうですが、権力との闘いによってでもなく、自らすすんでそれに特権を与えた権力側からの庇護によって形成されました。では、なぜ権力は、自分が定めた特権のうち、貴族階級がもっとも大切にしているものを廃止しようとしたのでしょうか？　答えは、すでにわたしの第二信に書きました。国を不運な戦争に陥らせた失敗の政治が、農奴制廃止を求めていた、いわゆる自由主義派を活気づけました。このようにして、権力は、権力自体の性格に合致しない原理にもとづく、自らとは異質な計画の遂行を引きうけたのです。

着手される事業の本質と、その遂行にとりかかった要素の性格とがこのように矛盾していては、事業が満足に進まなくなるのは当然でした。どうしても満足に進まない原因は、事業の慣例的で気まぐれな進め方にありました。権力は、自分で考えだしたのではない事業にとりくんでいることを心にとめず、その進行の完全な主でありつづけようとしました。事業実施のこうしたやり方においては、権力の基本的な二つの慣習の影響下で進められなければなりませんでした。慣習の一つは、行動の官僚制的性格のうちにあり、もう一つは——貴族階級への偏重のうちにありました。

事業は、貴族階級の自己犠牲を極力少なくするという要求をもって始まりました。官僚は、その本質において、何にもまして形式主義で仕事をします。ですから、その結果も、地主と農民の関係の形式が変わったとはいえ、以前の関係の本質はほとんど目につかないほどしか変わっていません。これで地主を満足させようと考えています。

しかし、すぐにこの決定は遂行至難であることが分かりました。農奴制の形式は廃止して、その本質は保持しようとしたのです。けれども、形式なしには本質も保持できません。それで、どうなったでしょう？　地主たちは、自分たちに残されるはずであった利益にあずかれなくなったことを知りました。それらの利益は、かれらにとってなんの補償もないまま消え去りました。なぜなら、権力は、これらの利益まで実際になくなるとは想定していなかったからです。

ところで、貴族階級は、権力ができるかぎりのことを自分たちにしてくれようとしていたのを見ていました。このことから自然にでてきた結論は、当然、権力は地主の財産を守るために、あるいはそれらの補償のために、何もできないということでした。そして、この結論からいっそう容易に導かれる、もう一つの結論は、したがって地主は、かれらに残りうる財産の一部を守ることや、また、失うその一部の補償を得ることを、自分で心配しなければならないということでした。そこから当然さらに第三の結論がでてきます。これまで地主は自分自身の力ではなく、外部からの支えにすがってきました。いまでは、かつての支えがあまりにも弱くなって、自分のために新しい支えを見つけ出さねばならなくなりました。そこでの選択は難しいものではありませんでした。

農奴制問題の初期には、それに直接には関係のなかったほかの身分の大衆は、この問題に無関心であったことを、私どもは見てきました。しかし、この大衆も、事態の官僚主義的な決定によって進められた結末を見たときには、無関心のままではいられませんでした。農奴農民たちは、かれらに約束された自由が、官僚主義的決定が課した形式的な改変によって制限されたものにとどまるとは信じませんでした。そのため、いたるところで農奴農民と、自らの決定を遂行しようとする権力とのあいだに衝突がおきました。(2) 冷静に見ていられない場面がおきました。農奴農民にたいする同情がほかの身分の大衆をとらえました。農奴農民はといえば、あらゆる警告や鎮圧対策にもかかわらず、別の、真の自由を待たねばならないとの確信に立っていました。こうしたかれらの状況から、もしかれらの望みがかなえられなければ、新たな衝突が起こるでしょう。こうして国は騒乱にさらされましたし、新たな騒乱が危惧されます。騒乱の時期はすべての人にとって困難がつづきます。そのことから、ほかの身分の大衆のなかに、騒乱を終わらせるには農民問題の解決策を変える必要があるという考えが広がるようになりました。いちど社会問題について考えざるをえない状況になると、すべての身分の人びとは、自然に、かれらの考えに一定の方向を与えた部分的な問題から、ものごとの一般的命題に移っていきましたが、もちろん、その命題が自分たちの利益に一致するかどうか、ためらわず検討していきました。すぐさまかれらは、現状の秩序のなかに、すべての身分にとって等しく不利益な特徴があることに気づき、これらの特徴を変えたいという願いで一つにまとまりました。

農奴制にかんする個別的問題に直接にはかかわりのなかった身分のものすべてがどのような共通の改変を望むようになったかは、貴殿、あなたはご存知です。かれらすべてが、専横な行政や不満だらけの裁判制度、やたら複雑な形式にとらわれた法律体系には重荷を感じていました。貴族階級も、ほかの身分の者と同様に、これらの欠陥には困っていました。このようにして、自分に必要な支えを見いだす方法がおのずと見つかったのです。貴族階級が、すべての身分に必要な改革への志向を代表する者となりました。(3)

これが、現在のことの状況です。わたしが多くをご説明したあとでは、貴殿、あなたは、いずれも悲しい結果になりかねない二つの思い違いをなさらないで済むと期待してよいかと存じます。

第一に、貴殿、あなたは、貴族階級の何らかの個別的、あるいは身分的な意図に、いまは貴族階級がその代表者になっている共通の改革の願望を組み入れてはいけません。この願望は、農奴制廃止に向かう権力への一部貴族たちの苛立ちとはなんら共通するものはありません。(4)その廃止を、貴族階級のほとんどは、もう元に戻らぬ事実としてすでにすっかり諦めています。貴族階級にこの問題にかんする、この身分固有の、他のすべての身分にはまったくかかわりのない願望が残っているとすれば、買い戻し額についての願望だけです。それは議論のあるところで、どれだけの買い戻し額を他の身分が是認、あるいは許容するかはまだ不明です。(5)しかし、この個別的問題の枠を超えた課題にかんする貴族階級の願望は、まったく別の性格をもっています。一般的立法の改革、新たな原理にもとづく行政と裁判所の立ち上げ、言論の自由にかんする考えでは、貴族階級は、他のすべての身分の代表者にすぎません。かれらが代表者になったのは、その願望が他の身分よりもいっそう強かったからではなく、ただたんに、いまの制度のもとで願望を表明できる組織をもっているからです。もし他の身分が自分たちの考えを表わす合法的な手段をもっていれば、かれらは、これらの課題について、貴族階級とまったく同じ意味において、しかももっと決然として述べたことでしょう。他のすべての身分は、貴族階級が一掃しようと語っている現在の制度の欠陥全体からの重荷を、貴族階級以上に感じているからです。貴殿、もしあなたが、商人あるいは聖職者、町人あるいは農民、あるいは役人大衆（現在の制度が有利な少数の役人は除く）にでもおたずねになれば、これらの身分の人ならだれからも、立法、行政、裁判所について同じ考えをお聞きになるでしょう。

もしあなたが、このことを確信しようとお望みなら、あなたは、もう一つの重要な思い違いをなさらないで済むことになりましょう。あなたは、現われはじめている共通の志向に反対して何らかの対策をとりうるという考えを完全にお捨てになることです。(6) この志向の現われはまだ弱々しくみえますが、なにしろ生まれたばかりのものですから。事態をよくご覧になったあとでは、その力が急速に伸びつつあることにお気づきでしょう。ひじょうに残念なことに、あなたは下々の人びとから離れておいでですから、直接に観察がおできになれません。ところが、私どもは、——あなたのお仲間以外は、社会のすべての層の生活を身近に観察でき、——私どもはわたしが光栄にもあなたとそれについてお話しするところの考えがひじょうに急速に広がっているのを見ており、社会が、この考えの決定的な、あるいは満場一致の声明を出すのも、もはやそう遠くはないことに気づいています。

これをもって、貴殿、わたしは事態の一般的な現状報告を終わります。多くの人びとには、これですでに完全に十分でしょう。しかし、事態を明らかにしうる唯一とも言うべき観点からさほど検討なさっていないあなたにとっては、これでほんとうに十分だろうとは、わたしには少しも思えません。あなたにとってこの短い報告は、今後さらに詳しく述べることになる課題を列挙し、それらにとりくむことの必要性をお示しし、筆者があなたへのそれらの説明につとめることをお約束する序言の意味しかもちえません。

私どもが見てきたのは、農奴制廃止の事業が肝心な要点であり、そのまわりに他のすべての問題が集まっていることでした。わたしはつぎの手紙でこの点をとりあげます。

註

（1） ここと以下で、ツァーリ政府による農民改革の軽率（「当てずっぽう」）な準備を示唆する。政府は周期的に「改革をいかに完遂するか」の問題に直面した（N・P・セミョーノフ『皇帝アレクサンドル二世治世のロシアにおける農民解放』一八八九年、第二巻）。ちなみに、チェルヌイシェフスキーは、専制を擁護して「改造は慎重に遂行されつつある」と述べたB・N・チチェーリンの「開会講演」における主張にも反論している（論文「発見と発明の試み」参照）。

（2） チェルヌイシェフスキーはここで、一八六一年四月十日と十八日ペンザ県チェルノガーイ村とカンデーエフカ村、一八六一年四月十二日カザン県ベーズドナ村、その他のロシアの諸地域での農民の示威行動がツァーリ軍の部隊によって鎮圧されたことを述べている。

（3） ここと以下で、一八六二年二月三日付トヴェーリの自由主義的貴族階級の要求を示唆している。それらをチェルヌイシェフスキーは重視しなかった。その要求と専制にたいする貴族の寡頭制的反対の要求とを区別し、それを「共通の志向」に関連づけつつ、かれは、革命的民主主義者のもとでは「願望がいっそう強かった」と遠回しに述べている。もし革命的民主主義者が合法的でありえたら、それは「もっと決然として」述べていたであろう、とチェルヌイシェフスキーは語っている。かれは明白に、自分たちの民主主義的要求と自由主義＝改良主義派の要求との原則的な差異を見ていた。買い戻しの問題では自由主義＝改良主義派の要求を貴族身分的と呼んだ。

（4） ここで言っているのは、封建的反動派、農民解放に不満で、政府に右から反対している極端な農奴制擁護者たちのことである。かれらは一八五九—一八六二年に寡頭制的な貴族憲法をもって専制政治を規制するよう要求した。

（5） チェルヌイシェフスキーは、農民の土地と地主領農民の買い戻しに反対した。

（6） 検閲下でのこの箇所をマルクスはこう説明した。「急速に広がりつつあるこれらの志向は、どのような懲罰処置によっても抑えきれるものではない」（前掲『アルヒーフ』）。

第四信　二月十三日

私どもの生活は、なんと調子が乱れたように過ぎていくことでしょう、貴殿！　この六日間、あなたとお話しする時間が一瞬たりともとれなかったのに、いまはこのように一日に二回もお手紙をさしあげられるのですから。すべての重要なことも、この些細な場合と同じです。ときには長い年月をへても、現状になんの変化も見られません。またときには、新しいことがつぎつぎ起こり、生活環境すべてが急速に変わっていくときがやってきます。たとえば去年一年をご覧ください。ワルシャワの動乱、ロシア国内の動乱、一方で非難され、他方からは褒められ、しかしだれもが知っている謎の綱領出現、当のペテルブルグでの空前の青年運動、この運動の恐るべき〔奇妙な――全集第十巻〕結末[1]、貴族階級の予想される要求についての噂、かれらが社会問題にとりくむ準備[2]、――一年間でこんなに多くのニュースがあり、そのどれもが社会を一つの方向にむかってどんどん前へ前へと動かしてきました[3]。これらの思いがけないできごとのうち、だれかに気に入ったものは、おそらくないでしょう。しかし、ともかく起こった、関係の緊張から起こったことです。それらが二度と起きないように気を配るべきではないでしょうか？　そして、それは、関係の緊張をなくすことによってのみ可能です。その緊張をなくすには、関係がなぜ緊張したかを調べる必要があります。私どもは、もっとも主要な緊張した関係、すなわち農奴解放の問題の検討から始めます。

わたしは、貴殿、あなたが、官僚制度というものの特性について正確なご認識をおもちかどうか存じません。しかしお許しくだされば、わたしがあなたに、このものの本性を、一例をあげてご説明します。わたしの部屋の一隅は、「農奴身分出身の農民にかんする条令作成のための起草委員会資料集」という何巻もの大部の出版物でいっぱいです。申すまでもなく、日誌や議事録、決議や報告、調査資料や意見書のこの集成全体を読み通した人は、ごくわずかしかいません。これを読みはじめ、途中でやめてしまった大勢の一人に、わたしもいます。ほかの人がこれらの資料を読むのをやめたのはなぜか知りませんが、わたしについていえば、わたしがやめたのは、資料が膨大であるとか、おびただしい詳細が無味乾燥なせいではないと言えます。――このように重要な問題ですから、何十巻ではなく何百巻でもむさぼり読むことはできます。――わたしには、まったく別の事情がありました。それは第一巻の冒頭のページに記されています。ですから、わたしは、それが薄っぺらな百ページほどの、たった一冊の小冊子であっても「資料集」を読みおわらなかったでしょう。わたしには「資料集」に時間を[4]ついやす必要はないと決めた事情は、以下のことです。起草委員会は一八五九年三月四日に開かれました。第一回の議事は準備会だけで、その日誌にはわずか一ページちょっとしかありません。実際に仕事を始めるために翌三月五日に起草委員会は召集され、その第二回会議の日誌の冒頭には、こう記されています。

> 議長は委員会審議に、印刷や石版刷りしたかれの意見から抜粋したいくつかの基本的な考えを提起した。[5] かれが確信するところでは、それを考慮にいれることは無益ではないはずである。まさに……

議長の提起は九点からなっています。そのすべてをここに書き写すことは無駄でしょう。なぜなら、そのいくつかは形式上重要であるにすぎず、ほかも委員会審議に提起された一連の問題から外された論題だからです。わたしは、おそらく委員会の意見とはなんの関連もないような問題にかんして、つぎの点だけに注目します。

（2）農民の人格上の解放と同時に必要なのは、農民が、地主との自主的合意によって、居住の安定と生活の保障に十分なだけの量の土地所有を地主から獲得できるようにすることである。

（4）義務的賦役は、期限つき義務の状態にあっても、法規制に従ってこそいるが、それでもやはり農奴制の外見をとることになる。それゆえ、農民にとっては耐えがたいものにならざるをえず、地主と政府にとっては、農奴制の実際の廃止という皇帝の善き意向にそぐわない重大な困難の原因になりかねない。これらの外見においては、義務的賦役はたんに経過的方策とみなされなければならず、もしも委員会がその期限を短縮するか、その施行を緩和するか、それができれば、生活の改善は、期限つき賦役の時期であっても確かなものとなりうる。

（6）地主は、かれらから農民が買い戻す土地や付属地にたいしては、公正で十分な補償を受けなければならない。

ご覧ください、貴殿。日誌には、議長提起の記述のすぐ後にこうつづいています。

これを聞いて委員たちは、かれらの確信とまったく合致するものとして、議長が発言した基本的見解への全面的な賛意を満場一致で表明し、それゆえ、常任幹部のための委員会日誌にそれらの意見を記載するよう求めた。議長は、委員各人に、もしそれがどんなことであれ、議長の意見と異なるならば、自らの確信を率直に述べることを許したが、日誌へのそのすべての記載に異議は出なかった。

このことからも、貴殿、あなたは官僚的秩序がどのようなものか、お分かりでしょう。上がこう言います。わたしは、しかじか事を決めなければと思う。みなさん、あなた方は賛成ですか？　わたしは少しも自分の意見をあなた方に押しつけません。不賛成なら反対と言ってください。それが正しくなければ、きっぱり拒否できます。すると下の連中が声をそろえて答えます、「あなたの意見は私どもの確信とまったく同じで、私どもはそれをすっかり受けいれます」と。

では、貴殿、当時十人の委員会メンバーのだれ一人からも、議長が提起した九つのうちどれか一項目でも、議長提起の決定と違った見解がなにも出なかった、せめて何かの点でこれら九つの決定のうち一つでも、修正や補足ができなかったことになんの疑問すらないということが、ありそうなことか考えてみましょう。あなたは人の集まりによくお出かけになり、貴殿、あなたは、話し合いがどうにもまとまらなければ、質問も説明も議論もなしにはことが済まないことはご存知でしょう。もちろん、結局は全員の意見が一致するかもしれませんが、それは、最初の言葉どおりにではありません。起草委員会の会議では、日誌から判断してそうではありませんでした。これは、起草委員会には意見の自由がなかったことを示しています。

「しかし、ほんとうに議長はこの自由を少しも縛らなかった。かれは委員たちに反対したり、拒否するよう声をかけた」。もちろん、そのとおりです、貴殿。しかし、わたしは、あなたご自身が、もちろん会合でお気づきになったことを思い出されるよういまいちどお願いします。自分の意見を自由に言うようどんなに声をかけられましても、ひとかけらでも分別や礼儀の感情があれば、どなたでも、あらかじめ周知の決まり文句どおりに答えるほかない、という場合があります。たとえば、カドリールを踊っているとき、レディーが相手の男性に、「あなたは退屈ではありませんか？」とたずねるとします。きっとかれは、わたしは命にかけても保証しますが、少しも退屈ではありません、あなたと踊っているのはたいへん楽しい、と答えます。彼女はかれにそう言うよう誘ったのですし、かれはおそらく、彼女といてひじょうに退屈していたのであろう、でなければ彼女がそうたずねる動機もなかったはずです。しかし、貴殿、あなたはそれ以外にどのようにお望みですか？　なにごとにも礼儀の決まりがあります。別の例をあげましょう。主人は自分でサラダを作るのが好きです。作って客に、サラダはおいしいか、たずねます。みなは決まって、声をそろえ「たいへん、たいへんおいしい……！」と答えます。わたしが申しあげたいのは、貴殿、世間のどんな事柄にも、行儀をわきまえない、あるいは分別のない者は別として、だれもそれを破らない常識の決まり、礼儀作法の義務があります。官僚的秩序と呼ばれる類いの事柄では、会議で議長をつとめる年長の委員にすべての点で同意するのが決まりになっています。おそらくあなたは、この決まりを奇妙にお思いかもしれませんが、そう思われるのは、それが出てきた素地をご存知ないからにすぎません。問題は、つねに議長——呼び方はともかく、会議の年長メンバー——が、上級の当局の意図にかんするより正確な情報をもち、意図にあわせて行動し、上級当局がすでに決めた方針の説明者になる者とつねに想定されていることにあります。貴殿、あなたは、つねにそうとは限らず、ときには上級当局が、官僚的な委員会に審議を付託した問題についてまだ確定的な決定をしておらず、ときには、かりにそれが策定ずみだとしても、上級当局は問題にかんする自らの見解を変える用意があることをご存知です。しかし、そうした事例はごく稀ですし、行動様式の決まりは、例外的な事例からは生まれず、官僚的秩序のもとでは、つねにすでに、審議に招かれた人全員が、自分たちは指示に従って働くためだけに招かれたものと信じており、指示を変更することなどもはやありえず、かれらの会議の年長メンバーはその指示の責任者に選ばれています。年長者自身が、かりにそうではないと言いはっても空しいばかりで、かれが自分の一語一語は決められつつある決定をもとにしたものではないなどと言っても、本気にする人はだれもいません。こうした考えの趨勢は、——官僚的秩序にあっては完全に避けられない趨勢ですし、議長にあまりにも魅力的な力で働きかけるので、はじめは、いくら自分の個人的な意見と当局の不変の決定とを区別するつもりでいても、すぐにそれらを一緒くたにし、かれには早くもこんなふうに思えてきます。自分の言葉一つひとつが、じつは法律であり、「わたしは政府の一機関であり、わたしはその将来計画を知っている。わたしが望むのは、政府が望むことである。すなわち、政府が望むのは、わたしが望むことである」。例をあげて、この避けられない思いこみをわたしが証拠だてることが、貴殿、あなたに必要でしょうか？　三月五日の会議ではまだ議長が「考慮にいれることは無駄ではないはずである」と、もっぱら個人的な意見を述べたことは、あなたもご存知ですが、二か月半すぎた五月二十日の会議ではかれは、すでにつぎのように表明しました。

農民による土地の買い戻しは、すでにわたしが説明したとおり、最高の意志にもとづくもの、義務的ではなく、自由意志によるものでなければならない。すなわち、買い戻しは、売りわたす地主と、屋敷を除いて農地を買いとる農民との正式の同意なしにはおこなわれえず、屋敷の売却は、農耕用地の売却に同意を示さない地主にとっては義務的である。

この前置きにつづいて一連の見解が示され、それらを説明したうえで議長は、私どもが三月五日の日誌にみるように、まったく結論調にこう述べました。かれは今度も、五月二十日にも委員会の委員たちに、自分の考えを忖度しないよう促し、この考えを拒む自由をかれらに与えました。

結論としてくりかえし申しあげるが、これらわたしの見解はすべて、財政委員会の判断をもとにしたものではなく、委員会はそれらを変更するばかりか、きっぱり拒否する完全な権利ももっている。これらわたしの見解を提示する目的はただ一つ、委員会にたいし、農耕用地の農民による買い戻しにかんする問題が現在、いかなる条件のもとで成り立ちうるかを説明することにあり、わたしはこの買い戻しを大いに実施しうるものと見ている。

このすべては、ひじょうに自由主義的であります。しかし、貴殿、こうした結論にいたる文脈のはじめに、どのような発言がなされたか、どうか思いかえしてください。議長は「最高の意志」に言及し、そのあとで自分の見解を述べ、こう発言しています。「政府は、べきであり、農民は、ねばならず、評価は、ならざるをえない。政府は自己資金で補償する、政府は可能性を見いだす」等々。こうした言い回しは、議長の見解がどれも政府がすでに決定した事項であることを示すものです。それに先だつ発言全体の調子からいって、最高の意志に関連して提示されたものですから、これらの意見を不変の通達として受けるべきときに、委員会のメンバーは議長の意見を変えたり、拒んだりできるという結びの言葉が、はたしてどのような本質的影響をおよぼせるというのでしょうか？ いったいそこで何を議論すべきでしょうか？ しなければならないのは、実施に向けて受けいれることです。

起草委員会はそのとおり事を運びました。

ここからどうなったか、貴殿、ご覧ください。これらの委員会がいかなる目的で任命されたか、あなたがひじょうによくご存知です。上級の当局は、あらましとなるいくつかの事業原則を定めると、専門家たちがそれにたずさわることが必要だとみなしました。当局は事業設定全体の策定を、専門家たちの根拠ある研究にゆだねようとしました。そこで私どもが見るのは何でしょう？ 専門家がようやく集められ、まだ何ごとにもとりかかっていないのに、事業がどのように進められるかは、すでに決められていました。けれども、事業はまだ精査されておらず、かれらはまだ、事業にとってどのような基礎が見いだせそうなのかも知りません。その必要はなく、基礎はすでに備わっているのです。どのように備わっているのでしょうか？ ひじょうに簡単にです。だれにでもそれぞれ、個々の課題について、なんらかの意見なり意向があります。申すまでもなく、農民問題についても、これらの委員会で議長に任命された方には、なんらかの意見なり意向がおありです。それ以外のあらゆる事柄――ヴィアルド(6)はよい歌手であるとか、ヴォルテールは機知にとんだ作家だったとか、プルコヴォ天文台はよく整っているとか――についても同じです。つぎに、イタリア・オペラ、フランス〔イギリス――全集第十巻〕文学、天文学を官僚的な流儀で論じはじめたと仮定してください。専門家たちを集めます。議長は、それについてほとんど知らないのに、それでもなんらかの意見をもっていて、これらの論題ついて自分の見解を述べます。――ここから、官僚的な流儀によると、どうなりますか？――専門家たちはすぐさま大声でこう叫びます。――まったく同感です、議長様、あなたがお示しになった理由を全面的に受けいれます。

　どうでしょうか、貴殿。もし料理人がスープの作り方、ローストビーフの焼き方について、すっかりあなたか、わたしの言いなりになったとしたら、食事はおいしくなるのでしょうか？　あなたも、わたしも料理について少しは知っています。しかし、あなたも、わたしも、食事の支度をたのんだ料理人に自分の意見は口にもしません。ここで意見を述べないのは、たいへんいいことなのです。でも、官僚的な流儀によると、こうなるはずです。料理人は、自分の知識や経験によって作るのではなく、私どもが台所の焜炉《こんろ》の設備、深鍋や両手フライパンの形、焜炉にかけておく時間、等々についてどう考えているかを聞き出そうとします。言うまでもなく、もしこうした探りを入れてうるさく付きまとい、右に左に立ちより、私どもをあらゆる会話に引きこみ、作るにあたって私どもの一言一言をとらえようとすれば、――もちろん、深鍋や両手フライパンについても、煖炉の焚き方、等々についても、私どもから何らかは得られます――私どもの言葉の一つひとつは、それがどれだけ口から口へと料理人に届き、それぞれの口でどのように解釈されたかは分かりませんが、料理人にとっての指示となりましょう。あなたは、私どもの料理人がどんなにすばらしくとも、私どもの台所における手順はよいものであり、私どもの食事がおいしくなると、お思いでしょうか？

　ところが実際は、私どもは料理人を抑えつけようとは思いませんでしたし、なんの指図もしたくはありませんでした。私どもは、ただ食事がおいしいことを望むばかりで、かれが思いどおりに支度するものと考えていました。しかし、料理人があなた〔私ども――全集第十巻〕にたいし官僚制的な関係におかれるとすれば、この私どもの望みは叶えられません。料理人は、きっと私どもの徒弟にすぎなくなり、調理については私どもに管理されることになります。

まったく同じことが起草委員会でもおこなわれました。

まじめに話をしましょう。官僚的な流儀では、仕事を頼まれる人たちの知力、知識、経験はまったく活かされません。これらの人たちは、自分の意見をもたない機械として行動します。かれらは、この仕事にかんしあれこれの人が、あるいはこの仕事にまったくかかわりのない第三者がどう考えているのかについての、たまたまの示唆や推測によって事を運ぶことになります。ここから何が起こるか、私どもは起草委員会にまったく同じ例を見ます。

実例に見る事態の第一の特徴にあげられるのは、いわゆる公開性《グラースノスチ》です。――これは、貴殿、「言論の自由」という表現を言いかえるための官僚的表現で、「言論の自由」という表現が、どこか不快だとか、棘があるように察して考えだされたものです。そんなわけで貴殿、わたしは、実例の第一の特徴に、農民問題にかんする、いわゆる公開性をとりあげます。

わたしが先に引いた事実からすると、委員会の議長は自分の確信にもとづいて行動したように見えるかもしれません。そのほかの委員たちは、各自の確信に拠っては行動できず、議長の指示に従う働き手でした。しかし、少なくとも議長は、自分の確信に従って対処しました。この確信は、事業を基本的に知らなくても生まれます。けれども、それがどのようなものであっても、やはりそれはかれの確信であり、もしそれが委員会の作業の性格を決めるとすれば、やはりこれらの作業には、なんらかの一定の見解と内的連関があったはずです。いえ、貴殿、この私どもの推測は間違いのようです。私どもは議長を委員たちとの関係で見ていました。委員たちにたいしては議長は実際に独立した人間でした。しかし、かれは、委員たちだけではなく、多くの人物とも関係をもっており、そのなかには、かれが起草委員会の委員たちにたいして占めている立場とまったく同じような立場をかれにたいして占めている者が数名はいました。官僚的な流儀で、かれの方でも、自分よりも功績のある人物の意見を嗅ぎだし、同じくかれらの意見を忖度し、同じく、かれらの言葉をすべて、かれらの意見にかんする推察をすべて、遂行しなければならない通達とみなしました。おそらく、私どものだれにでも、まだ鮮やかな記憶のなかには、それを裏づける証拠が数多くあるはずです。しかしわたしは、委員会議事録で公式に証だてられている事実だけをとりあげたい、そしてその一つをあなたにお示しします。

委員会が発足して一か月がたった四月六日の会議で、議長は経験にまなび、広く大衆からかれらの活動への支持をえられないかぎり、かれ自身も起草委員会も自分たちに託された任務を申し分なく遂行することはけっしてできないとの確信を述べました。かれは、自分と委員会には世論の支えが必要だと考えたのです。かれと起草委員会には、世論の支えがなければ、事業の成功に必要なように行動する力が見いだせないと考えました。ここに、貴殿、四月六日の会議日誌に記された起草委員会議長のそのままの言葉があります。

委員会の作業にどの程度の公開性が必要か、という問題が提起された。

議長が表明した意見によると、これらの作業は、全ロシアの任務——現在および将来における国家全体の安定と幸福にも密接に関連した任務である。経験が示すのは、提起された問題は、全国民の利害にじかに触れるものであるとはいえ、しかし、ロシアは自分たちの皇帝に全幅の信頼をよせ、安定を保っているということ。また、この安定は、一部はある程度の公開性にも拠っていると考えられ、この任務は当初から最高の命令に従い公開性をともなって実施されてきたということである。そのうえ委員会は、すべての階層の利害にひじょうに近しい活動をおこなっているので、全ロシアの前に自らの行動について誠実な報告をおこなう義務がある。その報告をし、すべての人を、一人ひとりを安心させるのは、なにごとも隠し立てしないことによってのみ可能である。なぜなら、ことがおおっぴらにおこなわれているところでは、間違った噂も、ありえない懸念も、ばかげた解釈も出てくる余地はないのだから。つまり、委員会には、問題をあらゆる面から自ら明らかにするという神聖な義務がある。委員会の活動がどんなに良心的であろうと、公平で偏らないというその志向がどんなに偉大であろうと、かれらは、自分たちのメンバーの豊かな経験をもってしても、各地方の現実の生活にあてはめるさいには、事業の成功に悪影響をおよぼしかねない誤りは免れないだろう。だから、ここでも必要なのは、自らを広くみなの判断にかけ、支援のために共同の参加を呼びかけることである。そうすることで、影になったままの問題の各側面に光をあて、欠けていた事実をおぎない、委員会の一つひとつの誤りを適時に修正することになる。

この言葉をよくお調べください、貴殿。よくご吟味ください。それだけのことはあります。なんと力強く決然とした調子、事業についての、なんと誠実、鷹揚な考えでしょう。よろしい。しかし、お聞きください。どのような結論がこのような根拠から出てくるのか、どのような適用がこのような原則から得られるのか、どのような実践がこのような理論から引きだせるのか。

これらすべての検討の結果、議長はつぎのことを有益とみなした。

（1）委員会のすべての日誌と紀要は、大部数で印刷すること。

（2）印刷された書冊は、以下に送付すること。基幹委員会の委員各位、各大臣と各部局の責任者、総督、県知事、県貴族団長（最後のものには複数部数）。

（3）上記の人たちすべてにあらかじめ以下を予告すること。委員会が審議すべき問題は、専門委員が到着してから検討される、そのあとで委員会紀要が県委員会の代表委員に提出されるが、これはかれらの側からの意見を聞くためである。

（4）こうした紀要が送付される人たちすべてに、次のように要請すること。委員会が、それらを適時に考慮にいれ、即座に部門別に仕分けして、読んだり論じたりが物理的にしやすくするために、各自の意見を定められた期日までに、章ごとの特別用紙を使い、極力簡潔に知らせる。

貴殿、あなたは、起草委員会議長がひじょうに賢明な人物であったことを固く信じておられます。わたしもまったくの同意見です。ですが、貴殿、賢明な人間は、自分の知性に従っていれば、このような根拠からこのような結論を出せるのでしょうか。「起草委員会の任務は――全ロシアの任務です」。「全ロシアの前に自らの行動について誠実な報告をおこなう義務がある」〔この一句は全集第十巻のみ、哲学三巻選集にはない〕。委員会自体は自分たちの仕事の成功のために「自らを広くみなの判断にかけ、支援のために共同の参加を呼びかける必要がある」。何をなすべきでしょうか？　この義務をどのように果たすべきでしょうか？　この支援をどのように受けとるべきでしょうか？　「起草委員会に各自の意見を知らせるよう依頼しつつ、起草委の紀要の書冊を県知事や県貴族団長に送付する」。貴殿、あなた自身でおっしゃってください。はたして県知事や県貴族団長が――「全ロシア」と言えるでしょうか？　はたしてかれらの判断が――「全ロシアの全体の判断」と言えるでしょうか？　はたしてかれらへの報告が――全ロシアへの報告と言えるでしょうか？　貴殿、あなたは、賢明な人間であるかれが、自分の結論と出発点との不一致に内心当惑してはいなかったとお考えでしょうか？　あなたは、自分の出発点から結論に移るさいに、かれが起草委員会の委員たちの目をまっすぐ見ることができたとお考えでしょうか。わたしにはそうとは考えられません。なぜならば、そう考えることは、かれについてけっして悪く言ってはならない側面から、――つまり知性の側面から、かれの正気を侮辱することになるからです。

思考のこうした奇妙な支離滅裂ぶり、採択される決定と自分自身の望むところとのこうした明らかな不一致は、いったい何によって説明できましょうか？　もちろん、ひとえに起草委員会の議長が、自らその決定において完全に縛られていたことです。この場合、かれはいったい、だれに縛られていたのでしょうか？　わたしは、率直に、あけすけに貴殿、あなたと話しています。ですから、あなたがかれを誠実な人とお考えならば、あなたはまちがって〈おられません〉〔あなたがかれを不誠実な人とお考えならば、間違っておられます――全集第十巻〕、とあらかじめ申しあげたうえで、自分自身の確信するところを述べます。起草委員会の議長はそこでは、かれが法律上その意向に従うことを義務づけられたある人物、あるいはそうした人物たちの意志にはっきりと、意図して縛られていたのではありませんでした。かれを縛っていたのは、起草委員会にたいして影響を示す法的権利すらもたない、それ以外の多くの人たちの意見、懸念、慣習でした。かれは、自らの公的な権限からすれば、まったく関係のない人びと全体の意見に縛られていました。これぞ、貴殿、あなたが、官僚的な流儀では独立性などだれにもないことを納得される事例です。些細なことでは、とくに所管の人物たちにたいする行動においては、官僚的な流儀のもとで各人にかなり気まま勝手がゆるされました。しかし、重要な事案では、自分の信ずるとおりにおこなう権限は、だれにもありません。すべての人は、ものも言えない、法の通じない、相互の依存関係にからめとられています。なぜなら、ここではすべてが、噂しだい、憶測しだい、すなわち、自分を満足させてくれなければ、その人に不利益な噂を広めることのできてしまうだれをも満足させられる才覚しだいだからです。

もしあなたが、「委員会紀要」を県知事や県貴族団長に送付するという起草委員会議長の実務上の結論を、これらの紀要への参加を社会全体に呼びかけ、それらを全ロシアとして理解するという議長の理論上の志向とを比較なさるとすれば、貴殿、あなたは、官僚的な流儀のもとで事態がどのように進行するかをご覧になるでしょう。人は、何か本質的で重要なことの必要性に気づくことにはじまり、それに向かって努力しますが、きわめて些細な、けっして本質的ではない、ただ形式的なだけの何かをするにとどまるものです。貴殿、あなたもご同意でしょうが、県知事や県貴族団長たちの意見が行政の仕事に新しい力を与えたことは、けっしてありませんでした。なぜなら、県知事自身には政府に頼っての力しかありませんし、県貴族団長たちもそのさい同じような立場にあったからです。かれらは政府に頼らない自主的な役割をもっていたわけではなく、かれらの意見も独自の重みをもつことができませんでした。こうして、起草委員会はかれらからは、委員会議長が必要欠くべからざると感じていた支えを得ることはけっしてできませんでした。これらの人たちが委員会紀要に意見を述べて問題の解明に協力するという件について言えば、委員会はこれらの意見のなかに自身にとって何か新しいものを発見することはできませんでした。県知事たちは事業を、委員会自体と同じように政府的な観点から見ていて、それで、委員会自体も気づかなかったような事業の重要な側面を委員会に指摘できませんでした。県貴族団長たちは、聞かなくてもすでに委員会は熟知していた地主の見地のみから意見を述べました。こうして、起草委員会は、自分たちの「紀要」のための支援や批判をどうしても必要としながら、その点ではまったく役立たずな人たちにそれらを求めたことになり、自らの仕事における支援も批判も得られずに業務をせざるをえませんでした。

つぎの手紙でわたしは、これがどうなっていったか、貴殿、あなたに説明するつもりです。しかし今回は、この手紙に書きつらねました題目——官僚的な流儀の性格についての論議に若干補足して終えることにします。貴殿、思いだしてください。私どもが起草委員会の日誌のなかになんと奇妙な事実が裏書きされているのを目にしたことか。事業を審議するために人が召集されますが、かれらには最初から、万事がすでにそれによって決められている結論が示されます。もちろん事業はまだ、召集された人たちによっても、決定を示した人物によっても審議されていません。そしてこれらの人物は、かれらに示される決定を受けいれるのです。そのあとかれらは何をするのでしょうか？　かれらは事業の審議はせず、とるにたらない細部を拾いあつめたり、取りつけたりするだけです。つまり、かれらを集めた人たちは、人を集めて建物の設計を検討するつもりだったかもしれませんが、かれらの仕事は、煉瓦を一つひとつ積みあげる石工の作業といえましょう。かれらの任命におけるこうした変化は、どうして起きたのでしょうか？　このことはだれにも分かりません。だれかの意志でそうなったのか――だれの意志でもありません、それを望んだ人はだれもいないのですから。それが起きたのは、官僚的な流儀の力によるもので、この力に反対しては、統治全体の先頭に立つといっても、だれも何ひとつできないのです。あなたはただお尋ねになるつもりでも、お尋ねになることは決定と受けとられます。あなたはお話し合いのつもりでも、あなたのお言葉は命令と受けとられます。あなたは助力をお求めになる、――あなたが口にされるすべてが、あなたの目前でねじ曲げられます。こうして、すでに官僚的な流儀に組みこまれていて、何かそれ以外にこの流儀からあなたが手に入れられるものは何もありません。

そして、官僚的な流儀の本性から、いかに驚くべきことが起こるか、貴殿、ご覧になってください。上級の当局でだれが、農奴制は、その廃止令布告のさいに維持されなければならないと考えていたでしょうか？　もちろん、上級当局にそのことを望んでいた人はだれもいません。起草委員会の議長が望んでいたのでしょうか？　もちろん、あなたもご存知のように、否です。起草委員会のメンバーがそれを望んだのでしょうか？――否、それは周知のとおりです。あなたは、貴殿、起草委員会の日誌からわたしが引用したいちばん最初の抜粋のなかに何をご覧になりましたか？　あなたは、起草委員会が原則を承認してからその作業をはじめたのをご覧になりました。農奴解放令布告のさいに農奴制は維持されなければならないという原則です。三月五日の「会議」日誌にあるそのままの言葉を思い出してください。「義務的賦役は期限つき義務の状態にあっても、やはり農奴制の外見をとることになる」。このことは委員会議長が述べています。「委員たちはこれを聞いて」、議長のこの言葉にたいし「一同全面的に共感をあらわし、必要な指針として」その言葉を日誌に記しました。もういちどお尋ねします。事業の基礎に、委員会メンバーの確信とも、かれらの議長の志向とも、上級当局の意図とも合致しない決定が据えられることが、どうして起こりえたのですか？　これが起きたのは、官僚的な流儀の避けられない性格からです。委員会の議長には、なんらかの憶測から、満足させなければならないある人物たちがこれを欲していると思えたのです。委員会のメンバーには、議長の言葉は上級当局の不変の決意の表明に違いないと思えたのです。上級当局は委員会のこうした決定をみて、専門家たちが、しかも農奴制の著名な反対論者たちですら、それを維持せねばならないともし決定するのなら、農奴制を廃止することはできないと確信しました。

事業のその他すべての特徴、すなわち義務ではなく自発的な合意による土地の買い戻し、農民への分与地の広さ、農民の賦役や支払いの量、等々も、まったく同じように規定されました。このようなことの成り立ちについて、だれも責任を負うことはできません。——上級当局も、起草委員会も、けっしてだれも事業をこのように組み立てようとは欲していませんでした。事業をこのように組み立てたものは、ほかならぬ官僚的な流儀であって、この事業の実施に、自分の職務からか、自分の欲求からか、自分の署名のうえでか、何によってであれ参加した人たちの意志や確信とは無関係でした。

けれども、よろしいですか、貴殿。ここから何が始まったでしょう？　わたしは、これまで知られていない秘密をあなたに明かします。あなたにはあまりにも多くのことが隠されていますが、この秘密は、ご存知ないのはあなただけではなく、農民解放令をつくってきた人たちにさえ知られていません。この秘められた働きを最初の瞬間から自分の懐《ふところ》中で感じた被解放農民をのぞくすべての人を、思いもよらないニュースとして驚かす秘密を明かします。

註

（1）「ワルシャワの動乱」――一八六一年のワルシャワにおける大衆デモンストレーション。ツァーリ権力に制圧された。

「ロシア国内の動乱」――改革の農奴制的性格に関連して一八六一年に起きた農民暴動。

「謎の綱領出現」――非合法ビラ「大ルーシ人」の発行。

「当のペテルブルグでの空前の青年運動」――一八六一年五月三十一日の反動的新聞『プラーヴィラ（規則）』が引き金になった学生暴動をさす。

（2）自由主義派の貴族階級が、行政、司法、民法の改革問題にかんして、一八六二年に一連の県で貴族集会を予定し、要求提出を準備しているとの噂のことをさす。

（3）一八六一―六二年のこれら、およびその他の出来事をレーニンは、革命的情勢の条件として評価した。「こうした条件のもとでは、もっとも慎重で冷静な政治家は、革命的爆発は十分に可能なものと、そして農民暴動はきわめて深刻で危険なものとみなすべきであったろう」。まさにこの革命的情勢の影響のもとでこれらの「手紙」が書かれた。

（4）「起草委員会」は、一八五八年一月に「地主領農民の生活改善」案検討のために設置された農民問題にかんする基幹委員会の下に、一八五九年二月につくられた。起草委員会に託されたのは、農奴身分出身の農民にかんする条令案の作成と検討であった。初代議長は、極反動の侍従将官ヤーコヴ・イヴァノヴィチ・ロストフツェフ（一八〇三―一八六〇年）。

（5）ここに記すには、ロストフツェフのアレクサンドル二世あて一八五八年八月―九月の手紙の抜粋と、かれの論文「農民問題の経過と結末」である。

（6）ヴィアルド＝ガルシア・ポーリーヌ（一八二一―一九一〇年）――フランスの女性音楽家。

第五信　二月十六日

あなたにお知らせしたい秘密を明かすのは、貴殿、偶然の事情からであります。起草委員会の議長はその紀要をたしかに公開しようとしていたにもかかわらず、わたしは丸二年間もこの刊行物を目にすることさえありませんでした。一般にはほとんど出回っていなかったのです。これらの本を入手するには、知合いをつくり頼みこむ必要がありました。私どもではすべてがこんな状況で、貴殿、知り合いもなく、依頼もできなければ、何も入手できません。知り合いと依頼がすべてでした。それなのに、わたしは、利用できそうにない資料を入手するために奔走もしなかったので、農民問題について書くことができませんでした。ついに農民解放の詔書公布の期日が近づいたときに、それが公布されると条令[1]の審議がはじまるかのような噂(あとで分かったように、何の根拠もない)が広まりました。そこでわたしは起草委員会の「紀要」がほしくなりました。この刊行物は、あなたもご存知のとおり、二部からなり、その一部は、八つ折り判に印刷されていて、ある程度は委員会自身によって手を加えられた資料が含まれています。もう一部は、四つ折り判の印刷で、「委員会紀要への付録[2]」と題され、農奴百人以上をもつ領地にかんする統計データがおさめられています。そこにはつぎの事項が記載されています。領主と領地の名、領地ごとの農奴とチャグロの数量、領地付属の土地の総面積、この総面積に含まれる各種用地別の面積、現存する分与地の面積、果たし終えるか支払い済みかの義務の総計。わたしがはじめに入手できたのはこの部で、第一部よりも前でした。第一部では、第二部のデータに委員会が手を加えています。委員会がまとめたこれらの結果は手許になく、それがどの程度まで仕上げられているかも知らなかったため、わたしは、領地の記述に示された数字を自分で精査しなければなりませんでした。わたしが得たかったのは、解放令によって現存する分与地や、地主にたいして農民が果たし終えた、あるいは支払い済の義務にどのような変化がもたらされるかについての、おおよその理解でした。わたしは調査を、生活や風習だけはどうにか個人的に知っているので書きたかった大ロシアの諸県に限ろうと思いました。しかし、そこでもわたしは、大ロシアのすべての郡についてのすべての数字——四巻全部を埋めつくしている数字を処理することはできませんでした。わたしには、そのための時間も足りません。わたしは、全体を判断するために、いくつかの郡だけをとりあげざるをえませんでした。とはいえ、わたしは、自分が精査した部分が実際に全体の正確な見本でありうること、全体のサンプルをして一部の郡を選ぶさい、わたしに何らかの恣意があったとだれにも疑われないことを心がけました。そこで、わたしは作業をはじめる前に、つぎの二つの規則を決めました。

（1）「起草委員会紀要への付録」に並んでいるのと同じ順序で郡のリストをつくり、わたしは、記述された領地がかかえる農奴の総数一万人以下の郡ははぶき、それ以上の郡だけのリストにしました。この手法のねらいは明白です。わたしは、解放令によって起こる変化の影響について結論づけるための、十分に広域にわたる根拠を提供してくれる郡についてのみ調査したかったのです。こうして、わたしのもとには一七五の郡が残り、それぞれに一万人以上の農奴の状態が記述されます。

（2）これらのうちから、一〇郡ごとの最初の郡、すなわち第一の郡、第十一の郡、第二十一の郡、等々（＊）をとりあげることにしました。

（＊）このさい、貴殿、あなたがこの配列の規則正しさをご確認になりたくなる場合に備えて、わたしがつくったリストを付加しています。

こうして、わたしが数字の処理をすることになりました郡は、以下のとおりです。

アレクサンドロフ郡　――ヴラジーミル県
ビリューチ　――ヴォロネジ
スパッスク　――カザン
ドミトリエフ　――クールスク
クリン　――モスクワ
ゴルバトフ　――ニジェゴロド
オリョール　――オリョール
ペンザ　――ペンザ
ノヴォルジェフ　――プスコフ
ミハイロフ　――リャザン
サラトフ　――サラトフ
アラトゥイリ　――シンビルスク
コズロフ　――タンボフ
ネレフタ　――コストロマ
ロスラヴリ　――スモレンスク
コルチェヴァ　――トヴェーリ
エピファニ　――トゥーラ

ムイシキン ――ヤロスラヴリ

この選択にあたってわたしがとった規則が、そこにはいかなる恣意をも疑う余地を残さないものと期待しています。これら一八の郡にかんする数字の分析から何が明らかになったかを、貴殿、ご覧になってください。

なによりもまず、わたしは、解放令により定められる新しい分与地での、それにより定められる新しい年貢が、かつて年貢があり、解放令によって年貢が残る領地において、以前の年貢や分与地と比較してどうなるかを算定しています。

「起草委員会紀要への付録」に記載された年貢払い領地の農奴総数は、一八の郡全体で一二万五三二四人です。かれらの以前の分与地は四一万九四〇六と二分の一デシャチーナです。農奴制のもとでのこの分与地にたいし年貢総額八四万二七二八ルーブリ五〇コペイカをかれらは地主に支払ってきました。こうして、以前の農奴制のもとでは、平均値で農民からは分与地一デシャチーナあたり二ルーブリ九コペイカをとっていました。新しい解放令の規則によりますと、以前の分与地のうち一〇万一七六七と四分の三デシャチーナが地主に移され、農民に残るのは三一万七六三八と四分の三デシャチーナです。かれらにたいする年貢は七三万一三四六ルーブリ八〇コペイカです。つまり、自分の分与地一デシャチーナあたり農民が新しい規則で支払わなければならないのは、二ルーブリ三〇と二分の一コペイカになります。いいかえますと、新しい解放令に従って被解放農民が領主に支払わなければならないのは、以前の農奴制のもとで支払った一ルーブリの代わりに一ルーブリ一〇コペイカとなるのです。

貴殿、あなたはこういう結果を予想なさっていたのですか？

あなたのお気遣いを、あえてこれ以上煩わそうとはいたしません。しかし、わたしがあなたにお届けした知見が、わたしがそれをもってこれらの知見を得る努力をしたその、真実の貴さにかんする唯一の思想とともに、もしあなたに受けいれていただけるものと、わたしがあえて予想するとすれば、新しい解放令による年貢払い領地の行く末にかんする問題を細部にわたってあなたに喜んでお話しいたします。それから、賦役の上に成り立つ領地の問題に移り、最後に、あちこちの領地に一様にかかわる新体制の側面の実際的な意味についての知見をあなたに差しだせたらと思います。しかしわたしは、貴殿、頼まれもしないあなたとの対話に、すでにたくさん時間を費やしましたし、それがまったく無駄にならないか分からないかぎり、これ以上費やすことはできません。いずれにせよ、あなたはいま、この先のあなたとの対話の性格がどのようなものになるか、見当をお付けになれるでしょう。つまり、あなたご自身、それがあなたにとって必要かどうかご判断はおできになれます。

わたしはよく存じています、貴殿。わたしを少しもお呼びでない方に向かって自分の説明をお聞かせしようなどという礼儀に反することをした、と。ですから、わたしがこの書信の結びにも、その礼儀を守らず、通例の「敬具」とか「謹言」と記さず、ただ署名だけをしても、あなたにはなんの不思議もないでしょう。

N・チェルヌイシェフスキー

〔「起草委員会紀要への付録」に記入された大ロシア県の郡一覧は、本訳書では省略〕

Письма без адреса (1862)

註

（1）「農奴身分出身の農民にかんする、一八六一年二月十九日皇帝陛下により裁可された勅令」。

（2）　正確には「農奴身分出身の農民にかんする条令作成のための起草委員会紀要への付録。地主領地にかんする資料」。

検閲官と迷路

多和田葉子

翻訳中の「ランデヴーにおけるロシア人」の原稿を父に見せてもらい、すぐに吸い込まれるように読み入ってしまった。最近、迷路のように入り組んだエッセイを読む機会が減ったように思う。

こういう複雑な文章を書くのは検閲の目をくらますためだと言われる。つまり、最近こういう文章を見かけなくなったということは、ロシアから検閲が消えたということなので本当に喜ばしい。（これがわたしの本心でないことは一目瞭然で、検閲が消えたどころではなくその逆だという知識を読者と共有しながらわざとこのように書く。そのような反語やアイロニーを重ねていくと迷路のような文章ができるのではないかと思う。）実際には検閲がなくなったどころではなく、政府のやり方に批判的なロシアのジャーナリストたちは身の危険を感じ、ラトビアのリガや、ドイツのベルリンなどに亡命し、そこからロシア国内、国外に向けてロシア語でニュースを発信している。検閲する側と表現する側の戦いは、インターネットの網をくぐって猛スピードで走る猫とネズミの追い駆けっこのようで、こんな時代に複雑な文章を編んだり、それを読み解いたりしている余裕などないと思う人がいてもおかしくない。しかし歴史の進歩が速くなったわけではなく、チェルヌイシェフスキーの生きた時代、あるいはそれよりずっと以前から続いている問題が、姿を変え、形を変え、飽きもせずに繰り返され、歴史はむしろ沈滞しているように感じられる。だからこそ、ここで敢えてスピードを落として、十九世紀のモードで文章や文学について考えてみるのも悪くないかもしれない。

わたしたちは「ランデヴーにおけるロシア人」というエッセイをとりあえずトゥルゲーネフの中編小説『アーシャ』を論じた一編の文芸批評として読み始める。冒頭部分からすでにミラーハウスに迷い込んでしまったような眩暈を感じるが、簡単にいえば、「最近は土地改革問題を扱った小説ばかりで重苦しくて嫌だなと思っている人が増えて、僕もそういう考え方に感化されていた。だからこの小説を読み始めた時は、ああ良かった、やっと悪党だらけの醜いロシアの現実とはかけ離れた外国を舞台にした、心の気高いロシア人が登場する小説が読める、と思って期待した」となる。これはもちろんチェルヌイシェフスキーの本心ではなく、「ところが、この小説こそがまさにロシアの醜い現実の核心を描いた作品なのだ」とか「そういう心の気高そうなロシア人こそがむしろ問題なのだ」というどんでん返しの結論を引き出すためのレトリックである。

チェルヌイシェフスキーは最初から、ドイツやスイスでぶらぶらしているロシア人を高貴な精神の持ち主だなどと思うほどナイーブではない。文芸批評の語り手「わたし」は筆者本人ではなく、論を進めるために必要な架空の人物である。彼はチェルヌイシェフスキーと違って、外国に住むロシア人を理想化し、せっかく外国に住んでいるのだから『ロミオとジュリエット』のロミオと同じように恋愛悲劇のヒーローになるべきだと信じている。ロミオの運命は決して羨むべきものではないが、保守的な「家」の束縛に反抗し、恋愛感情に忠実に生きる（死ぬ？）点では、後のヨーロッパにヒーローとして崇められるだけの価値はある。もしトゥルゲーネフの小説の主人公がロミオと同じ行動をとれば、ロシア人はヨーロッパ人の仲間入りができたことになる。ところが、そうはせずに恋愛から逃げる主人公を一般読者が、そこまで責めたということはちょっと想像しにくい。女性の愛を受け入れなかっただけで、最低の収賄者でさえ恥じる行為だとか、下劣で粗暴なふるまいだとか、言われる筋合いはないような気がする。これほどの憤りが本当に当時の読者の平均的感想の一つだったのかは分からないが、いずれにしても、小説の主人公が「男らしくない」ことへの憤慨があまりにも誇張されているので、読んでいる側は苦笑を漏らしながらそのうち、チェルヌイシェフスキーが本当は何か別のことを論じようとしていることを察する。このように誇張、アイロニー、ユーモアによって、そこに書かれた文章と、筆者が言いたいことが乖離していることを、なるべくアリバイを残さないようにしながら少しずつ納得させるのも、検閲の目を逃れる迷路文体の技の一つである。

トゥルゲーネフの『アーシャ』をよく読みかえし、「主人公は男らしくない」という批判は的はずれではないかと思うのはわたしだけではないだろう。アーシャは魅力的ではあるが、今の時代ならおそらく人格障害と診断されてしまうかもしれないほど情緒が不安定である。好意と憎しみが激しく交代する彼女は、恋するとますます感情が制御できなくなり、将来まわりの人たちを不幸にする可能性は高い。「君はまさかそういう女と結婚する気はないだろう」と警告するアーシャの兄は、小説の主人公にとっては「理性」あるいはフロイトのいう「超自我」的存在である。本当にアーシャが好きなら兄の言葉など無視するべきだという人もいるかもしれないが、兄の声は主人公にとっては逆らいがたい内なる理性の声でもあるのだ。

アーシャの愛を受け入れなかった主人公に理解を示すのは少しも難しいことではなく、むしろ自然なことのように思えるが、そういうわたしのような読者の思考回路をチェルヌイシェフスキーは最初から見抜いている。アーシャがまわりの人間たちを傷つけ不幸にするような人間であることを指摘して主人公が彼女の愛を拒否したことを正当化する読者は、チェルヌイシェフスキーの目から見れば、「ヨーロッパ人ならばロミオのように愛を受け入れるかもしれないが、それはヨーロッパの話で、ロシアではそうはいかないさ」などと言い訳するようないわば卑怯な読者である。ヨーロッパと同じ理想を抱きながらもヨーロッパ的な行動をとるべき状況に置かれると、「現実のロシアではそんなことは無理だ。そんなことを要求するのはロシアの現実を無視する理屈（イデオロギー）に過ぎない」と言い返すのがロシア人だ、というわけである。

ロシアのヨーロッパに対する関係は、日本の欧米への関係と似ているところがある。民主主義、平等思想、自然保護などを思想としては受け入れていても、実際の生活でそんな思想に従って行動すると会社や家族間の人間関係に軋轢が生まれてしまうので、それはできないと感じる日本人が、「それは理屈でしょう。現実にはそうはいかない」というようなセリフを口にすることがある。被差別部落出身者との結婚や、地元での反原発運動など、こんなセリフが使われる場面は数多くあるのではないかと思う。

トゥルゲーネフは、フランス、スイス、ドイツなどを漫遊する十九世紀のロシア人の姿を描いているが、わたしにはそれがバブル期の日本と重なって見える。経済的に余裕のある日本人たちが欧米を旅行し、留学生を送りこみ、彼らは文化や思想を吸収する。しかし、日本に帰ってそれを日本社会に応用しようとすると壁に突き当たる。

冷戦中にはロシア人の姿はヨーロッパから消えたが、ソ連がロシア連邦に移行すると、ロシア人たちがどっとヨーロッパに押し寄せてきた。高級ファッション、オリジナル絵画、別荘などを買って満足しているロシア人もいれば、民主主義や言論の自由を満喫するロシア人もいた。後者の場合、帰国してそれを今のロシア社会で生かせるかというと、その不可能ぶりはトゥルゲーネフの描く時代とほとんど変わらないのではないかと思う。

エッセイの最初の部分に、この小説には教養があり人間的な最良のロシア人しか出てこない、幸いロシアのペテン師や悪党は登場しない、ということが書かれているが、読み進んでいくとまさにこの「最良のロシア人」に向けられた目が批判的であることに気づく。最良であっても、ロシア人はロミオのようには行動しない。ここでヨーロッパ人とロシア人は違う、と言ってしまうと、いわゆる国民性の話に逸れてしまうが、チェルヌイシェフスキーはよくある「ロシア人論」を展開しようというのではない。あくまで人間は基本的にはみな同じだという点を再確認する。そのことを言うために、ゾウもネズミも体を動かし、ものを食べ、喜び、怒るのは同じだし、外見は違ってもサルとクジラ、ワシとニワトリの有機体には内的な同一性がある、などの例を延々と挙げていくくだりは、話を引き伸ばして読み手を時々煙に捲きながら、イメージの氾濫を楽しんでいるようなところがある。科学的証明のために必要最小限の例を挙げているようには見えない。読んでいる側もいろいろ連想が広がり、わたしなどは、ロシア人と日本人だったら、どちらがサルでどちらがクジラなのだろう、などと考えて思わず吹き出してしまった。ナショナリスティックな「日本人論」を大真面目で唱える日本人が読んだら、馬鹿にされたと感じて怒り出すかもしれない。

フランス人はこうだ、イギリス人はこうだ、というような国民性を比べる作業はとても楽しいので誰でもついやってしまうがあまり意味がない、という指摘は「日本人論」の好きな日本人の耳には痛いところだ。人間は根本的には同じだという点が重要なのだという結論にチェルヌイシェフスキーは導いていくのだが、ただしそこに至るまでの道は遠く、シャンパン、ヒマラヤスギからバラモン教の呪文まで無数の例が飛び出してきて、遊んでいるのか真剣なのか分からない語りのパフォーマンスが続き、横道に深く足を踏み入れては本道に戻り、時間をかけて、読み手をじらしながら、ゆっくりと自分の言いたいことの方へ導いていく。そんな筆者に付き合うのにも疲れ、この辺で検閲官は多分居眠りを始めるかもしれない。わたしのような読者は逆に、仕組まれたもどかしさを楽しみながら先を読み進む。

人間はみな同じで根本的な違いはないが、それでもロシア人がヨーロッパ人と違ったふるまいをするとしたら、それはなぜなのか。主人公がアーシャを拒んだのは、一個人が犯した一度きりの間違いではなく、トゥルゲーネフの作風でもない、これはロシア社会を蝕む病気なのだ、というところまできて読者はやっと、チェルヌイシェフスキーはロシア社会のことを書いているんだな、と気が付く。ひょっとしたらここで居眠りしそうになっていた検閲官もハッと目を覚まし、赤鉛筆を握り直すかもしれない。

アーシャは、画家だった父と使用人の間に生まれた子だった。兄との違いは、母親が違うという遺伝的な点だけでなく、アーシャが労働者階級の人間として育ったところにあった。今では一応ブルジョワのように振る舞っていても、野生的で矛盾に満ちている面がちらちらと見え隠れして魅力的である。このように階級の違う女性、異民族の女性など「別世界」から来た女性が、不安を呼び起こす未知を秘めた魅力的存在としてロシア文学に登場する例はめずらしくない。ロシア文学に限らず、イメージされた「他者」の典型である。

ロシアが当時解放しようとしていた農奴もまた、そのような異質なる存在として感じられていたのかもしれない。当時のロシアの自由主義者たちは、近代化してヨーロッパに遅れをとらないようにするためには農奴の解放が必要だというところまでは認めても、農奴を本当に自分と同じ「人間」として認めるところまでは平等意識が深く浸透していなかったようだ。それでなければ、土地は取り上げて解放する、とか、土地を買い取らせて解放する、などという発想は出てこないのではないかと思う。そのように、目先の利益しか視界に入らず、いざとなるとメッキが剝がれる平等意識しか持っていない人々の姿をチェルヌイシェフスキーは、トゥルゲーネフの小説の中に見いだした。

恋愛は個人の問題であって社会問題とは無関係だと考えがちだが、チェルヌイシェフスキーは、社会問題について考えずに大人になると恋愛の価値を見抜くこともできない人間ができる、という結論を出してコペルニクス的転回を見せてくれる。

チェルヌイシェフスキーがアーシャをフェミニストとして捉え、応援しているのは、盲点を突かれたようで面白かった。アーシャの兄も恋人も自分では決して女性を軽視するつもりなどなさそうだが、女性のアーシャが恋愛の指揮をとることも、自分の人生を自分で決めることも許せなかった、というのがチェルヌイシェフスキーの見方である。

今の時代を生きるわたしは、自分が性別や階級で人を差別することなどないつもりでいるが、アーシャのようにまわりにひどく迷惑をかける人間については、自分が身を守るためならば、そういう人間から逃げてもいいし、無視してもいい、と心のどこかで思っている。これはあくまで、自分が人生で損をしないようにすることが一番大切だという狡っ辛い小市民的な考え方である。チェルヌイシェフスキーの場合はそうではなく、すべての人間を人間として徹底的に同等に見るという理想が最優先で、そのためには自ら苦労を買って出る。誰からも逃げず、誰も見捨てず、迷惑をかける人たちも含めてみんなでつくる社会を念頭に置いている。老人や移民や障碍者をめぐり今日どのような政策がとられているかを見れば、チェルヌイシェフスキーのような考え方は今日まだ先駆的であることが分かる。

わたしは学生時代から、検閲をくぐり抜ける迷路のような文章に関心を持っていた。それは運悪く独裁政治の下に生まれてしまった場合のみ役に立つ特殊な技でなく、いつの時代でも役に立つのではないかと思う。日本にも第二次世界大戦中は厳しい検閲があり、近いうちにこれに近い状況が発生しないとは限らない。戦後は一応、少なくとも法律上は言論の自由が認められた一方で、ご苦労なことに民間組織や個人レベルで検閲官の役を自ら買って出る者たちが現れ、大江健三郎の『セヴンティーン』や深沢七郎の『風流夢譚』をめぐる一連の恐ろしい事件が起きた。わたし自身も小説家としてデビューした際に何度か、「こういうことを書くと危ない」と編集者に忠告されたことがあった。今世紀に入ってからは、皇室、右翼、暴力団などに触れることの危うさだけでなく、「これは差別表現だ」とか「許可なしで私をモデルにして書いた」とか「わたしのアイデアを盗んだ」など、作家当人やその本を出した出版社が受ける批判は多様化した。批判はもちろんあっていいが、批判が誹謗中傷に変わり、ソーシャルメディアなどの半匿名の場でそれが激化し、言葉の暴力、時には肉体的暴力にまでに発展するケースも出てきた。

だからといって書きたいことを書かないわけにはいかない。ただし、簡単に誤解され、レッテルを貼られて攻撃の的にされるような書き方はしたくない。複数の声を取り入れながら、いくつもの層を重ね、結論を急がずに遠回りを楽しむような、反対者がいても理解してもらえなくても腹を立てさせないくらいの余裕を持った息の長い文章を書きたい。そのためには精神的体力や、過去の文筆家の文章から学ぶ忍耐力が必要となる。

単刀直入ではない書き方、いくつもの意味がありそうで一筋縄ではいかない書き方、読んでいると頭が乱視になりそうな書き方は、世界文学の長い歴史の中で絶えず磨かれてきた複雑な織物技術である。政治的陰謀の犠牲になって故郷を追われたダンテの『神曲』にも、地獄の登場人物の姿に託して、実際に存在する政治家が描かれている部分がある。このような「ダブらせ術」は、登場人物を重層化し、作品寿命を引き伸ばす役割も果たしている。

トゥルゲーネフの中編小説『アーシャ』は偶然にも日本の文学史に貢献した作品でもある。二葉亭四迷はこの作品を『片恋』という題で訳し、他にもトゥルゲーネフの作品を何作か訳したが、その翻訳文体がその後の日本語文学の文体をつくる土台の一つになったとも言われる。『あいびき』

については、「このあいびきは先年仏蘭西で死去した露国では有名な小説家、ツルゲーネフという人の端物の作です。今度徳富先生の御依頼で訳してみました。私の訳文は我ながら不思議とソノ何んだが、これでも原文はきわめておもしろいです」という可愛らしいコメントを青空文庫版で読んだ。「私の訳文は我ながら不思議とソノ何んだが」という部分をわたしは、「私は翻訳を通して予想していなかった新しい文体を生み出すことになって動揺しているが少し得意でもある」という意味に勝手に解釈している。今日読み比べてみるとトゥルゲーネフの訳文の方が、彼自身の小説『浮雲』などの文体よりもずっと昭和の小説言語に近い。ロシア文学を翻訳する過程で、江戸のしっとり柔らかい艶やかさを捨てた代わり、これから訪れる時代に対応できる、すっきりした芯のある言語を発見したのかもしれない。さすがのチェルヌイシェフスキーも、トゥルゲーネフが日本文学に与えた革命的贈り物については知る由もなかっただろう。

わたしは一九八二年早稲田の露文科を卒業してすぐ、西ドイツに渡った。一九九一年に群像新人賞を受賞した時、選考委員五人のうち二人、李恢成さんと三木卓さんが早稲田の露文科の先輩だった。その翌年から選考委員に加わることが決まっていた後藤明生さんも早稲田の露文科出身で、しかもわたしの母の同級生で父の友人でもあった。そんな縁で受賞パーティに来てくださった後藤明生さんの作品を今読みかえしてみると、この人もまた、ロシア風の迷路のような文章を目指していたことがあったのではないかという気がする。また五木寛之さんも早稲田の露文科に通っていたことを考えると、ロシア文学は当時日本で小説を書きたいと思っていた人たちの間では決してマイナーな場所ではなかったことが分かる。

わたしの母と父は学生時代、共にロシア文学を専攻したというだけでなく、子供の頃のわたしの目にはなんだかロシア文学史に登場する二つの極端なキャラを体現しているように見えた。父は考えたことを実行に移す革命的なチェルヌイシェフスキーを卒論に選んだわけだが、母が選んだのはゴンチャロフの『オブローモフ』で、偉大なロシアの歴史を書こうと思いながらも実際には書かずに（書けずに?）、他にもいろいろやりたいことはあったがそれも実行せずにソファーに寝そべっている主人公に母は親近感を覚えていたようだ。ロシア文学史に登場する二つのキャラの交配の結果生まれたわたしは、これからもロシアから目が離せないのではないかと思う。

＊

父はこの本の完成を待つことなく息を引き取った。九十歳まで洋書屋をやっていた父だがコロナ禍のせいで翻訳に専念する時間が増え、肺癌があると分かってからも闘病生活というよりは翻訳生活を続けた。完成した本を手に取ることはできなかったが、ゲラを手にして、あとは読んでもらうだけで自分のやれることはやったという安心顔をしていた。そもそもあの世に持っていくことができない本という物体は、生きている読者のものである。

白水社の栗本麻央さん、原稿の段階から翻訳を非常に丁寧に見てくださった岡田和也さん、それをパソコンで打ち込んでくれた妹の西内牧子などには父に代わって心からお礼を申しあげたい。

訳者あとがき

ここで、私事にふれる。早稲田大学露文科の卒業論文のテーマに選んだのが、チェルヌイシェフスキーであり、かれの主著の一つである『哲学における人間学的原理』を中心に「チェルヌイシェフスキーの戦闘的唯物論」を書いた。指導は、講座はおもちでなかった松尾隆教授（筆名・木寺黎二）におねがいした。

当時わが国では『現実に対する芸術の美学的関係』（石山正三訳、日本評論社）と、古い訳書『何をなすべきか』しか出版されていなかったようだし、研究論文もゲルツェンやベリンスキーにくらべて、わたしはほとんど見ていない。邦訳がごく少なかったことが、わたしがチェルヌイシェフスキーに挑戦した理由でもあった。卒論提出の直後に『人間学的原理』の邦訳（松田道雄訳、岩波書店）が出版された。

読みすすめていくうちに、とくに一八五〇年代からロシアが直面していた農民解放の課題にたいし、かれのどの論文もきわめてアクチュアルな姿勢でのぞみ、すべて論戦的であることに大いに関心を深め、感銘をうけた。とはいえ、当時の時代状況をよく知らなかったわたしにどれだけ理解できていたかは心許ないが、難解だったなによりの理由は、いずれもツァーリのきびしい検閲下にあって、いわゆる「イソップの言葉」で書かれているからである。それだけに、つよく魅了されたと思う。

卒業後もチェルヌイシェフスキーについては、年報『現代ソビエト哲学』他の訳書のなかで紹介してきた。主に『哲学の諸問題』誌からの翻訳である。

しかし、一九六〇年代半ばから、出版関係の勤務と全国的な住宅運動、七四年に設立したドイツ書専門のエルベ書店の経営に日々追われ、ロシア語文献からすっかり離れてしまっていた。五十年つづけた洋書店は昨年八月に閉じた。

五十余年がすぎ、コロナ禍がはじまって在宅時間にいくらか余裕ができ、ロシア文学にふりかえったさい、学生当時のチェルヌイシェフスキーの粗雑な訳稿ノートを何冊も見つけ、あらためて正確に読むことを試みた。意外にもまだ十分読めることに気づき、学生時代を思い出しながらそれに励んだ。訳すことで、チェルヌイシェフスキーの伝えたかったたに違いない熱烈な思いが、わたし自身のなかにも同化したかのように、湧くわくする心の青春を蘇らせてくれた。本書には訳出論文を『美学的関係』と『人間学的原理』以外から選んだ。

ゲルツェン、ベリンスキーをうけつぎチェルヌイシェフスキー、ドブロリューボフにつづく思想運動が、トゥルゲーネフ、ゴンチャロフの「余計者」像、サルトゥイコフ＝シチェドリンの諷刺、ドストエフスキー、トルストイなどロシア文学の高い峯々をつくりだす基層をなし、源泉、底流にあることは見落としてはならない。

八十代には住宅運動の軌跡と成果を二冊『検証　公団居住60年――〈居住は権利〉公共住宅を守るたたかい』、『住宅団地　記憶と再生――ドイツと日本を歩く』（いずれも東信堂）にまとめることができたので、チェルヌイシェフスキー翻訳に本格的にとりくんだ次第である。岡田和也さんには、いま病床にあるわたしに代わって校正をおねがいし、ご教示もいただいた。

出版にあたっては、この業界不況にもかかわらず、幸いにも白水社には、思わぬご厚意をたまわることができ深く感謝している。とりわけ栗本麻央さんと編集部のみなさんにはたいへんお世話になった。露文科後輩の娘、葉子がエッセイを書き添えてくれて喜ばしい。

本書がロシアの解放思想と運動の理解を深めるだけではなく、われわれが直面する重要課題にたいするより具体的でアクチュアルな理論活動と運動推進に、その一助となればと切望している。

二〇二四年四月二十二日　多和田栄治

［著者紹介］

ニコライ・チェルヌイシェフスキー（1828-1889）

帝政ロシアの思想家、政治・社会評論家、経済学者、作家。サラトフの聖職者の家庭の生まれ。より民主的な社会の建設のためツァーリズム打倒を掲げ、生涯にわたり急進的な言論活動を展開した。その反体制的な言論活動により1862年7月に逮捕、ペトロパヴロフスク要塞監獄に収監される。シベリア流刑の判決が下るまでの一年半のあいだに書き上げられたのが、社会主義的な理念に基づく協同組合論や女性解放論で当時のロシア社会でも大きな反響を呼んだ小説『何をなすべきか』であった。その影響は、レーニンのみならず、エマ・ゴールドマンやアイン・ランドといった後の世代へも及ぶことになる。シベリアの流刑地を転々とさせられ、都市部に居住する禁が解かれたのはようやく晩年となってからで、故郷サラトフでその生涯を閉じた。

［編訳者略歴］

多和田栄治（たわだ・えいじ）

1933年、岐阜県生まれ。1956年、早稲田大学第二文学部露文専修を卒業。出版社、英米大学出版局代理店に勤務。1974年、ドイツ書専門のエルベ書店を設立（2023年8月閉店）。1988年から2024年まで、東京多摩公団住宅自治会協議会会長、全国公団自治協代表幹事を務める。

ソビエト科学アカデミー『世界哲学史』第2巻（共訳）、年報『現代ソビエト哲学』（共訳）、カーガン『美学入門』（伊吹二郎名義、共訳）など、美学・藝術論関係のロシア語文献の翻訳があるほか、著書に『検証　公団居住60年――〈居住は権利〉公共住宅を守るたたかい』、『住宅団地　記憶と再生――ドイツと日本を歩く』（以上、東信堂）がある。

訳文には今日の観点から見て、不適切と思われる表現もありますが、テクストが成立した時代性を勘案して、原文に忠実なままとしています。差別を助長する意図ではないことをご理解ください。（編集部）

宛名のない手紙
チェルヌイシェフスキー哲学的論戦珠玉

二〇二五年 二 月一五日 印刷
二〇二五年 三 月一〇日 発行

著　者　ニコライ・チェルヌイシェフスキー
編訳者　© 多　和　田　栄　治
装幀者　仁　木　順　平
発行者　岩　堀　雅　己
印刷所　株式会社　精　興　社
発行所　株式会社　白　水　社

東京都千代田区神田小川町三の二四
電話　営業部〇三（三二九一）七八一一
　　　編集部〇三（三二九一）七八二一
振替　〇〇一九〇-五-三三二二八
　　　郵便番号　一〇一-〇〇五二
www.hakusuisha.co.jp

乱丁・落丁本は、送料小社負担にてお取り替えいたします。

株式会社松岳社

ISBN978-4-560-09134-0

Printed in Japan